本项目受国家社科基金资助
本项目获腾讯公益基金会、中国博物馆协会"腾博基金"资助

乡村活态博物馆
长城脚下的羊儿岭

Yang-er-ling: A Living Heritage Museum
by the Great Wall in Rural China

编　者：中国人类学民族学研究会博物馆文化专业委员会
　　　　中国博物馆协会
　　　　河北省文物局

主　编：韦荣慧
副主编：红　梅　毛若寒

中央民族大学出版社
China Minzu University Press

图书在版编目（CIP）数据

乡村活态博物馆：长城脚下的羊儿岭/中国人类学民族学研究会博物馆文化专业委员会，中国博物馆协会，河北省文物局编；韦荣慧主编.—北京：中央民族大学出版社，2023.11

ISBN 978-7-5660-2268-4

Ⅰ.①乡… Ⅱ.①中… ②中… ③河… ④韦… Ⅲ.①民族博物馆—工作—研究—中国 Ⅳ.① G269.265

中国国家版本馆 CIP 数据核字（2023）第 252127 号

乡村活态博物馆：长城脚下的羊儿岭

编　　者	中国人类学民族学研究会博物馆文化专业委员会
	中国博物馆协会
	河北省文物局
主　　编	韦荣慧
副 主 编	红　梅　毛若寒
责任编辑	黄修义
封面设计	舒刚卫
出版发行	中央民族大学出版社
	北京市海淀区中关村南大街27号　邮编：100081
	电话：（010）68472815（发行部）　传真：（010）68933757（发行部）
	（010）68932218（总编室）　　　　（010）68932447（办公室）
经 销 者	全国各地新华书店
印 刷 厂	北京鑫宇图源印刷科技有限公司
开　　本	787×1092　1/16　印张：19
字　　数	282千字
版　　次	2023年11月第1版　2023年11月第1次印刷
书　　号	ISBN 978-7-5660-2268-4
定　　价	80.00元

版权所有　翻印必究

乡村活态博物馆：长城脚下的羊儿岭

专家委员会
刘曙光　宋新潮　陈星灿　刘超英　罗向军

编委会
韦荣慧　韩　永　杨志刚　潘守永　陈建明　石金鸣　陈　浩
崔存明　胡良友　吕保利　张体斌　丛日芳　曹蕾蕾　张　利
红　梅　张月娥

主　编　韦荣慧
副主编　红　梅　毛若寒
编　务　张月娥

课题组组长　韦荣慧
副　组　长　胡良友
成　　　员
崔存明　吕保利　张体斌　曹兵武　赵燕湘　董锦汉　覃炳庚
张依萌　王建民　红　梅　毛若寒　赫俊红　许旭虹　韦燕燕
张月娥　徐人杰　孟　爽　张永升　阳　希　林其番　沈川皓
邝文胜　杜　建　侯建伟　刘志非　王艳霞　康德武　袁秀峰
李鼎元　王占春　孟　彦　李传涛

撰稿
韦荣慧　红　梅　毛若寒　胡良友　张体斌　吕保利　覃　琛
赵晓雪　王志强　于奇赫　李康楠　孟　爽　阳　希　蓝　蔚
霍晓卫　林玉军　许　丽　张晓燕

羊儿岭，乡村博物馆的一种新形态

博物馆是保护和传承人类文明的重要场所，也是社会发展和文化创新的重要推动者。在中国，博物馆事业经历了百年风雨，取得了举世瞩目的成就。然而，我们也必须清醒地看到，这些成就主要集中或者体现在城市，尤其是大型和特大型城市。作为中华历史和文化根基之地的乡村，几乎是博物馆的盲区。不仅如此，随着城镇化率的提升，传统乡村文化日渐式微，乡村社会也面临着空心化、老龄化等问题。如何保护和传承乡村文化，如何促进乡村社会和经济的发展，如何实现乡村振兴战略，已经成为当代中国面临的重大课题。在这样的背景下，作为公共文化机构和社会服务机构的博物馆及博物馆人，需要承担起相应的责任和使命。

什么是乡村博物馆？它与城市博物馆有什么不同？它应该具备什么样的特征和功能？它应该如何建设和运营？它如何为乡村文化保护和传承提供支持？如何为乡村社会发展和经济增长提供有效帮助？如何为乡村居民提供优质服务和美好生活？这些都是我们需要深入研究和探索的问题。这些问题的答案，并不仅仅在于照搬或模仿已有的国内外案例，而在于创新和实践更具有中国特色、中国风格、中国气派的乡村博物馆模式。

读者诸君看到的这本《乡村活态博物馆：长城脚下的羊儿岭》，正是一本基于乡村博物馆模式探索和实践过程的书。这本书由中国人类学民族学研究会博物馆文化专业委员会主任韦荣慧女士及其团队撰写，介绍了他们在河北省怀来县一个长城脚下的村落——羊儿岭村开展的乡村活态博物馆建设的实践理念和经验。这一项目起源于中国人类学民族学研究会获得的国家社科基金资助的项目，其中博物馆专业委员会承担了"铸牢中华民族共同体意识——长城内外民族交往交流交融"研究课题，创造性地用博物馆理念塑造了羊儿岭村，建设了全国第一个"乡村活态博物馆"。2022年，由中国博物馆协会与腾讯公益基金联合发起的"齐行共进：博物馆纪念馆可持续发展与文化传播公益基金"（简称腾博基金）参与资助，将此作为"长城沿线乡村博物馆建设计划"的示范样板，对其可持续经营和宣传推广提供支持。

　　这本书以"绪论：博物馆人对乡村博物馆的思考与实践"为开端，在中国博物馆事业历史发展的脉络中把握乡村博物馆这一形态的特征和意义；然后从"长城周边的乡村观察""长城周边乡村活态博物馆的探索与实践"的角度，讲述了博专委历时7年的人类学田野考察，历时3年的乡村活态博物馆建设实践的详细经过，记录其背后的思路、方法、理念和感想，以及对于羊儿岭乡村活态博物馆的未来发展的憧憬和规划；最后，以"博物馆与乡村建设专家面面观"为收尾，跳出长城沿线的视野，超越羊儿岭的个案，着眼国家发展全局，走向全国的乡村；在铸牢中华民族共同体意识、乡村振兴和中华文明传播等新时代社会发展和文化使命的大框架下思考乡村活态博物馆这种模式带来的价值以及未来的工作路径。总的来说，从理论和实践两个层面，系统地阐述了乡村活态博物馆的概念、特征、意义、方法、过程、效果、价值等方面，为美丽乡村建设提供了一个生机勃勃且可持续发展的乡村博物馆建设的范例，同时也给出了关于"未来的乡村博物馆怎么走"的新指向。

　　通过这本书，我们可以看到，羊儿岭模式是一个充分展示了一座"与乡土共生"的乡村博物馆"活态"的经营方案。韦老师及其团队，克服了许多困难，与羊儿岭村党支部齐心协力，努力汇聚起政府、学者、社会组织等多元力量，以活态化的乡村社交体系与特色产业经营，最大限度地激活了村民的文化主体性与文化自觉性，使乡村博物馆不再只是被观看和游览的"对象物"，而成为村民共建共享、充满获得感和幸福感的美好家园。它不仅系统梳理与展现了羊儿岭乡村生活的过去，即作为长城镇所推动多民族交流交往交融的历史，还动态演绎与诉说着新时代羊儿岭村的当下与未来，将博物馆的展览和活动以流动的方式嵌入乡村的自然与人文生态之中，实现了乡村博物馆的活动与乡土时空、乡土社会、乡土人民、乡土生活的共融共生。它不仅展示了羊儿岭村的独特魅力和文化价值，也展现了在博物馆理念下羊儿岭村的创新能力和发展潜力，彰显了乡村党组织的战斗堡垒作用，为乡村旅游、乡村教育、乡村产业等提供了新的思路和模式，为乡村振兴战略的实施提供了新的支撑和动力。

  我非常高兴地看到这本书能够及时出版。这不仅是一本具有学术价值和实践价值的著作，也是一本具有启发性和感染力的读物。这不仅是一本关于乡村博物馆的书，也是一本关于乡村文化、乡村社会、乡村振兴、文明交流互鉴等更广泛主题的书。我衷心感谢韦荣慧女士及其团队的辛勤付出和无私奉献，也非常感谢中国人类学民族学研究会博物馆文化专业委员会和腾讯公益基金的大力支持和合作。我希望这本书能够引起更多人的关注和参与，让更多人了解和支持乡村活态博物馆这一新探索，让更多人参与和推动乡村活态博物馆这一新实践，促进它的可持续发展，为新时代乡村振兴国家战略、为博物馆事业的不断发展做出新的贡献。

  刘曙光（中国博物馆协会理事长、国家文物局原副局长）

写在前面的话

沿长城一路走来，
我有了一个愿望，
想引导村民了解自己，
让村民自己编绘自己的美好生活，
让村民自己讲述自己的故事，
我想让"故事"从这里远走他乡。
我还有一个梦想
希望有一天
长城内外的"村"变成"活态博物馆"；
它们有人类学的学术气质；
它们也有时尚的艺术风范；
成为村民与"新居民"共同汇聚的地方！

韦荣慧

I have this thought since walking along the Great Wall, that I hope I can help the villagers to know more of their own culture, to make better lives in the future by interpreting their stories, and I want those stories to be shared miles and miles away.

I also hope, one day the villages amount the Great Wall, can turn into a vivid ecomuseum, one could smell the scent of anthropology, could see the style of art. These villages shall be home for both indigenous people and those new inhabitants.

Exhibition curator Wei, Ronghui

目 录

绪论 博物馆人对乡村博物馆的思考 ………………………… 1
    一、中国乡村博物馆的发展 …………………………………… 2
    二、中国乡村需要什么样的博物馆 …………………………… 10
    三、乡村活态博物馆的理论逻辑和建设路径 ………………… 14

第一章 长城周边的乡村观察 …………………………………… 27
    第一节 乡村是孕育中华文明的重要场域 …………………… 27
    第二节 长城是中华民族的重要象征 ………………………… 31
    第三节 博物馆是乡村传承中华文明的载体 ………………… 39

第二章 乡村活态博物馆的羊儿岭实践 ………………………… 49
    第一节 聚焦河北省怀来县东花园镇羊儿岭村 ……………… 49
    第二节 故事汇——乡村活态博物馆的枢纽 ………………… 61
    第三节 非遗技能体验——长城脚下的多元文化对话 ……… 66
    第四节 长城内外市集——推动文明交流互鉴 ……………… 73
    第五节 长城谣乡村音乐会——唤起人们对长城精神的敬仰 … 77
    第六节 遇见山里红——山楂文化主题展 …………………… 81
    第七节 长城书屋——读懂长城 理解乡村 ………………… 95
    第八节 活化修缮——让文物活起来 ………………………… 98
    第九节 美好家园——长城周边乡村的未来期待 …………… 105

第三章　博物馆助力乡村振兴的理论探索 …… 113
第一节　聆听乡村之美，重塑乡村价值——艺术乡村学术沙龙　114
第二节　民族艺术赋能乡村振兴研讨会 …… 129
第三节　长城脚下的新文化家园建设研讨会 …… 154
第四节　中国式现代化视域下的博物馆与乡村文明新形态建设
　　　　研讨会 …… 161
第五节　乡村活态博物馆论坛 …… 166
第六节　活态博物馆助力乡村振兴与中华文明传播的重要价值　186

第四章　乡村博物馆建设专家面面观 …… 197
第一节　乡村遗产与博物馆 …… 197
第二节　村寨博物馆的探索与实践 …… 227
第三节　长城脚下的乡村活态博物馆观察与思考 …… 239

阅读链接 …… 259
花开的时候，去羊儿岭找乡愁 …… 259
长城内外一家亲：从羊儿岭印象到乡村活态博物馆建设之我见 … 272
我想见到的羊儿岭村 …… 278
我理解的乡村活态博物馆 …… 280
羊儿岭故事汇联想 …… 281

后记　乡村活态博物馆还在路上 …… 283

绪论　博物馆人对乡村博物馆的思考

世界博物馆的历史发展已经历了几百年，其主流发展方向是越来越向大城市集中。中国自1905年南通博物苑的建立，开启了博物馆本土化建设之路。到2023年，全国已经备案的博物馆总数达6565家，免费开放率超90%[1]。中国博物馆的主流发展趋势和世界潮流一样，最大最好的博物馆在北京、上海等一线城市和西安、武汉等省会城市，绝大多数博物馆都在县级以上城市。

从张謇1905年在其家乡建立南通博物苑来看，现代意义上的中国博物馆源于乡村。因为他没有选择那个时代的大城市上海、北京或南京，当时的南通更像乡村，有着深厚的农耕文明背景和传统文化。博物馆在乡村中的实践，表现出博物馆的发展越来越走向大众、走向更加广阔的社会的另一个面向。

中华文明植根于农耕文化，乡村是中华文明的基本载体。乡村振兴，乡风文明是保障[2]。乡村振兴是实现中华民族伟大复兴的必然要求。党的二十大报告强调，全面推进乡村振兴，凸显了推进乡村振兴对于全面建设社会主义现代化国家的重大意义。乡村振兴战略就是建设中国式现代化的重要内容。如何进一步满足乡村民众的期待，让乡村博物馆真正赋能乡村振兴？回答是在文化、生态、人才、产业和组织等方面实现乡村的全面振

---

[1] 国家文物局：《全国博物馆总数达6565家 免费开放率超90%》，央视网，https://news.cctv.com/2023/07/28/ARTIwhifuhd2tZnVaHSKC6TP230728.shtml。

[2] 中共中央国务院：《乡村振兴战略规划（2018—2022年）》，《人民日报》，2018年9月27日，第1版。

兴，这一点中国博物馆界的不少专家从20世纪八九十年代就开启了思考和实践，他们不断调研和思考，在全国各地因地制宜地进行实践，试图走出一条中国乡村博物馆本土化的道路。如在中国博物馆协会支持下开展的贵州、广西、浙江等地的生态博物馆建设；云南大学团队主持的云南民族文化生态村建设；中山大学团队在云南红河哈尼族彝族自治州哈尼梯田实践的"阿者科计划"；中国人类学民族学研究会博物馆文化专业委员会（以下简称博专委）在河北省怀来县实践的羊儿岭乡村活态博物馆。

一、中国乡村博物馆的发展

中华人民共和国成立以来，在党中央的领导下，各级政府和专家的指导下，村委会和村民共同努力，依托古民居、历史建筑在乡村建设了村史馆、民俗博物馆、名人纪念馆、生态博物馆、活态博物馆等各种类型的博物馆。尤其是20世纪末，我国西南地区民族村寨办博物馆得到蓬勃发展。从这些不同类型、不同规模的乡村博物馆实践，我们看到了乡村博物馆在保存和传承中华文化、提升乡村文化自信、推动乡村振兴等方面的重要作用。

在乡村博物馆的建设过程中，我们看到了中国传统文化的厚重和包容性。每一个乡村都有其独特的历史、文化和生态特色，这些特色被尽可能地保留和展示出来，让人们在参观的过程中感受到中国文化的博大精深。在村史馆中，我们可以看到村庄的历史变迁和社会进步；在民俗博物馆中，我们可以了解各地的风土人情和生活方式；在名人纪念馆中，我们可以了解到名人的生平事迹和他们的精神风貌；在生态博物馆中，我们可以了解到各地的自然环境、民俗生态等特色；在活态博物馆中，我们可以亲身体验乡村的生活方式和传统工艺。

这些乡村博物馆的建设，不仅为当地居民提供了了解和传承自身历史和文化的机会，也为外来游客和研究者提供了深入了解中国乡村的窗口。它们不仅有助于提升乡村文化自信，也为乡村振兴注入了强大的动力。特别是在当前农村地区面临人口外流、文化遗忘等问题的背景下，不同类型乡村博物馆的存在和发展具有重要的现实意义。

1.村史馆建设的中国实践

中国的村史馆建设经历了两个发展阶段。一是"大跃进"时期（1958—1960），在人民公社的建设热潮下，村史馆因肩负政治使命，在全国各地得到大力推广。以江苏省高淳县（今南京市高淳区）为例，该县遵照总路线的精神，50个农业社于1958年8月下旬至10月，共创办了50个村史馆，基本上达到了乡乡社社有村史馆[①]。建馆的主要目的则是农村文化工作必须更好地为政治、为生产服务，为了进一步对人民群众和下一代进行共产主义思想教育。

进入21世纪后，随着我国城镇化的高速发展和乡村建设的不断推进，焕然一新的村容村貌抹除了不少村庄的历史痕迹，一些农民市民化后的乡土情怀难以寄托。真实的乡村记忆能为再现乡村生活场景、展现乡村发展变迁提供直接的素材，进而留住田园乡愁，满足乡村人民的美好生活需要。二是自2012年以来浙江开展"乡村记忆"工程，山东、天津、福建、山西、甘肃、陕西、江苏等省市先后开展了乡村记忆保护与传承工作。作为乡村记忆再现与传承的公共文化空间，村史馆建设被各地纳入乡村记忆工程。同时，保护与传承好乡村记忆也是推进乡村全面振兴的一项基本任务。中共中央、国务院印发的《乡村振兴战略规划（2018—2022年）》中提出，实施乡村经济社会发展变迁物证征藏工程，鼓励乡村史志修编，更是直接推动了各地乡村记忆保护与传承的实践探索，鼓励兴起村史馆建设浪潮。

从目前全国范围内村史馆的建设现状来观察，可以发现村史馆作为一种特殊的文化设施和记忆空间，不仅展现了与各自村庄有关的特色主题和定位内容，还蕴含了共通的记录性、历史性和地域性特征。村史馆的建设实际上是一个多元化的综合体，融合了档案馆、博物馆、方志馆的某些元素和特点，同时还具备了社会服务价值。村史馆的建设是一个复杂而又富有挑战性的项目，离不开"钱、地、人"三要素的全方位支持。从钱的方

---

① 季晨：《苏南农村博物馆研究》，南京师范大学博士论文，2020年。

面看，村史馆的建设以政府出资为主，乡村自筹为辅。从地的方面看，以充分利用旧有房产资源为主，也有个别新建场馆，土地性质为村集体用地。从人的方面看，以县级宣传、文旅部门为顾问来指导，村"两委"为主力来建设。

村史馆的建设涉及县级多个部门的协同合作。一是依托档案工作建设村史馆，强调记忆再现价值。乡村记忆常被封存，需要空间和引导来唤醒。档案展示是村史馆的重要部分，促使村民产生共鸣。通过搜集、保管和利用乡村历史记录，构建完整的乡村记忆体系。利用档案资源加工整理乡村档案，将潜伏的乡村记忆物化，确保不会随时间流逝消失。二是依托文化工作建设村史馆，凸显了地域文化传承价值。乡土文化是乡村社会的灵魂，反映了地方特色和农民的精神寄托。村史馆的建设不仅保护自然风貌和文化遗产，还挖掘文化底蕴，展现乡土文化和民俗风情，增强乡村精神归属感。这一过程旨在保留和延续乡土文化，弘扬乡风民风，丰富乡村的精神文化生活。三是依托党建工作建设村史馆，凸显了思想教育价值。村史馆讲述党的故事，展示党领导下的乡村发展成就，宣扬革命文化和社会主义先进文化。这一过程不仅为农村党员群众提供了生动的学习材料，还使基层党建工作更具亲和力和感染力。通过展现党的基层组织建设历程，进一步凝聚党心民心，体现坚持党的领导和人民为中心的发展思想。

当前村史馆的建设仍受到地方经济水平和乡村记忆资源等因素的限制，使得建成村史馆的乡村比例相对较低。在经济较为落后的地区，由于财政和人员支持的缺乏，仅能为少数样本乡村提供村史馆的建设资金和支援，以此作为展示乡村建设成果的窗口。随着乡村振兴战略的全面推进，村史馆作为乡村公共文化空间将迎来新的政策支持和建设机遇。

2. 生态博物馆建设的中国实践

生态博物馆最早由法国人弗朗索瓦·于贝尔和乔治·亨利·里维埃于20世纪70年代提出，其理念得到博物馆界的认可，之后挪威、英国、加拿大、美国、日本等地建设了不同类型的生态博物馆，被博物馆界认为是新博物馆学运动的代表之一。在中国博物馆协会指导下的中国生态博物馆建设，是中国博物馆人开拓乡村博物馆研究及实践的第一步，经过十几年的努力，走出了一条从西部传统少数民族村寨开始、向东部发达汉族传统村落发展的实践路径，发展出了以贵州模式、广西模式和浙江安吉模式为代表的生态博物馆在中国实践的三种阶段，形成了迭代效应。

"贵州模式"生态博物馆实践。20世纪90年代，中国博物馆学会与挪威博物馆协会专家联合在贵州选择四个各具民族特色的村寨，创建了梭嘎（苗族）、镇山（布依族）、隆里（汉族）和堂安（侗族）生态博物馆。以梭嘎生态博物馆为代表的"贵州模式"被认为是中国"第一代"生态博物馆[1]，强调"社区＋资料信息中心"的建设，以及"不主动接待旅游"的模式[2]，实现民族文化和乡村文化的保护。梭嘎生态博物馆通过开放式的博物馆展区来展示"长角苗"的活态文化，由此来体现梭嘎生态博物馆不同于传统博物馆的样貌。参观者在"长角苗"的文化体验中，看到的是一种活态的文化，而不是一种静态的文物。"贵州模式"树立了由"政府主导，专家指导，村民参与"的自上而下的生态博物馆建设和运营模式。中挪学者在总结贵州创建生态博物馆实践经验的基础上，于2005年提出了"六枝原则"，并得到了国际博物馆界的广泛认同[3]，取得了较好的社会效益。

"广西模式"生态博物馆实践。广西于2004年提出建设生态博物馆的"1+10工程"，即广西民族博物馆作为"1"发挥龙头作用，具体指导和实施分布于广西各县市的10个生态博物馆。这10个博物馆作为广西民族博物馆的研究基地和工作站，接受其项目指导、经费资助、人员培训等，从而保证"1+10工程"是真正意义上的事业联合体模式。在广西民族博物馆的指导下，10个民族生态博物馆通过基础设施建设、技能培训和文旅融合等工作，探索乡村文化遗产在地保存和培育，以及乡村振兴多重目

---

[1] 潘守永：《"第三代"生态博物馆与安吉生态博物馆群建设的理论思考》，《东南文化》2013年第6期，第86–93页。

[2] 潘守永：《生态（社区）博物馆的中国经验与学术性批判反思》，《东南文化》2017年第6期，第115–121、127–128页。

[3] 潘守永：《"第三代"生态博物馆与安吉生态博物馆群建设的理论思考》，《东南文化》2013年第6期，第86–93页。

标的实现路径。广西"1+10工程"是独立自主的生态博物馆建设与实践，被认为是中国"第二代"生态博物馆。其自主特征体现在专家团队的选择、建设资金的使用、生态博物馆建设形态的自主等方面。但仍然采用"贵州模式"树立的"政府主导，专家指导，村民参与"的原则，只是没有了外国的生态博物馆专家，加入了国内的民族学等学科的专家。"广西模式"生态博物馆的"生态"表达发生了比较大的变化，重视与乡村旅游挂钩，取得了社会效益和经济效益双丰收。

"浙江安吉模式"生态博物馆实践。2009年，我国生态博物馆实践从西部欠发达地区进入东部发达地区，浙江、安徽和福建相继建起了生态博物馆。浙江安吉生态博物馆群被认为是中国"第三代"生态博物馆的代表。安吉生态博物馆群在建设初期，在定位上强调旅游价值，依托邻近的上海、杭州等城市的优势，积极开发文旅融合线路来吸引游客。安吉生态博物馆群由"中心馆（资料信息中心）+专题展示馆+村落文化展示馆"组成的开放系统，对已建成的博物馆通过指导提级，择优纳入体系。在安吉县域内建成由1个中心馆、13个专题展示馆和26个村落文化展示馆（点）组成的生态博物馆群。除了挖掘和传承文化遗产，保护人文生态和自然生态之外，通过生态博物馆群建设来激活村民集体记忆，传承优秀传统文化，还进一步凝练出"居民与政府的良好配合及文化自觉""遗产与资源特色及其整合""制度先行与良性运转""点—线—面式的博物馆群创新"等经验，实践了自下而上的生态博物馆建设模式。"浙江安吉模式"的成功在于提倡对乡村文化和历史自然景观实施原状保护和整体保护，推动村民对乡村文化，尤其是非物质遗产开展居民自我保护下的动态传承保护，促进了安吉县生态效益、社会效益和经济效益的丰收。

中国的生态博物馆实践中，还建成了一批不同行业主题的生态博物馆，如以林业为主题的"乌鲁木齐·新疆林业自然生态博物馆"，以农业遗产为主题的"陕西宜君旱作梯田农业生态博物馆"，以蔬菜瓜果为主题的"山东定陶蔬菜生态博物馆""湖南中国杨梅生态博物馆"，还有以地质、环保为主题的"江苏·盐城丹顶鹤湿地生态旅游区博物馆""河南（新乡）凤凰山矿业生态文化博物馆""青海西海镇青海湖生态博物馆"，等等。这些生态博物馆将博物馆与生态自然环境紧密联系，成为保护自然生态和农林产业的有效抓手，丰富了我国生态博物馆的类型和价值意蕴。

3.生态博物馆赋能乡村振兴的价值意蕴

建设生态博物馆，是用博物馆的理念来保护乡村文化及景观的有效途径。《乡村振兴战略规划（2018—2022年）》明确"支持有条件的乡村依托古遗址、历史建筑、古民居等历史文化资源，建设遗址博物馆、生态（社区）博物馆、户外博物馆等"，通过对传统村落的生态环境、传统文化、风俗习惯和生产生活等进行全方位的保护与展示，赋能乡村，实现乡村振兴。以"社会、公众"为核心的生态博物馆建设理念可以推动社会经济发展与大众生活建立和谐的关系，从而为参与乡村社会的变革与发展提供理论基础和具体实践。广袤的乡村地区为博物馆事业发展提供了广阔舞台，通过政府引导、社会共同参与、多方协作、系统协调等方式，实现生态博物馆推动乡村发展的文化价值、人才价值和产业价值。

文化价值：唤醒集体记忆，确立文化自信。集体记忆在文化认同是起着核心的根本作用。传统村落不仅是村民的生产生活空间，更是村民的精神家园。随着越来越多的人离开乡村到城市生活和发展，城市中的人们普遍出现了强烈的怀乡情绪。乡愁成为当今社会乡土情怀的表达。生态博物馆作为激活和建构集体记忆的场所，一方面表现在其藏品文物和建筑景观蕴含着丰富多彩的历史文化信息，是记忆的载体，也是承载着集体记忆典型的物质现实，为书写集体记忆提供了大量的物质资源；另一方面，生态博物馆对村落文物与乡村景观的描述、阐释与展陈的布置方式构成了特殊的叙事策略，这一叙事不仅是一种历史的再现，也是一种意义的再建构。由此将生态博物馆作为一个话语建构空间，通过搜集分散的历史信息，使之系统化，为村民展示了一个按照特定逻辑展开叙述的话语体系与价值论述[1]。村民在公共文化空间中激活集体记忆，推动文化自觉，确立文化自信。生态博物馆以"内化于心"的乡村文化浸润来培育村民的乡村文化自觉，使村民愿意共享并积极传播乡村文化，确立乡村文化自觉的出发点，

---

[1] 燕海鸣：《博物馆与集体记忆——知识、认同、话语》，《中国博物馆》2013年第3期。

最后通过"外化于行"的方式来保护乡村文化，形成文化传承闭环，进而树立村民的文化自信。在乡村文化的传承和创新的实践过程中，生态博物馆通过文化浸润形成了从乡村文化认同，向乡村文化自觉，到乡村文化自信的进阶，最终塑造坚定的文化自信。

贵州堂安侗族生态博物馆通过实施在保护中发展、在发展中保护的理念，致力于对传统村落的物质文化遗产和非物质文化遗产进行活态保存。其中侗族大歌作为人类非物质文化遗产项目，得到了很好的保护和传承。通过聘请当地的侗族大歌传承人和相关专家，集中培训提高侗族大歌骨干辅导员的业务水平，为深入侗族村寨（社区）开展辅导培训、组建歌队奠定基础。如今，侗族聚居村寨基本实现村村有歌队，进一步唤醒了村民自尊、自强的文化意识，确立了文化自信。

人才价值：乡愁汇聚贤德，推动人才聚集。人才振兴是乡村振兴战略的核心要素。当前，乡村人才留不住、育不成、引不进、用不好等现象已成为制约乡村振兴战略实施的瓶颈。乡村人才振兴必须要有一支真正懂农业、爱乡村的人才队伍，需要一支宽领域、多类型的不同人才队伍。生态博物馆通过挖掘乡村文化将村民更好地联系起来，成为一个既包括乡村文化生活，又涵盖文化资源、文化活动和文化机制的新的乡村公共文化空间，为乡村人才成长、发展提供了新路径。一是通过挖掘乡村的传统技艺传承人、能工巧匠等各类人才，通过生态博物馆建设相应的"传帮带"人才培训体系，充分发挥他们的一技之长，激发村民的内生动力，以合作社、文化工坊等形式进行组织、培训、生产，把具备丰富生产实践经验的"老农"发展成为乡村振兴的能工巧匠"新农"。二是通过生态博物馆传承乡村文化中自然、淳朴的文化品格，创新乡愁特征的精神家园型乡村文化和乡风文明，以乡情乡愁为纽带，用乡情感人、留人，吸引社会贤达回归家乡建设，更可以吸引城市专业人才前来投资特色农业、旅游、民宿、电商、文艺等乡村产业。三是生态博物馆改变了乡村人文环境，形成了新的人文生态，推进美丽乡村建设，创造了人才"留得住"的新型生活空间，增强了乡村对各类人才的吸引力和服务力，使他们能够留在乡村，安心创业，助力乡村振兴。

2015年，广西壮族自治区博物馆对口帮扶贺州市昭平县黄姚镇凤立村，建立凤立村生态博物馆。通过非遗保护和传承的新方式，拓展博物馆的服务功能，开展文化技能培训，向近50名村民传授桂绣技艺，建立起村民劳动致富的长效机制。广西各民族生态博物馆所处的社区拥有丰富的民族文化资源，民族生态博物馆对文化遗产的全面保护和乡村旅游项目的科学开发，实现了当地经济文化的协调发展，吸引大量外出务工人员回乡创业，助力实现乡村振兴。

产业价值：传承非遗技艺，带动产业发展。传统村落是中华传统文化的根，很多风俗习惯、乡规民约等具有深厚的优秀文化基因。乡村活态传承的节日时令、民间习俗和手工技艺等，是推动乡村发展和文化传承的内生动力。生态博物馆通过对乡村物质文化和非物质文化遗产的挖掘、保护与活态利用，有助于继承与发扬乡村社会的生活方式、风俗习惯，彰显乡村生活智慧、精神风貌与价值理念。产业振兴是乡村全面振兴的基础和关键。乡村生态博物馆兼具文化价值与经济价值，有利于乡村文化发展和产业振兴。一是推动乡村文化旅游发展。当前文旅融合的政策导向赋予旅游行业以空前的资源支撑，生态博物馆通过文化遗迹的展示和民俗文化的体验，与乡村文化资源、文化创意有机结合，促进乡村文化旅游发展。特别是在结合研学游、康养游等旅游新业态方面大有可为。二是打造乡村特色文化产业品牌。挖掘当地好的乡村文化资源、非遗文化和自然环境优势，通过生态博物馆构建乡村文化大院、非遗研习基地等乡村社区非遗文化空间，以"非遗+文创""非遗+产品""非遗+演艺"等多种发展形式，通过非遗+产业，推动乡村经济发展的。同时，深入挖掘乡村传统文化，注重开发乡村手工艺、特色农业、生态食品等产品，形成乡村特色文化品牌。三是探索产业发展新模式。通过生态博物馆联合、联盟等方式，形成"博物馆+企业+合作社+农户+市场"的产业发展模式，实现了多方共赢。

浙江省安吉县生态博物馆群直接或间接地促进了各类产业的融合与发展。走进安吉县永裕现代竹产业生态博物馆，可以看到各种竹制品的研发展示，全方位展示安吉县从卖竹到进原料，从再生资源到再生产品，竹制品到全竹产业链的经济生态发展模式。依托永裕现代竹产业生态博物馆，竹业公司2014年建成首个竹产业企业研究院，成功开发了竹系列多种新产品。当年全县竹产品加工产值达到127亿元，形成由原竹加工到产成品的一条完整的竹材加工产业链，带动了整个安吉县乡村竹产业发展。

二、中国乡村需要什么样的博物馆

我国是传统农业大国，农村是我国近7亿农民生产生活的传统家园。传统村落保存的物质文化与非物质文化遗产，还有相关的生态环境、农业生产和村民生活系统，承载华夏文明生生不息的基因密码。乡土文化伦理深深浸入民族血液中，这是中华民族的文化瑰宝，彰显着中华民族的思想智慧和精神追求。要实现人口规模巨大的现代化，就要认识到中华民族共同体意识建设的强大根基和超大动能[1]。农村优秀传统文化使我国农耕文明曾长期领先于世界，也是现代中国人民的精神财富，发挥着以文化人、以德润身的重要功能。农耕文化蕴含着应时守则、出入相友、守望相助、父慈子孝、敬老孝亲、兄友弟恭、吃苦耐劳等中华民族优秀的精神品格。习近平总书记强调，乡村文明是中华民族文明史的主体，村庄是这种文明的载体，耕读文明是我们的软实力[2]。

具有成百上千年历史的传统村落是传承中华优秀传统文化的有形载体。中国特色的农事节气、天人合一的生态伦理、各具特色的宅院民居、自然朴实的农业景观、耕读传家的祖传家训、邻里守望的乡风民俗……这些中华文化的鲜明标识汇聚在传统村落里。

1. 建设乡村博物馆的价值和意义

乡村博物馆是保护和传承我国农耕文明和乡土文化的重要载体。中国是一个传统的农业大国，我们的农耕文明和乡土文化不仅是中华民族的"根"和"魂"，也是现代中国人民的精神财富。通过乡村博物馆，我

---

[1] 潘岳：《中国式现代化与中华民族共同体建设》，《中国民族》2023年第5期，第4–7页。
[2] 《传统村落保护，总书记这样强调》，新华社.https://news.cnr.cn/native/gd/sz/20230428/t20230428_526234516.shtml。

们可以收藏和展示与农耕文明和乡土文化相关的文物、实物、图片、文字等，使之得到妥善保护和有效传承。乡村博物馆不仅可以全面、真实地反映乡村的历史、文化和生活，还可以通过举办各种活动，吸引城市居民和外地游客前来参观、体验和学习，从而提升乡村的知名度，吸引更多的资源和人才向乡村流动。乡村博物馆不仅可以通过展示乡村的历史和文化，提高乡村居民的自我认同感和自豪感，也可以通过教育和活动，提高乡村居民的文化素质和环保意识，增强他们的社区责任感。通过乡村博物馆，我们可以推动乡村旅游的发展，增加乡村的经济收入；可以提高乡村的环保意识，促进乡村的可持续发展；可以提升乡村的软实力，为乡村的振兴和美丽乡村建设注入新的动力。在乡村振兴视域下，建设乡村博物馆的价值和意义体现在以下几个方面：

乡村博物馆作为一种文化载体，能够对乡村的历史、文化、风俗、艺术等进行深入挖掘和系统整理。通过展示和传播，有助于保护这些宝贵的文化遗产，防止它们在现代化进程中消失和被遗忘。更重要的是，博物馆还能促进乡村文化的传承，让年青一代了解和接受自己的文化根源，为乡村文化的持续发展提供基础。

乡村博物馆不仅是文化展示的场所，更是教育和社区建设的重要平台。博物馆可以为当地居民和学生提供丰富的学习和体验机会，如讲座、工作坊、实地考察等，这有助于提高乡村的教育水平和文化素养。同时，博物馆还可以成为社区居民交流和合作的中心，促进乡村社区的凝聚力加强与和谐发展。

乡村博物馆可以展示乡村的独特魅力和文化底蕴，吸引更多的游客和消费者。通过与乡村旅游、文化创意产业等相结合，博物馆可以助推地方经济的发展和繁荣。特色展览、文化体验活动、乡村旅游路线等都能增强乡村的吸引力，促进当地特色产品和服务的销售。

乡村博物馆是展示乡村形象和特色的窗口。通过专业和精心的展示，博物馆可以传递乡村的历史底蕴、人文精神和发展理念，提升乡村的品牌和影响力。此外，博物馆还可以与其他城市和地区进行交流和合作，推动乡村文化的外部传播，增强乡村在全社会甚至全球范围内的认知度和声誉。

乡村博物馆关注乡村的社会议题和挑战，如乡村治理、生态环境、农民福利等，可以通过展览、论坛、研究等方式，促进问题的深入分析和解决方案的探讨。与此同时，博物馆还可以为乡村社会治理提供重要的信息和资源支持，增强乡村的治理能力和社会和谐。

在乡村振兴的大背景下，乡村博物馆的建设具有多重深远的价值和意义。通过对乡村文化的保护和传承、对乡村教育和社区的推动、对乡村经济的促进、对乡村形象的塑造和推广，以及对乡村社会治理的助推，乡村博物馆可以成为乡村振兴战略中的重要力量，有力推动乡村的全面发展和繁荣。

2. 新时代中国乡村需要什么样的博物馆

博物馆是记忆的载体与媒介，不仅能丰富人们的文化生活，也能生成、形塑和延续集体记忆。通过展览人们触摸历史脉搏、感悟文化魅力、提升文化自信。因此，要发挥好博物馆的"大学校"作用，让文化融入日常，引领生活。创新是最好的传承。从简单陈列，到讲好文物背后生动可感的故事，从开展社会公共教育，到打破时空界限服务社区，正是因为不断创新，才让博物馆和普通人的生活越来越近，成为社区发展的动力源之一。

乡村振兴是以习近平同志为核心的党中央提出来的新时代建设社会主义现代化强国的重大战略。乡村振兴的目标在于推动乡村人才、文化、产业、生态和组织振兴，实现城乡融合发展。2022年的"5·18国际博物馆日"以"博物馆的力量"为主题，重申了博物馆在社会发展中应有的责任担当和文化力量。新时代中国的乡村博物馆需要具备什么特征，博物馆人开启了新思考。

乡村博物馆作为乡土文化的载体，必须深入挖掘地方历史、风俗、民间工艺等元素。这不仅涉及对古老传统的保护和传承，还包括对现代乡村生活的真实反映。乡村博物馆应该成为一个展示乡村精神、特色和魅力的窗口，让每一个访问者都能感受到乡村的温暖和活力，了解乡村与现代社会的联系，以及乡村在国家文化中的重要地位。

乡村博物馆不应仅仅是一个展示空间，而应成为社区的一部分。它应该反映社区的声音，也应该为社区服务。通过让当地居民参与博物馆的策划、运营和活动组织，博物馆可以更好地服务于社区，成为社区活动的中心。这样的博物馆不仅能增强与当地人的联系，还能更真实、更深入地展现乡村的文化和生活。

乡村博物馆作为教育资源的重要载体，应该通过展示乡村的历史、传统和现代变革，为各年龄段的访问者提供丰富的学习资源和体验机会。它可以成为学校教育的拓展，与当地教育机构合作，开展各种教育项目，特别是对青少年进行传统文化教育，增强对本土文化的自信和骄傲。

乡村博物馆不应局限于传统展览功能，而应扩展为多功能社交空间。除展示文物外，还可以提供会议、表演、手工艺体验等多功能空间。比如，可以设立手工艺工坊，让游客亲手体验传统工艺；设立表演厅，展示乡村的传统艺术；或者设置讨论区，邀请专家、学者和当地居民共同探讨乡村发展问题。这样的多功能设计使博物馆成为活力四射的文化交流中心。

新时代的乡村博物馆应与国家乡村振兴战略紧密结合，反映乡村在全国发展中的地位和价值。通过展示乡村的过去、现在和未来，博物馆可以成为乡村振兴的宣传窗口和实践基地。同时，博物馆还可以与乡村的经济发展相结合，如通过文化旅游、特色产品展销等方式，推动乡村经济的多元化发展。

乡村博物馆可以成为地方经济的推动器，与乡村旅游、文化创意产业等相结合，促进地方经济的发展和繁荣。通过开展特色展览、文化体验活动、乡村旅游路线等，博物馆可以吸引更多的游客和消费者，推动地方特色产品和服务的销售。此外，博物馆还可以与地方政府和企业合作，共同推动地方品牌和形象的建设和推广。

新时代的乡村博物馆应强调访问者的实地体验和互动参与。这不仅限于博物馆内部的展览和活动，还可以扩展到博物馆周边的乡村社区。例如，博物馆可以组织乡村文化探索之旅，让人们走入田野、体验农耕，亲身感受乡村的生活节奏和人情味道。此外，博物馆还可以通过各种工作坊、讲座、社交活动等方式，鼓励访问者积极参与和互动，真实体验和深入理解乡村文化。

乡村博物馆在保护乡村历史和文化遗产的同时，还应积极探索其现代价值和利用方式。这涉及对传统文化的重新诠释和创新发展，也涉及对新时代乡村社会的深入理解和积极参与。例如，博物馆可以将古老的乡村建筑和工艺以现代的方式重新展示和使用，使之既保持原有的风貌和精神，又具有现代的功能和意义。这样的并重和兼顾，不仅体现了对乡村文化的尊重和继承，还展示了乡村博物馆在新时代的前瞻性和创造力。

乡村博物馆应成为所有年龄层次人们的终身学习平台。除了学校教育，博物馆可以提供丰富的非正式学习机会，如讲座、工作坊、导览等，帮助人们不断发现和探索乡村文化的魅力和价值。博物馆还可以为当地居民提供继续教育和培训服务，如技能提升、职业转型等，支持乡村社区的持续发展和居民的终身成长。

综上所述，新时代中国乡村博物馆需在保护和传承传统乡村文化的基础上，融合现代科技和教育理念，积极参与乡村社区和经济发展，形成开放、包容、创新的文化交流平台。通过与社区、学校、企业、政府等多方合作，乡村博物馆可以成为乡村文化的宣传者、教育者和创新者，为乡村振兴和社会和谐做出积极贡献。

三、乡村活态博物馆的理论逻辑和建设路径

在2022年9月举办的第九届"中国博物馆及相关产品与技术博览会"上，中国博物馆集体亮相。博专委建设的河北省怀来县"羊儿岭乡村活态博物馆"与腾博基金一起作为中国博协成立四十周年承前启后的重要单元参展，在主展区亮相，受到各界关注，正式开启了中国博物馆人用博物馆理念赋能乡村振兴的新篇章。乡村活态博物馆是中国博物馆人用博物馆理念赋能乡村振兴的新探索，也是博物馆的新业态。探讨乡村活态博物馆的理论逻辑、内涵特征和实践路径，有利于推动这一新业态更好成长，为博物馆人贡献新智慧和新势力。

1. 乡村活态博物馆的理论逻辑

文化多样性决定博物馆在不同国家、不同文化背景下，博物馆的建设和成长需要适应在地国的文化与社会制度，必然会生长出适应其国情、并能推动社区发展的博物馆新业态。我国2017年实施的公共文化服务保障法将博物馆的机构属性确定为公共文化服务机构。博物馆是由政府主导、社会力量共同参与的公共文化设施，是提供文化产品和文化活动等有关服务的场所，主要目的是满足市民的基本文化需求。乡村活态博物馆是博专委在乡村快速城镇化和现代化，人口流失和传统文化衰落的当下，主动发挥博物馆的公共文化服务功能，为服务乡村振兴国家战略进行的博物馆新业态试点。

（1）传统村落遗产是乡村活态博物馆的文化基因

中国的传统村落是在自然及社会历史环境交互作用过程中产生与成长的、依据血缘与地缘建构的、蕴含丰富的物质文化和非物质文化遗产的"活态"文化体。传统村落被认为是具有生命机制和情感品格的，是活生生的非固化的存在。传统村落的文化，尤其是非物质文化，往往是无形的和动态发展的。"活态性"作为非物质文化遗产的一种核心属性得到确认，非物质文化遗产的传承和发展必须以此为认知基点。将传统村落的物质文化与非物质文化进行简单叠加，很难回应村落文化遗产持续性与活态性的特点。

传统村落是物质文化和非物质文化遗产的结合体，是中华文化历时性活态演进与表达进程的载体。凡是强调着眼于某个特定的遗产要素而进行静态修护或者样本化保留的做法，均无法从根源上对传统村落遗产进行有效的保护，而是对该类遗产活态养护的阻碍与破坏。传统村落文化保护的重点在于文化演进进程的养护，即要使文化不脱离当地群体特殊的生产生活空间，引导村民主动参与当地非物质文化遗产保护，积极发掘非物质文化遗产的创新利用和重现重演的"活态"传承模式，强调非物质文化遗产整体性保护中的空间协调与融合发展的"活态"过程。

随着乡村旅游发展，传统村落在非物质文化遗产的"活态"保护过程中，也会出现为迎合商业需求，扩展传统村落文化的内涵。如北京灵水村流传三百余年的"秋粥节",就是为了纪念清代举人刘懋恒在荒年救灾济民的善行义举而举办。文旅融合后的"秋粥节"内涵在纪念意义之外又加入村落文化符号的宣传作用。旅游一定程度上激活了当地人对自己文化的再评价与再认同,使传统村落的非物质文化遗产在"活态"传承中不断创新发展。

(2)博物馆社会服务职能拓展是乡村活态博物馆的理论基础

各国博物馆界都在推动博物馆转型发展,强化社会服务功能,积极寻求与社区的合作。为了推动博物馆转型发展,美国博物馆界长期以来积极争取和社区合作,通过调研社区的需求,主动参与社区建设,和社区构建合作共赢的关系,实现博物馆和社区的可持续发展。美国学者伊丽莎白·克鲁克(Elizabeth Crooke)认为博物馆与社区之间存在一种相互依存的关系,社区需要博物馆对自身历史与身份认同进行保存与解读,博物馆则需要社区居民对自身价值的认可以及对自身存在合理性的证明。博物馆要实现价值就必须从社区内发现存在的意义,如果不与社会接触,博物馆和博物馆藏品就会丧失其重要性。人们赋予藏品以价值与影响力,博物馆若无法与人们建立联系则将丧失其意义。

国际博物馆协会自1946年成立以来,不断推动各国博物馆拓宽视野和功能。博物馆内涵中的一些关键要素,如博物馆的定位、功能、非营利性等,虽然在各国有关博物馆的定义中普遍被提及,但具体表达会因国家和地区经济文化等差异而体现出各自的侧重和特色。随着全球化进程的加快,博物馆工作的重心和方式也不断升级改变。为引领各国博物馆的发展,国际博协70多年里修订和发布了7次博物馆定义。2022年国际博协公布的新定义为:"为社会服务的非营利性常设机构,它研究、收藏、保护、阐释和展示物质与非物质遗产。向公众开放,具有可及性和包容性,博物馆促进多样性和可持续性。博物馆以符合道德且专业的方式进行运营和交流,并在社区的参与下,为教育、欣赏、深思和知识共享提供多种体验。"为世界范围内的博物馆更好地服务社会,实现创新提供新的理念、新的思路。乡村活态博物馆是被赋予新定义的博物馆新业态,在乡村构建一种全村庄的、活态的和村民参与的社会服务业态,是探索契合自身发展和服务国家乡村振兴战略的最优方案。

（3）赋能乡村振兴战略是乡村活态博物馆的实践目标

党的十八大以来，国家高度重视弘扬中华优秀传统文化，"十三五"时期，各地在科学发掘、保护和利用乡村文化资源上主动作为，取得显著成效。例如，2014年，山东省开展"乡村文化记忆工程"建设，各县充分挖掘地域文化、民俗文化、农耕文化等独具特色的乡村文化资源，关注村情、民情，充分利用村居社区合并后腾出的旧校舍、办公室等集体设施，村民闲置的院落、旧房等建筑，改建布展博物馆、村史馆、民俗馆、纪念馆等。2015年，山西也启动了"乡村文化记忆工程"来留住乡土文化根脉。2016年吉林省启动"吉林印记——乡村博物馆"项目建设，先后建成乡村博物馆91处。

党的十九大提出乡村振兴战略后，在建设"美丽乡村"、让人们"看得见山，望得见水，记得住乡愁"的城乡和谐发展理念引导下，《浙江省乡村博物馆建设指南（试行）》由浙江省文化和旅游厅、浙江省文物局2022年4月发布，第一次提出了"乡村博物馆"的定义："乡村博物馆是位于乡村范围内，传承中华优秀传统文化，弘扬社会主义核心价值观，以重点展示、传播、收藏和传承地域历史文化、特色文化、革命文化及乡村生产生活、非遗保护、产业发展见证物，向公众开放，具有博物馆功能的文化场馆。位于乡村的国有和非国有博物馆可纳入乡村博物馆系列。""十四五"期间浙江全省将建成1000家乡村博物馆。

我国从中央到地方对建设乡村博物馆的积极性从侧面反映出博物馆作为重要的公共文化服务单位对于振兴乡村有着特殊的意义和价值。博物馆作为联结过去、现在与未来的重要载体，担负着文化传承、文化传播和文化创新等重要职责。乡村活态博物馆的建设强调"活态"保护，体现了对乡村物质文化和非物质文化遗产传承、衍化和创新的尊重，保持着乡村文化对外的开放性和包容性。通过推动村民日常生活与乡村非物质文化遗产形成互动，不断满足村民现代生活需求，维持一定规模的传承群体，以维护乡村非物质文化遗产和现代生活之间的自然传承的和谐状态。

2. 乡村活态博物馆的内涵特征

世界很多知名博物馆因为地处乡村，所以被称为"乡村博物馆"。国际博物馆学至今还没有对"乡村博物馆"形成明确而统一的概念和界定，其具体内涵因场景不同而有所变化。在中国，通常也把建设在乡村土地上的博物馆统称为"乡村博物馆"。中国的很多"乡村博物馆"基于历代保留下来的古民居、宗祠及不同时期的"村史馆"改建而成，存在民俗博物馆、非遗展览馆、古村落博物馆、名人故居等多种形态。

传统村落千百年来一直是我国社会的基本组织形式，浓缩了五千多年中华文明的精气神，形塑和保存了中华文化的底色。传统村落一是传统文化的载体；二是中华民族精神寄托和信仰表达的重要文化母体；三是中华文化不断创新的基础和源泉。随着我国城镇化和现代化进一步提速，作为中华传统风俗习惯、伦理道德和行为秩序的发生和培育场所的传统村落受到剧烈冲击，村落文化面临凋零甚至消亡的风险。如何有效保护和传承成为新时代中国博物馆人的新使命。

中国现代意义上的乡村博物馆出现在20世纪90年代，中国与挪威政府合作，引入最早由法国学者提出来的生态博物馆模式，最早在贵州梭嘎建设，后陆续在贵州、广西和内蒙古地区进行生态博物馆中国化实践，提出了充满中国智慧的生态博物馆《六枝原则》，指出对文化遗产进行整体保护，传统技术和物质文化资料是核心。相对固定地、静态展示物质文化资料的场馆成为生态博物馆的标准配置之一。生态博物馆以服务乡村为己任，但在二十多年的实践中，未能形成自我造血功能，面临各种发展困境。为赋能乡村振兴战略，博专委推出更具发展潜力的乡村活态博物馆。

（1）乡村活态博物馆的内涵

乡村活态博物馆理念吸收了传统博物馆学的精髓，通过多学科交叉合作和本土化、国际化，扩大了博物馆的公共服务范围，从保护存放和展示文物的建筑，发展到保护一个完整村落来营造保护和传承的文化氛围，并对村落进行"活态"利用。乡村活态博物馆是一个没有围墙的，涵盖整个完整村落的开放博物馆，所谓的"活态"就要一直存续，有未来，有持续发展的可能性。

乡村活态博物馆注重对整个传统村落进行多维保护，尤其是物质文化和非物质文化遗产，包括传统乡村社会独特的自然环境和文化生活，挖掘和重塑乡村集体记忆，放大乡村文化与经济亮点，推动乡村文化经济试点。这对于保持乡村特色、激活乡村活力、实现乡村振兴具有重要的理论与实践意义。

乡村活态博物馆对乡村进行保护和传承的思路，本质是推动乡村发展，由村民从"形式参与"到"实质参与"的乡村文化与遗产的保护与发展模式。其根本目标是发展乡村。主要涉及三项重要元素。

集体记忆。 传统乡村邻里之间是守望相助、彼此熟悉的熟人社会，乡村的社会结构决定了乡村人际交往关系的互助性、亲密性和淳朴性。集体记忆是指某一个特定社会群体间成员对过去事物的分享过程和结果，以及该群体内部特定的经验、文化和价值的集合，被人们一起建构、共享和传承的事或物。保证集体记忆传承的条件是社会交往及群体意识需要提取该记忆的延续性，对于无法经历"过去"的群体成员来说，集体记忆就是其群体认同感的基本来源。乡村集体记忆隐性地表达出当地的民风民俗、独特建筑、独有风景、语言文化、传说故事等。乡村生活的集体记忆也是特有的文化遗产，进行价值提炼与文化传承，使之融入现代生活产生巨大的感召力，有利于吸引人才、凝聚人心。

公共文化空间。 乡村的公共文化空间是乡村空间架构的文化维度和高级表现形式，不仅强调空间的文化性，而且突出其公共性来塑造村民的集体情感和共同回忆。乡村活态博物馆的实体空间由村内的公共空间及部分自愿承担展览项目的民宅组成，空间元素包括古迹、山水、房屋、树木等，参观路线包括村居小道、田间小道，通过组合设计，最大限度地将整个村落纳入活态博物馆范畴，来包容整个乡村的文化遗产。乡村活态博物馆的公共文化空间设计，以人为中心，依据村民和观众的功能需求、审美需求，设立空间主题创意，赋予空间个性与灵性。在此空间中，乡村活态博物馆通过公共服务来满足村民身体感观上和心理感知上的体验感。推动乡村发展需要符合村民的自主选择，提供相应的社会服务功能。文化空间元素作为静态的展品，不仅是集体记忆的载体，具有历史价值，更因承载着当地村民丰富的情感，将演化为"活态"的记忆展示。

乡村居民。村民生活在乡村寨中，是乡村物质和非物质文化遗产保护和传承活动的行为主体，也是乡村活态博物馆建设和运行的主要力量。村民一是乡村的建设者、居住者和拥有者，二是乡村物质文化和非物质文化遗产的沉淀者，三是传统村落非物质文化遗产"活态"传承的能动主体，四是表达遗产和延续遗产的关键要素。对于乡村的物质文化和非物质文化遗产价值具有天然的认同感与自豪感。乡村活态博物馆从建设初期就开始倾听村民的心声，树立村民的主人翁意识，主动参与乡村活态博物馆的建设与运营。推动更多的人认同乡村文化，实现文化"活态"保护、传承与发展。

（2）乡村活态博物馆的特征

乡村活态博物馆所包含的是与乡村物质文化和非物质文化遗产根源相关的集体记忆、地方性知识、群体想象、审美趣味等，即在人与人的地方性社会交往中，通过口传、表演、技艺等方式以及文字记载、物质遗迹所保留的村民的知识、技能和艺术创造等。从村民的生产生活习俗中深层次地认识中国，增加对村民口头传统文化价值的认识和体会，提高对"活态"的文化空间的认知，真正拥抱由村民自身构筑起来的一个"活态"文化史，去充分理解乡村智慧。

乡村活态博物馆是因赋能乡村振兴的责任与目标而形成的博物馆的新业态，以保护、传承乡村文化遗产为己任，结合乡村活态博物馆的内涵，具有活态保护、以人为主和体验思维三个特征。

活态保护。乡村活态博物馆关注的重点是乡村文化与非物质文化遗产保护。所谓的"活态"就要一直存续，有未来，有持续发展的可能性。承认文化不是一成不变的，文化始于交流、融于生活、变于传播，一切文化都是在传播的过程中发展。传统村落千百年来作为中华文化农耕文明、渔猎文明和游牧文明的实践者和传承者，有如下特点：一是连续性，要保护传统村落有各个时代的留存，延续文脉；二是发展性，对传统村落要合理利用，走可持续发展道路；三是原真性，传统村落采取永久世居居民、原风貌、原历史的保护原则。传统村落"活态"保护的本质是持续演进的文化传承进程，即村民与其他遗产要素在日常生产生活中联系、联结、组织、互动呈现出传统文化的生命力和活态性。

以人为本。"以人为本"理念是随着博物馆公众意识的发展推动博物馆社会角色的变迁之后所带来的必然结果。博物馆现代化的标志之一就是公众广泛地参与包括展览策划、文物研究、社会教育、志愿者服务等博物馆组织的所有活动。博物馆倡导的"以人为本"理念将原来的保护"文物"为主，发展到对"人"的关注。这里的"人"指的就是观众，坚持以人为本是博物馆作为公共文化服务机构的使命与担当，《博物馆条例》（2015）指出："博物馆开展社会服务应当坚持为人民服务、为社会主义服务的方向和贴近实际、贴近生活、贴近群众的原则，丰富人民群众精神文化生活。"乡村活态博物馆需确保村民在传统村落物质文化和非物质文化遗产保护与传承中的话语权和参与度。从制度设计的角度来看，需要把以往村民的"形式化"参与转变成"实质性"参与。从保护和发展计划的制订到实施，确保村民意见有征询流程、有制度保障、有落实反馈并有监测回访，制定合理有效的保护体系是恰当保护和发展传统村落的先决条件。

体验思维。体验能带给人们感受，是人们认知世界的根本途径，也是文化得以传承和发展的重要途径之一。体验思维迭代了商业和服务创新，在人、价值、可持续三个维度上实现超链接。在体验经济中，人从消费者变成了服务的共建者，可持续的体验经济整合了服务与人、人与人、服务与服务三组关系，彼此赋能、协同发展，构建出一个共生系统。乡村活态博物馆为村民和观众提供乡村文化体验的平台，观众从被动地聆听讲解员的讲解转变为积极主动地参与其中，可以得到更为丰富的情感体验和自我实现。体验可分为认知体验、情感体验和行为体验，他们将带来对于乡村文化更加细致和深刻的理解，进而实现感知。对乡村文化的认知由浅到深的过程，从感觉、知觉、记忆到思考和想象，经过体验简化为直接到达认知高级阶段的思考和想象水平。

3. 乡村活态博物馆的实践路径

2021年，博专委承担了国家社科基金项目"铸牢中华民族共同体意识——长城内外民族交往交流交融"研究课题，对北京、山西、天津、辽宁、河北部分长城周边的70多个村镇开展走访调研后，聚焦河北省怀来县东花园镇羊儿岭村开展系列实践活动。羊儿岭村现有村民566人，共202户。相传北宋时期，杨门女将穆桂英在此征战时生子杨文广，故后人将此地取名为养儿岭，后取谐音为羊儿岭，该村由此得名。据《怀来县志》考证，明洪武二十一年（1388），由山西洪洞县移民到此落户，并在此修建营城烽火台。此后，村民世代在此戍边守土。羊儿岭村里至今保有建于1556年的营城、一棵500年的老槐树、21处70年以上的老宅和可观的文化与自然遗产。每年春节，村里会举办高跷舞会。村民种植小米、高粱、玉米等传统经济作物，其中小米远近闻名。当地政府积极开展乡村振兴建设，有良好的政府合作意愿和村民主动参与的基础。

在调研中，博专委专家学者们积极思考如何在乡村基层开展铸牢中华民族共同体意识建设；如何拓宽和加深新时代长城内外民族交往交流交融；如何在长城沿线乡村贯彻落实国家乡村振兴战略；博物馆在助力乡村文化振兴中的角色担当等问题。基于问题意识，经过多次实地调研后，博专委专家学者们提出建设"羊儿岭乡村活态博物馆"，以博物馆理念来赋能乡村振兴。这个方案得到了当地政府和村民的支持，得到了中国博物馆协会的认可，项目成为腾博基金资助的首个长城沿线建设的乡村博物馆。两年来，羊儿岭乡村活态博物馆在传承长城历史文化、助力乡村振兴的探索方面吸引了社会各界积极参与，产生了良好的社会效益和经济效益，开拓了博物馆建设的新形态、新实践，得到了相关部委和当地县镇村三级政府、广大村民的肯定和称赞。

（1）创新组织模式，多元主体推动乡村活态博物馆建设

乡村振兴是国家主导的战略，中央政府通过相应的政策、具体的任务和指标，将乡村振兴的任务层层传达到各级地方政府和乡村，保证党中央乡村振兴政策在基层社会得到有效落实，背后的挑战是如何保持上下层级目标的一致性和积极的工作状态。从"上"来说，挑战在于如何通过县级、地市级政府的引领促进，充分调动基层村民和农村基础党组织的积极性，凝聚合力，推动乡村振兴。从"下"来说，如何能够让脱贫后的广大农民村民不是"小富则安"，而是找到致富的抓手，参与乡村建设。通过调研，

为充分发挥羊儿岭村村委会、地方政府和社会组织专家的各自优势，羊儿岭乡村活态博物馆建设上采用的是上下联动、内外共生的政府、村民、社会组织三方合作共建模式。在主体层面，实现村民、政府上下联动，外部力量的适当介入激发地方自主性，形成内外合作机制。在行动层面，强调以乡村资本和村民参与为基础，从封闭性的地方实践走向开放性的超地域的多元共生实践。

羊儿岭乡村活态博物馆三方合作共建的组织模式在建设中发挥了较大作用。

在建设凝聚村民乡土情怀和乡土文化根基的"羊儿岭乡村故事汇"过程中，故事汇的场地是村委闲置的包含五间房的院子。在村委号召下，村里能干活的劳动力都参与修建，经过一个月时间齐心合力的努力，完成故事汇的基础设施建设。通过建设"羊儿岭乡村故事汇"和在故事汇举办沙龙和展览，很多村民重新找寻旧时的集体记忆，开启了乡村活态博物馆与乡村生活的共生关系。

（2）实现理念转变，构建新型的乡村活态博物馆

新时代，对乡村博物馆建设提出了高质量发展的新要求，同时也要求博物馆人立足乡村，服务乡村，以赋能乡村发展为目的，实现理念转变，构建了新型的乡村活态博物馆。

一是博物馆空间观念转变。空间一词在自然科学和社会科学领域被广泛使用，特别是经由列斐伏尔、福柯、布迪厄、吉登斯等人的讨论，促使了社会人文科学的空间化转向。空间不仅具有自然和地理的属性，更具有社会、文化和心理的属性，正如马克思所指出，"空间是一切生产和一切人类活动所需要的要素。"羊儿岭乡村博物馆空间上转变了过去博物馆静态的建筑样式，而以乡村整体的时空范围为边界，把整个乡村作为博物馆收藏、展示、教育、研究的空间，是一种动态的、活化的、无围墙的新型的博物馆形态。因此我们可以把乡村活态博物馆定义为：以乡村整体空间范围，以村两委和村民个人为主体，在经济、社会、文化等领域开展实践活动过程中形成的一系列互动关系的总和。通过乡村活态博物馆实现乡村空间再造，博物馆建设的过程就是一个融文化空间、经济空间、社会空

间、环境空间于一体的过程。

二是博物馆内涵转变。乡村博物馆展览内容主要是挖掘乡村本身资源，从建构意义角度对乡村资源进行整合与创新，通过不同方式进行展示展演，建构博物馆全新内涵。首先是深入挖掘乡村资源，如乡村建筑、手工艺、农业生产技艺、饮食、服饰、方言、风俗习惯、民间艺术、公共设施区位、街道、院子等。进行分门别类地梳理，制定科学性、差异化的规划和保护措施。其次整合式创新，主要是对不同资源进行主题化、专题性整合，形成不同的展示活动。如通过挖掘村民小院中有棵山楂树，策划《遇见山里红——家庭遗产主题展》，办起乡村山楂特色下午茶活动，增强其文化自豪感和自信心。也可以整合其他文化资源，如引入苗族刺绣和扎染两个国家级非物质文化遗产项目，增加了羊儿岭村文化的新内涵，增加了农民的经济收入，彰显乡村文化的生命力。

三是内容展现活态转变。活态博物馆的核心在于"活态"，即鲜活的、生动的、可传承的、可持续发展的。与传统博物馆的不同，活态博物馆具有开放性、动态性、流动性等特点。首先是对乡村文化遗迹动态、活化展示。博物馆既静态展示营城烽火台、民居、农耕用具等遗存，也动态展示居民生活生产、节日表演、民俗特色、场景活动等，实现文化的活态化保护和传承。其次是强调村民的活态参与。乡村活态博物馆是村民的生活空间场所，村民是乡村文化的活载体和活力源泉，是博物馆构成要素中不可分割的组成部分，村民的动态参与增强了活态化演示和"活"的文化体验。村民对乡村情感深厚，本地文化认同感强，能够主动保护和活化乡村文化遗产，成为活态博物馆发展的中坚力量。

（3）完善造血机制，乡村活态博物馆赋能乡村振兴

造血机制在这里主要是指通过各种方式使乡村拥有自我发展、自我提升的能力。博专委专家团队在与村民充分沟通后，依托乡村活态博物馆逐步完善造血机制，主要包括教育培训、文化挖掘、经济助力、公共服务等多种方式，通过自我创新和发展，实现乡村振兴和可持续发展繁荣。

一是培训和教育投入。通过乡村活态博物馆平台举办非遗手工艺培训课程，让村民有机会学习并掌握一门技艺，为他们提供一份可持续的收入

来源。如针对羊儿岭村务农和待业妇女的情况，引入苗族刺绣和扎染两个国家级非物质文化遗产项目，通过网络和实地教学方式结合，在村里开设非物质文化遗产手工培训班，以期实现务农和待业妇女的再就业。

二是文化挖掘和品牌建设。利用乡村的特色文化资源，进行文化创新和开发，在博专委专家团队建议下，通过举办各种文化活动，如"故事汇""乡村有约"文化节、乡村音乐会等，展示并传承了乡土文化。同时，依托村民小院中的山楂树，策划《遇见山里红——家庭遗产主题展》，帮助村民办起乡村山楂特色下午茶，拓展乡村特色品牌。

三是经济发展模式的转变。羊儿岭村通过乡村活态博物馆这个平台，通过组织长城内外特色产品市集，村民的小米和八棱海棠受到了消费者的喜爱，增加了村民的经济收入，也带动了乡村多元经济发展。

四是乡村公共服务的提升。通过活态博物馆鼓励村民参与乡村建设，增强社区的凝聚力。例如，羊儿岭乡村活态博物馆的建设过程就是一个村民全体参与，自下而上的过程，这不仅使村民们共享了建设成果，也加强了他们的乡村认同感。同时，通过举办文化沙龙和市集活动，可以进一步促进乡村成员的交流和互动，增强社区的活力和凝聚力。通过乡村活态博物馆平台与近十家出版社联系捐赠图书筹建长城书屋，提供公共文化服务，促进村民的终身学习，增强公共文化服务的可及性。

在实践中，完善造血机制的关键在于要能够充分利用和发挥乡村的内在资源，如自然资源、文化资源、人力资源等，通过教育培训、文化挖掘、经济转型、公共服务等机制，提升村民自我发展能力，同时吸引了外来的游客和消费者。

"羊儿岭乡村活态博物馆"是在博专委、地方政府与村两委和村民的共同努力下创办的。经过两年多的实践，羊儿岭村的村容村貌、村民的文化自信得到了很大提升，羊儿岭明代营城和相关遗存得到保护与动态展示，羊儿岭村的知名度同时得到提升，为来到羊儿岭村的游客提供教育、欣赏、深思和知识共享等多种体验，促进了乡村振兴。乡村活态博物馆通过理念创新，对博物馆空间的转化和再造、内涵转变、活态呈现，使博物馆具有村民日常生产生活空间的包容性、文化的包容性、功能的包容性，进而提升人气与活力。

实践证明，乡村活态博物馆是一种非常有益的博物馆新形态、新模式，用博物馆理念推动了乡村发展模式的转型，扩展了博物馆服务乡村的可及性，促进乡村文化的多样性和可持续性，使得乡村活态博物馆在营造展示氛围、表达情感上有着实体博物馆无法取得的效果，充分体现了其开创性和未来潜力。

第一章　长城周边的乡村观察

第一节　乡村是孕育中华文明的重要场域

乡村基层社会在中国历史与文化中扮演了特殊的角色。它是优秀传统文化的承载地、民族团结的桥梁，以及现代化进程中的重要组成部分。乡村基层社会也占据了中国大部分的人口与土地，是实现中华民族伟大复兴的基石。强化中华民族共同体意识，为实现中华民族伟大复兴提供坚实的群众基础和文化支撑。乡村振兴不仅需要经济发展，更需要文化自觉和社会动员。

从历史逻辑看，乡村承载着中华民族的历史记忆和文化基因，反映中华民族的多元融合和文化创新，塑造中华民族的共同价值和文化形象。从现实逻辑看，乡村是中华民族共同体的最小单元，也是最广泛的组成部分，是国家治理体系和治理能力现代化的重要基础，是铸牢中华民族共同体意识建设的重要阵地。

1. 乡村是中华民族共同体意识的重要来源和载体

中华民族共同体意识是在长期的历史实践中逐渐形成和发展的。在这个过程中，乡村起到了重要的作用。乡村是中华民族创造和传承优秀传统文化的重要基地，孕育了中华民族的语言文字、道德规范、生活方式、审美情趣等文化特征，传承了中华民族的历史记忆、文化传统、精神追求等价值取向，培育了中华民族的祖国观、民族观、文化观、历史观等思想认同。长城沿线乡村就是一个典型例子。长城是农耕文明与游牧文明对抗和融合的产物，见证了中华民族自强不息的奋斗精神，汇聚了中华民族伟大复兴的磅礴力量。

2.乡村是中华文明交流互鉴的重要场所

在多民族的国家中，乡村基层社会经常是不同民族交往的第一线。中华民族多元一体主要体现在各地区、各民族之间的交往交流交融，这些交往交流交融在很大程度上发生在乡村。长期以来，中华民族在乡村形成了多种多样的民族关系，这些你中有我，我中有你的民族关系共同构成了中华民族多元一体的宏大图景。乡村是各民族文化交流互鉴的重要场所，也是各民族文化共生共荣的重要条件。在乡村，各民族通过农业生产、商贸、婚姻、宗教信仰、文化艺术等多种方式，进行了广泛而深入的文化交流互鉴，促进了各民族文化的相互借鉴和相互融合。乡村是各族人民最广泛、直接、深刻地感受到国家和民族命运变化的地方，也是各族人民最积极、主动、热情地参与到国家建设发展中来的地方。乡村是各族人民最真实、自然地交往交流交融的空间，也是各族人民最持久、深入地形成共同认知和共同行动的空间。

3.乡村是中华文明传播的重要场域

乡村不仅是中华文明的孕育地，也是中华文明的传播地。乡村通过各种形式和渠道，展示和传播中华文明。例如，乡村通过举办各种节庆活动、文化展演、文化交流等，向其他地区和其他民族展示和传播自身的文化特色和风俗习惯，增进相互了解和尊重，促进民族团结和交流。乡村也通过发展乡村旅游、文化创意、农业产业等，向外界展示和传播自身的发展成就和创新能力，增进相互学习和合作，促进经济发展和社会进步。基层乡村还通过建立各种组织和平台，向外界展示和传播自身的社会治理和民主自治，增进相互信任和参与，促进社会稳定和民主法治。可以说，乡村是中华文明的重要传承传播者，也是中华文明进步的重要推动者。

4.乡村是国家治理体系和治理能力现代化的重要基础

在乡村开展铸牢中华民族共同体意识建设，有利于增强基层党组织的凝聚力和战斗力，提高基层干部的政治素养和工作能力，引导基层群众积极参与社会治理，形成良好的社会风气和乡村文明。同时，也有利于增进基层群众对祖国、中华民族、中华文化、中国特色社会主义道路的认同，激发基层群众的文化自觉和自信，培育基层群众的创新精神和实干精神，促进基层群众的文化生活和经济生活的改善，推动乡村振兴战略的落实。

当前，我国正处于实现中华民族伟大复兴的关键时期，面临着前所未有的机遇和挑战，这对我们党领导人民实现中华民族伟大复兴的历史使命提出了更高的要求。只有在广泛的、更具根基意义的社会阵地中进行铸牢中华民族共同体意识建设，才能凝聚起全体中华儿女的心灵契合和力量合力，以有效应对各种风险挑战。在这方面，乡村社会一定是必须把握的重点。

一、在乡村基层开展铸牢中华民族共同体意识建设的实践意义

在新时代的历史条件下，以基层乡村为落实铸牢中华民族共同体意识建设的重点场域，有利于强化中国乡村基层治理水平，进而持续深入地增强农村文化和生活共同体纽带，推动中华民族共同体意识建设的广泛落地，更好地凝聚全国与全社会力量，为实现国家社会发展的长远稳定奠定基石。

1. 以基层乡村为落实铸牢中华民族共同体意识建设的重点场域，有利于强化中国乡村基层治理水平

基层治理是乡村发展的重要保障和基础。基层治理的水平高低，直接影响到乡村的稳定和发展，也直接影响到乡村居民的权益和福祉。而铸牢中华民族共同体意识建设，可以有效提升基层治理的效率和质量，可以增强乡村居民的主人翁意识和参与意识，让他们更加积极主动地关心和参与到乡村事务中去，也让他们更加理性和协商地解决和处理乡村问题。同时，铸牢中华民族共同体意识建设，可以增强乡村社会组织的服务意识和创新意识，让他们更加贴近和满足乡村居民的需求和期待，也让他们更加灵活和多样地提供和完善乡村公共服务。这样，不仅可以提高乡村治理的效果和效益，也可以提高乡村治理的适应性和包容性。

2. 以基层乡村为落实铸牢中华民族共同体意识建设的重点场域,有利于持续而深入地增强农村文化和生活共同体纽带

农村文化和生活共同体纽带是乡村发展的重要动力和目标。农村文化和生活共同体纽带的强度高低,直接影响到乡村的凝聚力和向心力,也直接影响到乡村居民的幸福感和满意度。在基层乡村开展铸牢中华民族共同体意识的建设,可以促进乡村居民形成对国家、社会、家庭、个人等各个层面的价值认同和价值追求,推动他们尊重和保护各地区、各民族、各群体的文化传统和文化特色,增强乡村居民之间以及乡村与城市之间的交流互鉴和融合发展,让他们更加互助和合作地解决彼此的生活困难和发展问题。同时,铸牢中华民族共同体意识建设,可以增强乡村居民对中华文化的认同和归属感,让他们更加了解和尊重自己所生活的土地、历史、风俗、传统等文化元素,也让他们更加热爱和支持自己所属的国家、民族、政治、制度等社会要素。这样,不仅可以提高乡村文化和生活共同体的凝聚力和向心力,也可以提高乡村文化和生活共同体的创新力和竞争力。铸牢中华民族共同体意识建设是乡村发展的驱动力,它能够调动各方面的资源和力量,联合乡村的内外资源,推动乡村的经济、文化和社会全面发展。此外,铸牢中华民族共同体意识建设有助于建立一种公共的价值观和行为准则,促使乡村居民更加和谐、团结,共同为乡村的美好未来努力,塑造和谐乡村社区。

3. 以基层乡村为落实铸牢中华民族共同体意识建设的重点场域,有利于为实现国家与社会发展长治久安奠定基石

通过强化共同体意识,可以增进各民族之间的理解与信任,加强民族团结,推进共同繁荣。在全球化背景下,乡村基层社会也面临着全球文化的冲击。铸牢中华民族共同体意识建设可以帮助村民更好地回应全球化的挑战,维护自己的文化特色,同时开放地与外部文化交流;可以增强乡村居民对国家和民族的责任感和使命感,让他们更加忠诚和拥护国家的政策,也让他们更加奋进和贡献国家的建设和发展;可以增强乡村居民对国家和民族的荣誉感和自豪感,让他们更加自信和骄傲自己是中华民族大家庭的一员,也让他们更加自觉和坚定地维护国家的利益和尊严。这种共同体意识既能够有效凝聚各族群众，促进国家的稳定，也能够在乡村这个广大的基层中培育村民对国家的归属感。

总而言之，乡村是中华文明的重要来源和基础，是中华民族共同体认知建构的重要场域，也是铸牢中华民族共同体意识建设实践落实的重要平台。在基层乡村开展铸牢中华民族共同体意识建设，有利于保护和传承中华民族传统文化，更有利于支撑和推动中华民族生存发展。乡村基层社会铸牢中华民族共同体意识的使命和价值不仅关乎乡村自身的发展与振兴，还关乎整个中华民族的未来与命运。它是连接过去与未来、连接乡村与城市、连接中华民族与世界的重要纽带。在乡村基层社会开展铸牢中华民族共同体意识建设的价值不仅仅体现在思想和文化层面，更体现在它为乡村带来的实际发展和变革。通过铸牢中华民族共同体意识建设，我们可以更好地凝聚力量，推动乡村的全面振兴和发展，为实现中华民族的伟大复兴奠定坚实基础。这是一项符合新时代历史条件下乡村发展规律和需求的科学选择，也是贯彻落实习近平总书记关于"三农"工作重要指示精神的有效途径。

第二节 长城是中华民族的重要象征

文化是一个民族的灵魂，文化认同是最深层的认同，是民族凝聚力的源泉。长城是重要的中华文化符号和中华文明的重要形象。做好"长城村落"长城文化价值发掘和文化遗产传承保护工作，助力长城沿线乡村文化振兴，建构中华民族现代文明，对铸牢中华民族共同体意识建设，实现中华民族伟大复兴的中国梦具有重要的理论价值和实践意义。为贯彻落实习近平总书记关于加强和改进民族工作，以铸牢中华民族共同体意识为工作主线的重要思想，中国人类学民族学研究会委托博专委承担国家社科基金资助项目——"铸牢中华民族共同体意识——长城内外各民族交往交流交融"的课题研究。由此，博专委组建课题组深入北京、河北、山西等地的"长城村落"开展人类学田野调查，进行民族文化交往交流交融的研究，在调研中，确定把"铸牢中华民族共同体意识建设"落实到乡村基层进行实践的目标，开展实践探索。

一、弘扬中华优秀传统文化，铸牢中华民族共同体意识

习近平总书记高度重视民族工作，反复强调要铸牢中华民族共同体意识。2021年8月的中央民族工作会议上，习近平总书记指出，做好新时代党的民族工作，要把铸牢中华民族共同体意识作为党的民族工作的主线。铸牢中华民族共同体意识，就是要引导各族人民牢固树立休戚与共、荣辱与共、生死与共、命运与共的共同体理念[1]。党的二十大报告再次强调："以铸牢中华民族共同体意识为主线……加强和改进党的民族工作，全面推进民族团结进步事业"[2]。铸牢中华民族共同体意识，不仅仅是学术研讨，而应转化为全党全国各族人民的自觉行动，更应切实落实到乡村基层。

作为世界文化遗产的万里长城在世界语境中是代表中华民族精神和中国的重要标志和象征。如何充分发挥长城文化在铸牢中华民族共同体意识中的重要作用是一个现实问题。2019年8月，习近平总书记考察嘉峪关长城时指出，当今世界，人们提起中国，就会想起万里长城；提起中华文明，也会想起万里长城。长城、长江、黄河等都是中华民族的重要象征，是中华民族精神的重要标志。一定要重视历史文化保护传承，保护好中华民族精神生生不息的根脉[3]。因此，在长城周边地区践行铸牢中华民族共同体意识的意义就不言而喻了。

---

[1]《习近平在中央民族工作会议上强调以铸牢中华民族共同体意识为主线　推动新时代党的民族工作高质量发展》，央视网.（http://politics.cntv.cn/special/gwyvideo/2019/202108/2021082801/index.shtml）。

[2] 习近平：《高举中国特色社会主义伟大旗帜　为全面建设社会主义现代化国家而团结奋斗——在中国共产党第二十次全国代表大会上的报告（2022.10.16）》，《人民日报》，2022年10月26日，第1版。

[3] 潘毅：《习近平总书记继续在甘肃省考察调研》，中央广播电视总台中国之声《新闻和报纸摘要》报道（ttp://china.cnr.cn/news/20190822/t20190822_524742025.shtml）。

二、助力乡村振兴战略，建构中华民族现代文明

2018年9月，中共中央、国务院印发的《乡村振兴战略规划》指出，实施乡村振兴战略，是解决新时代我国社会主要矛盾、实现"两个一百年"奋斗目标和中华民族伟大复兴中国梦的必然要求，是传承中华优秀传统文化的有效途径，是实现全体人民共同富裕、实现中国式现代化的必然选择。长城沿线乡村大多因修筑长城、守护长城而生，千百年来滋养着长城文化，长城沿线乡村各民族在长期的经济文化交流交往中形成了显著的特点，如何根据这些经济文化特点实现乡村振兴，建构中华民族现代文明是一个的新课题。

2016年以来，课题组陆续在长城河北怀来段的羊儿岭村开展过多次调研，形成了研究报告，呈报上级有关部门，得到充分肯定。课题组在对长城村落田野调查基础上开展长城内外各民族交往交流交融的历史演变与发展趋势研究；探索在基层乡村铸牢中华民族共同体意识的实践路径；探索新时代长城内外各民族交流交往交融新模式；探索博物馆理念如何赋能"长城村落"的乡村振兴、如何建构中华民族现代文明话语，向世界展示长城周边多民族融合共生、文明互鉴的画卷。

（一）相关概念的界定及研究方法

为研究的方便，本书将分布于长城沿线，因历史上修筑长城、守护长城而形成的传统村落，称之为"长城村落"。这些村落多为长城修筑者、守护者及其后裔的定居地，是长城文化的开拓者和传承者。

1. 人类学民族学多点民族志的研究方法

人类学民族学多点民族志并置和互动性是多点民族志研究方法的主要目标，一方面它强调对任何社会现象的理解都不应该是固定的，而应该是一种流动的。因为事象的理解取决于人们的立场、也取决于当时的具体场景；另一方面，该方法将文化实践或社会实事置于一个更为广阔的场景之中进行比较，着重考察存在于研究对象和其他社会过程或社会聚落之间的互动关联。

2. 文献研究法

本项目相关文献研究以地方史、地方志、地理学、生态学等有关学术

资料研究为考察重点，从人类学、史学、考古学、生态学等多学科的角度对长城沿线县域文化遗产的相关研究资料进行梳理。

3.访谈法

在人类学民族学多点民族志的研究方法中，对当地人的深度访谈是必不可少的具体研究方法。课题组先后走访调研了长城沿线京冀晋70多个"长城村落"，调研访谈对象涉及县乡两级政府官员、村干部、教师、乡贤、村民等乡村社会人物，访谈方法包括结构性访谈和非结构性访谈。

4.问卷调查法

在民族志研究方法中，问卷调查是获取社会调查数据的常用方法。课题组在河北省怀来县羊儿岭村进行了逐户问卷调查，发放调查问卷202份，收回有效问卷173份，回收率85.6%。摸清了羊儿岭村户数、人口、土地、房屋、就业、手艺、生计、收入等基本村情。

5.会议调查法

在本项目的研究中，课题组创造性地采取座谈会、工作会、研讨会等多种形式搜集调查资料，集思广益，开展研讨，取得了良好的成效。

6.创新"活动"调查法

课题组通过举办相关的活动，进行现场访谈，获得大量第一手珍贵资料。

（二）研究目标

1.研究"长城内外各民族交往交流交融"的历史趋势，促进新时代各民族"三交"

本课题调研的长城沿线地区大部分都是同长城的修筑和长城沿线戍边有关联的村落，长城是长城沿线村落和村民共同的文化遗产，修筑长城、守护长城的故事是发生在他们祖辈身上和身边的故事，是世代相传的历史记忆，是长城脚下的村民宝贵的传统文化遗产，我们将这些村落称为"长城村落"。而研究"长城村落"历史变迁中长城内外各民族的交往交流交融亦是课题组的职责与使命之一。

2.挖掘活态长城文化，赋能乡村振兴，建构中华民族现代文明

本课题以位于河北省怀来县东花园镇羊儿岭村为个案，并将东花园镇羊儿岭村置于怀来县当下的社区场景之中，进行活态长城文化的调研和价

值挖掘。课题组通过对羊儿岭村基本状况,包括历史沿革、生态环境、人口、民族、政治、经济、法律、教育、科技、宗教、文化、社会结构等深入调查,了解当前村落的土地使用情况、外出打工、经济收入、长城文化、古堡的保护与开发情况,"长城村落"民族交往、交流和交融等。同时,为拓展研究视野,便于文化及社会经济研究的整体性要求而进行比较,课题组将怀来县羊儿岭村这一研究社区置于河北省怀来县乃至北京、河北省、山西省长城沿线乡村这一更广阔视野之内,以求通过对"长城村落"文化及其价值挖掘,用博物馆理念探索文化(艺术)赋能乡村振兴和建构中华民族现代文明之路。

3. 把"铸牢中华民族共同体意识"落实到乡村基层,增进民族团结

为深入贯彻习近平总书记关于"铸牢中华民族共同体意识"的重要讲话精神,课题组深入乡村基层,开展"铸牢中华民族共同体意识"的长城周边民族交往交流交融的调研,并开展系列实践活动,以长城文化等中华民族精神根脉为纽带,在乡村基层开展"铸牢中华民族共同体意识",增进长城周边各民族团结的实践。

三、研究田野:"长城村落"与博物馆

(一)长城周边村落

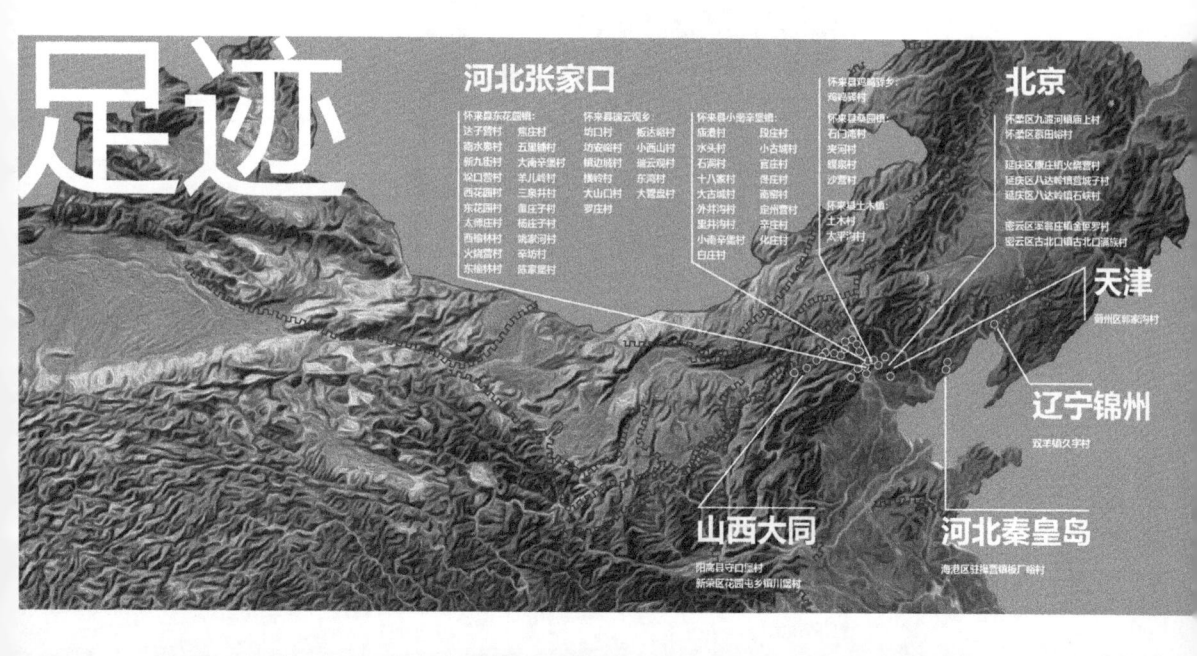

防火观演

乡村活态博物馆：长城脚下的羊儿岭

第一章　长城周边的乡村观察

从古城墙上俯瞰鸡鸣驿村

古北口长城北门

（二）长城周边相关博物馆

1. 中国长城博物馆

中国长城博物馆是课题组调研过的唯一"国字号"博物馆，坐落于八达岭长城景区内，是一座以万里长城为主题，全面反映长城历史、军事、建筑、经济、文化艺术及现状的专题性博物馆。

2. 河北省板厂峪村长城文化展馆

课题组调研的长城村落——板厂峪村是板厂峪长城脚下的一个义乌兵后裔村，属秦皇岛市海港区驻操营镇。全村300多户，有一半是当年戚继光守长城的义乌兵后代。年近古稀的板厂峪村民许国华，即是土生土长的板厂峪义乌兵后裔，长城脚下长大的他对长城有着深厚的感情。

为了守护好长城文化，2002年，许国华自费创建了板厂峪长城文化展馆，展出搜集的长城文化"老物件"。有明代的火铳、官兵用的毛笔盒、长城文字砖、修筑长城使用的工具、明清时期的老物等2000多件。许国华对这些展品的名称和用途都了然于胸，在游客观展时给大家讲解。目前，长城文化展馆每年接待参观人员3万余人次。

3. 河北省怀来太平沟（村）民俗馆

调研组走过的怀来县土木镇太平沟民俗馆，是一个可以触摸当地民俗文化的博物馆，是怀来县沙城第二中学历史教师李俊峰用心血倾力打造的民俗馆。李俊峰是怀来县土木镇太平沟村人，教学之余，他经过10余年收集了耧、盘、铜瓢、犁、石磨、钟表、花瓶等6000余件老物件，3年的筹划和近半年的布展，太平沟民俗文化馆于2019年6月正式对外开放。

4. 北京密云古北口村乡情村史馆

课题组调研的北京市密云区古北口镇古北口村，位于首都东北部，地处燕山山脉、长城脚下、潮河之滨，南距北京市区120公里，距密云城区57公里，是北京的东北大门、长城上的重要关口，自古就有"京师锁钥""燕京门户"之称。

古北口村乡情村史馆以文字、照片、图表、模型等展示了古北口基本村情和历史文化。

5.陕西省榆林高秋燕长城主题展馆

展览馆由爱长城，护长城，宣传长城文化的高秋燕创办。建筑面积700平方米。目前，该馆展览主要有《万里长城·百年回望摄影展》《威廉林赛和榆林的故事》《长城知识知多少》《保护长城，我们在行动》《中国长城·世界风景长城主题文创展区》《长城达人·历史见证物品展览区》《VR数字长城体验区》七大展区，常年免费开放。

6.宁夏盐池长城民俗博物馆

距明长城"头道边"仅200米的宁夏盐池长城民俗博物馆，由盐池县长城学会会员高万东、陈静夫妇于2020年出资创办。长城民俗博物馆为四合院风格，占地753平方米，建筑面积356平方米，其中展厅面积200平方米，展示了他们夫妻二人多年来收集整理的盐池长城的砖瓦等建筑构件，箭镞、陶蒺藜等古代军事实物，瓷片等生活物件，充分展示了盐池县古长城文化。免费对外开放，目前年接待游客近万人次。

课题组通过调研以上博物馆，看到创办博物馆的背后是热爱长城文化的人，这些"博物馆人"尽管不一定被认可，但他们一如既往地坚持和付出，对长城故事的传播做出贡献。需要思考的是，他们到底可以走多远？回到河北怀来的羊儿岭村，课题组开展了系列讨论。

第三节　博物馆是乡村传承中华文明的载体

在我们的调研活动中通过铸牢中华民族共同意识的理论学习，使基层干部重新认识自身的历史文化以及文化价值是非常重要的。博专委联合怀来县委县政府，于2021年8月2日，围绕铸牢中华民族共同体意识建设，探索博物馆助力长城脚下的乡村振兴主题，在怀来县东花园镇羊儿岭村召开了"铸牢中华民族共同体意识——长城（怀来段）研讨会"。这次会议是学术研究团体第一次落地乡村和基层干部共同研讨课题、共商发展大计的一场别开生面的会议。正是在这个会议上，经过多方研讨，找到了如何在乡村基层实践铸牢中华民族共同体意识的载体，就是建设乡村活态博物馆，用博物馆理念助力乡村振兴，推动村民在日常生产生活中践行铸牢中华民族共同体意识，为中华民族伟大复兴凝心聚力。也是这次会议让课题组发现并找到了把铸牢中华民族共同体意识实践落实到乡村基层的依据。

一、铸牢中华民族共同体意识——长城（怀来段）研讨会

2021年8月2日，中国人类学民族学研究会常务理事、博物馆文化专业委员会主任委员韦荣慧，博专委副主任委员吕保利、张体斌，中国人类学民族学研究会理事、北京印刷学院教授崔存明，北京建筑大学副教授赵燕湘和中共怀来县委副书记冯占武，怀来县文联主席王艳霞，怀来县作家协会常务副主席康德武，怀来县摄影家协会主席袁秀峰，怀来县博物馆馆长李鼎元，东花园镇党委书记侯建伟，东花园镇陈家堡村党支部书记兼村委会主任陈文广，东花园镇火烧营村党支部书记兼村委会主任王凤军，东花园镇羊儿岭村党支部书记兼村委会主任李传涛等20余人参加会议。与会学者和县、乡、村各级领导从不同角度、不同层次畅谈了长城脚下怀来悠久的历史和文化传承，畅谈了以长城为背景下汉族、回族、满族、蒙古族、朝鲜族、彝族、壮族等多民族在怀来交往、交流、交融，民族团结、民族融合共同进步的美好生活。特别是谈到近年来随着怀来的发展，大量新居民不断进入，如何在"新居民"社区加强铸牢中华民族共同体意识的建设，促进乡村居民与新居民的交流交往与团结。

会议由怀来县文联主席王艳霞主持。她谈道："河北省怀来县地处八达岭长城带，交通便利，文化底蕴深厚，是河北省张家口市开放的窗口县。我们完全没想到博专委的专家们对怀来县的文化如此了解，他们在我县境内长城脚下的陈家堡村、庙港村、水头村、羊儿岭村、镇边城村、横岭村、坊口村、坊安峪村等村落进行深度调研，为促进长城村落振兴提供扎实的基层一手资料，让我们很感动。博专委选择怀来县调研和研讨是对怀来文化发展的充分肯定，研究成果大大激发我们对家乡的热爱和文化自

信。我们应该抓住历史文化这个灵魂，搭上乡村振兴的快车，让长城文化转化为实现乡村振兴的内生动力。"

怀来县作家协会常务副主席康德武在发言中谈道："怀来县长城资源比较丰富，保存的规格好，同时历史时间跨度比较大。现存不仅有镇边古城、样边长城、连墩列戍长城、圆楼长城等明长城遗迹，还有燕长城、北齐或者北魏时期的古长城。"

怀来县博物馆馆长李鼎元谈道："怀来县境内保存有两道长城，一道为连墩列戍长城23公里，位于砖石长城外侧，途经官厅镇、小南辛堡镇、东花园镇境内的13个村庄从羊儿岭村进入北京延庆营城子。另一道为砖石长城，自延庆石峡村进入怀来陈家堡村、辛房村、姚家河村穿越董庄子村、杨庄子村，至坊安峪村、坊口村、横岭村、大营盘村、庙港村、水头村。全县包括古驿道、城堡、烽火台共449个点段，总长度100多公里，长城脚下的很多村落都是明长城内缓冲地带的重要镇所。铸牢中华民族共同体意识研讨会在羊儿岭村召开很有意义，怀来县的鸡鸣驿驿站遗存，曾经是北京通往张家口的交通要道和军事要塞。是规模最大的一座驿站，也是历史上多民族交流交往交融的典范。希望通过本次调研和研讨，深入发掘中原地区与北方少数民族不断融合发展的历史。"

怀来县东花园镇党委书记侯建伟谈道："东花园镇与八达岭镇接壤，高铁20分钟到达北京城区，葡萄酒、八棱海棠、彩苹果等特产丰富。大数据产业基地是我们的重要引擎。近年来，我们在深入思考如何通过结合文化遗产保护与宣传促进相关村落的文旅产业发展。此次博专委的调研主题恰好与当前的设想相契合，我们需要进一步加强与博专委的沟通联系，通过从人类学研究的角度共同思考东花园镇如何服务好"大数据"，如何在"新居民"社区加强铸牢中华民族共同体意识的建设，促进新时代乡村居民与新居民的交流交往与团结。"

东花园镇陈家堡村党支部书记兼村委会主任陈文广发言谈道："陈家堡村由黄台子、上堡、下堡三个自然村组成，155户，610人，由汉族和蒙古族组成，陈家堡村最丰富的资源是北齐长城和明代长城，特别是罗锅长城很受旅游者追捧，包括外国游客。我们村世代和睦相处，保留着浓厚的文化习俗。永恒长城里的开发也是依托这些资源。参加这个会议能让我们找到文化自信,希望博专委专家们帮助挖掘整理我们村团结和谐的文化资源,对接开发商探索乡村振兴的新模式,也期待这样的会议能去我们村召开。"

东花园镇火烧营村党支部书记兼村委会主任王凤军谈道:"火烧营新村位于明长城脚下,全村共有户籍人口875人。主要种植玉米、葡萄和杏。火烧营的来历以及故事与众所周知的'土木之变'相关。怎样利用丰富的传统文化资源和目前优越的地理位置促进发展是我们的问题所在,听了专家的发言很受启发。"

东花园镇羊儿岭村党支部书记兼村委会主任李传涛发言表示:"羊儿岭村距京藏高速直线距离1000米。现有人口202户,664人全部为汉族。村内有省级文保遗址'明代营城遗址',村周边有多处楼盘及怀北新兴产业示范园区的企事业单位。羊儿岭的名字与穆桂英在此征战时生子杨文广的故事有关。铸牢中华民族共同体意识、促进各民族交流交往、助力乡村振兴研讨会选择在我们村里召开是对我们村的信任。通过这几年博专委在我们村调研并看到他们撰写的调查报告,我们对自己的文化更加有信心。乡村振兴特别需要文化自信,增强凝聚力很有必要。我们将积极配合和支持博专委的调研工作。期待下一步多组织交流,以便在村民中开展铸牢中华民族共同体意识的宣传活动。"

中国人类学民族学研究会博物馆文化专业委员会副主任委员吕保利认为,铸牢中华民族共同体意识的建设落到长城内外的村落很有必要,调研工作将推动各民族文化的传承保护和创新交融,树立各民族共享的中华文化符号和中华民族形象,有利于增强凝聚力,有利于激发村民的文化自信和文化认同,对助力长城脚下的乡村振兴有积极的作用。

中国人类学民族学研究会博物馆文化专业委员会副主任委员张体斌认为,研讨会把铸牢中华民族共同体意识建设的宣传教育工作通过调研活动做到了基层很有意义,特别是对怀来的调研很震撼。我们国家是一个统一的多民族的国家,不同于世界上其他多民族国家的民族政策之处就是我们的民族政策是以"为人民服务的宗旨"为指导的。所以铸牢中华民族共同体意识建设尤其是落实到农村的基层组织非常重要。

中国人类学民族学研究会理事、北京印刷学院教授崔存明认为，铸牢中华民族共同体意识建设的实质是增强民族凝聚力和民族文化自信。文化是21世纪国际竞争的核心，这是深刻理解铸牢中华民族共同体意识的关键。美国哈佛大学教授亨廷顿早在1993年就提出21世纪是文化竞争为国际竞争重要形式的时代。进入21世纪以来中美竞争的关键点日渐体现在文化话语权方面。怀来历史上民族交融活跃，有别于以往的作为戍守象征的长城形象，可以说长城也是民族交流交融的纽带，可以作为长城文化国际传播的新形象。

怀来县委副书记冯占武就博专委此次走基层、接地气的研讨会，对发现怀来乡村建设的问题与解决问题的思路给予高度肯定和支持。他认为这种直接与基层村委会对话的研讨会，是一种研究农村问题的会议形式创新。他说，铸牢中华民族共同体意识，就是要高举中华民族大团结的旗帜，把民族团结进步事业作为基础性事业抓紧抓好，就是要增强对中华文化的自觉和认同。习近平总书记强调："文化认同是最深层次的认同，是民族团结之根、民族和睦之魂"，"要在各族干部群众中深入开展中华民族共同体意识教育"。怀来县人民政府提出创建河北省全域旅游示范区，强化中心城区的旅游辐射带动作用，带动近郊区旅游产业快速发展，并挖掘全县丰富的山水、湖泊、文化等资源，已取得初步成效。博专委此次调研对于客观上宣传怀来、促进外界认识和了解怀来都有重要意义。他希望这种走基层、接地气的研讨会在怀来县还能不断进行，并准备介绍更多怀来本地，以及张家口地区的长城研究专家、爱好者来参与会议，更好地找准问题，深度挖掘历史与文化资源，为习总书记倡导的乡村振兴摸索怀来模式，为铸牢中华民族共同体意识建设打下坚实基础，把宣传铸牢中华民族共同体意识做到基层。

中国人类学民族学研究会常务理事、博物馆文化专业委员会主任委员韦荣慧在发言和总结时强调，本次博专委调研的目标是学习贯彻习近平总书记提出的铸牢中华民族共同体意识的重要理论，研究长城内外各民族交流交往交融的历史演变和发展趋势，搜集整理长城内外各民族团结的故事，探索向世界讲好长城内外多民族共荣共生、交流共长的故事和博物馆在传统村落发展的作用和路径。2016年开始，博专委陆续对怀来长城脚下的村庄开展了田野调查，并针对羊儿岭村形成了调研报告。近期又专门组织专家集中对山西省阳高县守口堡村美术馆、河北省秦皇岛市板厂峪村及其村博物馆、北京延庆区石峡村、火烧营村、北京怀柔区慕田峪村、密云区古北口村陈列馆、怀来县长城段周边共40多个村落进行了田野调查。韦荣慧强调，长城是世界文化遗产，它不仅仅属于中国，还是全人类共同的财富。它是中华民族团结和睦的象征和生动写照。相对于研究长城历史的各位专家，我们更多的是从人类学的视角、关注生活在长城区域的村民。他们祖祖辈辈共同生活在长城脚下，相互依存，互相学习，共同守护着先祖创造的长城文化遗存。我们还关注在未来乡村振兴的建设中，他们将怎样续写各民族守望相助的美好生活。

韦荣慧建议，在《长城国家文化公园建设保护规划》框架下，博专委与怀来县委县政府共同创新博物馆助力长城脚下乡村振兴的模式，创建长城纽带示范区。建议得到大家赞同，一致认为，长城是世界文化遗产，它不仅仅属于中国，还是全人类共同的财富。它是中华民族团结和睦的象征和生动写照。从人类学的视角关注生活在长城区域的永久居民，发掘研究他们祖祖辈辈共同生活在长城脚下，相互依存，互相学习，共同守护先祖创造的长城文化遗产，目的就是把铸牢中华民族共同体意识落实到长城内外的村落，落实到农村的基层组织，从而进一步增强民族凝聚力和民族文化自信，推动各民族文化的传承保护和创新交融，树立各民族共享的中华文化符号和中华民族形象，增强各民族在乡村振兴中的内生动力。

中国人类学民族学研究会博物馆文化专业委员会和中共怀来县委、怀来县政府商定，将在《长城国家文化公园建设保护规划》的框架下，建设羊儿岭活态博物馆，创建长城纽带示范区，创新发展博物馆助力长城脚下乡村振兴的新模式，搭建传播中华民族和平、和睦、和谐故事的长城平台。

第一章　长城周边的乡村观察

研讨会现场

课题组与村镇县领导合影

二、乡村基层社会铸牢中华民族共同体意识建设的使命与价值

乡村基层社会在中国历史与文化中扮演了特殊的角色。它是传统文化的承载地、民族团结的桥梁，以及现代化进程的重要组成部分。在此背景下，铸牢"中华民族共同体意识"在乡村基层社会中显得尤为重要，它不仅肩负着特殊的历史使命，还具有深远的价值。

乡村基层社会占据了中国大部分的人口与土地，是实现中华民族伟大复兴的基石。强化中华民族共同体意识，为实现中华民族伟大复兴提供坚实的群众基础和文化支撑。乡村振兴不仅需要经济发展，更需要文化自觉和社会动员。铸牢中华民族共同体意识将为乡村振兴提供思想引领和精神动力，从而全面推进乡村振兴战略。

在多民族的国家中，乡村基层社会经常是不同民族交往的第一线。通过强化共同体意识，可以增进各民族之间的理解与信任，加强民族团结，推进共同繁荣。在全球化背景下，乡村基层社会也面临着全球文化的冲击。铸牢中华民族共同体意识可以帮助村民更好地回应全球化的挑战，维护自己的文化特色，同时开放地与外部文化交流。

乡村基层社会铸牢中华民族共同体意识的价值不仅是当前农村工作的一大重要任务，更是国家统一、民族团结、文化传承和乡村振兴的基石。

铸牢中华民族共同体意识意味着不同民族、文化和背景的人们都能够认同自己首先是中华民族的一分子。这种共同体意识一是能够有效凝聚各族群众，促进国家的统一和稳定；二是可以在乡村这个广大的基层中培育村民对国家的归属感，从而增强国家统一，减少因地域、文化和经济差异而产生的分歧，成为国家统一与稳定的基石。

乡村是传统文化的核心承载地，强化中华民族共同体意识一是有助于促进各民族文化的交流、融合与传承，确保中华文化的延续与发展，确保文化认同与传承；二是通过在乡村基层推广中华民族共同体意识，可以为乡村的传统文化、价值观和生活方式赋予新的时代内涵，让更多人珍视、

尊重和传承这些文化资源。

羊儿岭村的案例表明，铸牢中华民族共同体意识不仅是一种思想教育，更是乡村发展的驱动力。一是能够调动各方面的资源和力量，联合乡村的内外资源，推动乡村的经济、文化和社会全面发展；二是铸牢中华民族共同体意识有助于建立一种公共的价值观和行为准则，促使乡村居民更加和谐、团结，共同为乡村的美好未来努力，塑造和谐乡村社区。

像羊儿岭村这样的示范村落，通过强化中华民族共同体意识，可以吸引更多的游客和文化爱好者，促进乡村的旅游业发展，同时也为各地的文化交流创造了条件。通过乡村基层的共同体意识教育，可以塑造乡民的社会责任感，推进乡村的和谐与进步，同时培育出积极向上、团结互助的社会风气，推动社会和谐与进步。向世界展示中华民族的团结、和谐和进步。这不仅有助于提高中国的国际形象，还能为中国在国际舞台上发挥更大的影响力打下坚实基础。

总之，乡村基层社会铸牢中华民族共同体意识的使命和价值不仅关乎乡村自身的发展与振兴，还关乎整个中华民族的未来与命运。它是连接过去与未来、连接乡村与城市、连接中华民族与世界的重要纽带。乡村基层社会铸牢中华民族共同体意识的价值不仅仅体现在思想和文化层面，更体现在它为乡村带来的实际发展和变革。通过铸牢中华民族共同体意识，我们可以更好地凝聚力量，推动乡村的全面振兴和发展，为实现中华民族的伟大复兴奠定坚实基础。

三、长城周边羊儿岭村开展铸牢中华民族共同体意识建设的实践

博专委课题组通过2021年的调研工作和"乡村有约"活动深刻地体会到让铸牢中华民族共同体意识的教育活动持续地在羊儿岭村基层开展，使之成为广大基层群众的根本意识和行为规范是非常重要的。在基层搭建文化认同的桥梁，促进长城内外的民族团结；引导各族群众牢固树立休戚与共、荣辱与共、生死与共、命运与共的共同体理念；羊儿岭村可以作为

长城脚下古村落的一张名片，发挥其较好的地理位置，成为在国内乃至国际上展示中华民族共同体精神，成为爱国主义教育基地和讲好中国故事的示范村落。

2022年5月，中共中央办公厅、国务院办公厅印发了《乡村建设行动实施方案》要求以习近平新时代中国特色社会主义思想为指导，坚持农业农村优先发展，把乡村建设摆在社会主义现代化建设的重要位置，顺应农民群众对美好生活的向往，以普惠性、基础性、兜底性民生建设为重点，强化规划引领，统筹资源要素，动员各方力量，加强农村基础设施和公共服务体系建设，建立自下而上、村民自治、农民参与的实施机制，既尽力而为又量力而行，求好不求快，干一件成一件，努力让农村具备更好生活条件，建设宜居宜业美丽乡村。

第二章 乡村活态博物馆的羊儿岭实践

第一节 聚焦河北省怀来县东花园镇羊儿岭村

羊儿岭村所在的河北省张家口市怀来县，历史悠久，源远流长，是中华文明的发祥地之一。据最新考古挖掘证实，50万年前，怀来就有人类繁衍生息，属于旧石器时代早期人类，晚于云南元谋人，而与陕西蓝田人、北京人年代相当。进入新石器时代，怀来发现的历史遗存更多，如三营遗址的仰韶文化遗存和彭大崖遗址的龙山文化遗存。炎黄阪泉之战，黄

羊儿岭村鸟瞰图

羊儿村村委会

帝与蚩尤涿鹿之争，也发生在这块古老的土地上，中华文明第一次融合由此开端，中华基业自此奠定。燕昭王时筑长城，以拒东胡，设上谷郡。秦置三十六郡，怀来为上谷郡治沮阳所在地，经秦、汉、三国，唐设妫州怀戎县，公元916年辽改名为怀来县。明朝迁徙山西、山东、湖广无田农民到怀来屯种，新建43个村庄。此后，长城周边各民族杂居，风俗各异，相互渗透，共同进步，逐步发展成为今天开放、繁荣、富足的怀来。

一、从"养儿岭"到"羊儿岭"

羊儿岭村地处八达岭长城带，距八达岭长城仅10公里，周边还有镇边长城、陈家堡罗锅长城、坊口村"大V"长城、样边长城、燕长城、连墩列戍长城，长城文化资源丰富。羊儿岭村位于河北省张家口市东花园镇与北京市延庆区康庄镇的交界处，距离京藏高速直线距离约1公里，因交通便利而具有明显的区位优势，现有户籍户数202户，户籍人口571人。

羊儿岭村中还有一处明代土堡——羊儿岭营城遗迹，已被列入河北省省级文保单位"明代古城堡遗址"。羊儿岭村正好处于怀来县东花园镇产业布局规划"四大产业区"中高档葡萄和葡萄酒产业区与生态休闲旅游产业区范围内，所以也具有经济作物种植与发展观光旅游的产业优势。

羊儿岭村在2014年已经成为河北省"省级美丽乡村"，2023年被评为"省级卫生村"，其周边有八达岭孔雀城、阿尔卡迪亚等多个房地产项目，别墅、高层住宅已经对村落形成了包围之势。此外，怀来金融大数据产业基地项目，也临近羊儿岭村。羊儿岭村已经成为一个不同于人们以往所认知的"偏远乡村"，这个村落已经置身于一个以现代产业发展为主导、包含多个现代社区的城乡互嵌系统之中。

羊儿岭村名古已有之，北宋时期杨家将（穆桂英）抗辽的传说在长城周边地区流传得十分广泛，是老百姓口耳相传的民间口头文学，并且有许多地名也与此息息相关，因而穆桂英的故事在民间得到广泛的认同和传承。关于羊儿岭名字的来历，当地就流传着一个美丽的传说：相传，杨门女将穆桂英在此征战时生子杨文广，故后人将此地取名为"养儿岭"，后取谐音为"羊儿岭"，该村由此得名。村名是永不磨灭的文化符号。杨家将和穆桂英的故事赋予了羊儿岭独特的文化符号。对于忠烈之士的热爱，对美丽、善良、温柔的母爱情怀的敬仰，感染着这里的每一代人。

村子是呈南北分布的，一条街南北纵穿，两旁巷子东西横排。整体的排布很有次序，像一棵大树散开新枝，在结构上尽显美感。村口有一个高大的牌坊，上面"羊儿岭"三个大字赫然在目。进了村顺着主街的走向直行，道路两边有很多家用的菜园，每次走这条路总是有不一样的心境。春季，五颜六色的果树花清香的气味混杂交织，空气都浸染得馨香扑鼻，让人忘却了心中的烦闷，回归了本真；夏季，各色各式的蔬菜覆盖了整个菜园，充满了生机，也体现着，"一分耕耘，一分收获"的道理；秋季，火红的果子挂满枝头，也象征着羊儿岭村民同样红火的日子。这种独具特色的田园景观，给人展现一幅百鸟欢唱、恬静美好的乡村画卷。羊儿岭村有羊儿岭营城、战争年代的石洞、城砖、青瓦……在这里能看到许许多多历史遗留下来的痕迹，村里每个老人心里都装着故事：明代的守卒在这里安营扎寨；羊儿岭两大家族的传承；共产党的部队在这里救治伤员；五星红旗在村委会广场冉冉升起……这里故事太多了，老人们都十分健谈，闲暇的时候围坐在广场上,一聊起羊儿岭的故事,那就是一个聊不完的话题。

二、羊儿岭营城

羊儿岭营城即羊儿岭堡,位于河北省怀来县东花园镇羊儿岭村中,在2012年被公布为河北省第六批省级文物保护单位,归入第二批河北省文物保护单位"万里长城(明)"之中。羊儿岭堡是明代为加强京畿和皇陵防御而设立的用于屯兵、屯粮的军事营城。营城规模不大,每面城墙长度为100米左右,四面城墙中仅存南、西、北三面,城墙残高两米到十余米不等,并有多处残缺。

羊儿岭营城

据史料记载，明嘉靖三十五年（1556）为抵御瓦剌部队对京师的侵扰，明政府修建了宣府镇南山路长城。羊儿岭营城同年修建，此后，羊儿岭村民，世代在此戍边守土。长城凝聚了中华民族自强不息的奋斗精神和众志成城、坚韧不屈的爱国情怀，已经成为中华文化符号和中华民族形象。作为世世代代居住在长城脚下的羊儿岭人，对长城有着一种特殊的情结，长城象征了他们的意志和责任。小小的营城可能只是万里长城的一小部分，但却凝聚着羊儿岭祖祖辈辈的岁月以及坚守着的不可逾越的长城精神。

羊儿岭营城呈方形，高4米，长宽各百米，周长400米估地10000平方米，是附属墩台中指挥官居住办公和兵士调休、训练、粮草、武器储存的基地。羊儿岭营城修建明显高于其他营城，其南门五伏五券的建造方法在明代长城中更是十分罕见。这种建造方法一般都用在高等级的建筑上。

三、羊儿岭人的日常

1. 百年老宅

羊儿岭营城北是王学满家，随着岁月的流逝，老宅已经略显沧桑，墙体有些斑驳，瓦片也有些散落，就像一个瘦骨嶙峋的老者，但仍然精神矍铄，不失傲然挺立的风骨。到这里来的朋友和古建筑专家无不为这座老宅震撼，他们惊叹建筑自身的生命力，他们庆幸这么精美的老宅能完好地保存下来。上百年来，几代人居住再翻新，却看不出任何的违和感，仿佛是与生俱来的模样。他们都说，住在文物里太奢侈了。羊儿岭共有21处老宅，是典型的四合院结构，居室多以土坯、石头和青砖为主，瓦当上的花纹十分精美，图案有的是莲花如意，有的是狮子，还有人脸，或哭，或笑，栩栩如生。有的门窗还是早时候的木结构，屋内有清一色枣红色的木箱子和衣柜。老宅临街大门是两扇结实厚重的门板，门槛略高于地面，这样能起到避邪的效果，使家宅的风水不易外流。

户主：王学满，占地面积500平方米，建筑面积80平方米，100年以上

2.古树

羊儿岭营城南是王学礼家。王学礼老人今年73岁，他说从他的爷爷开始就住在这里，距今已经有150多年了，每每讲到这些，脸上满是自豪。他家院里有一棵300多年的老榆树见证了羊儿岭的历史。老榆树干直立，有10多米高，树枝多展开，树叶繁茂，树干直径约300厘米，两个成年男性勉强可以将它抱住。树皮是灰褐色的，有些粗糙，不规则纵裂很深，说明经过岁月的洗礼，老树已经老化。每年到了四五月份，榆树的枝条上就会结出一串一串的榆钱，随风摆动，发出悦耳的声响。

在榆树的东南侧还有一棵有着500年历史的老槐树，据说是当年羊儿岭的祖先，从山西的大槐树下面迁过来，为了纪念遥远的故乡，也为了寄托浓浓的乡愁而种的。从此这棵槐树就在风雨里陪伴着一代又一代羊儿岭人的成长，目睹着羊儿岭村的兴衰荣辱。人们热爱国槐，不仅是因为槐树自身的价值，更是因为槐树有着浓厚故乡情的寓意。民国《洪洞县志》载："大槐树在城北广济寺左。按《文献通考》，明洪武、永乐间屡徙山西民于北平、山东、河南等处，树下为集会之所，传闻广济寺设局置员，发给

第二章　乡村活态博物馆的羊儿岭实践

槐树 树龄560年

凭照、川资。因历久远，槐树无存，亦发贡于兵燹。"由此，槐树成了移民惜别家乡的标志，故也有了"问我故乡在何方，山西洪洞大槐树"之说。

山楂小院

改造后的山楂小院

3. 山楂小院

羊儿岭村东边的小巷里,有一处山楂小院,小院里有一棵30年的山楂树,那是周桂英种下的。周桂英很勤劳,也能烧一手好菜,来过她家的人都称赞她的手艺。

4. 生产工具、生活用品

羊儿岭村内仍有少部分人家保留着以前的生活用具和生产工具,压水井、风箱、煤油灯、铡刀、手锯、簸箕、石磨、箆子……每一个老物件,都承载了当时特定年代的历史记忆,都记录着过去的一段感人故事。发掘其背后的故事、寓意让我们重新品味历史韵味,回忆和纪念过往的岁月。

碾子 用途:牲口拉着磨面

煤油灯 用途：照明

耧 用途：播种

第二章　乡村活态博物馆的羊儿岭实践　　　　　　　　　　　　　　　　　　　　　59

饸饹床 用途：制作饸饹面

踩高跷

5. 踩高跷

踩高跷是羊儿岭人至今保有的传统风俗习惯。每年春节，村里都会举行社火活动，举办高跷舞会，二三十人的高跷队绑着特制的高跷，穿着特色的高跷服装，跟随着鼓点，翩翩起舞。

6. 饮食

过去，羊儿岭的村民始终坚持种植黍子、高粱、谷子、玉米等传统粮食作物，羊儿岭的小米远近闻名。老人们说从前村委会的旁边有一间磨坊，到了秋天，大家都会互相帮忙。粮食丰收，送到磨坊来加工，还会将成品馈赠。忙活完秋收，大家还会互相邀请到家里去吃饭，其乐融融好似一家人。过去羊儿岭村人做饭器具主要是大铁锅。铁锅放在火炕架上，冬天一家人围在铁锅前，一边烤火一边吃着炖菜，配上羊儿岭的特色美食炒傀儡、酸腌菜、土豆饼、玉米面摊黄儿……画面温暖惬意。现在我们仍然看到羊儿岭种小米、玉米、红薯、西红柿、辣椒、土豆、南瓜等农作物，秋收的季节，家门口存着大量的玉米。

四、人口土地房屋与生计

羊儿岭村现有 202 户、571 人。

1. 问卷调查统计表
2. 人口土地房屋生计等统计数据：

（1）就业人数 250 人，户均就业 1.4 人。

（2）具有传统技艺人数 19 人，户均 0.1 人。

（3）农田面积 189333 平方米，户均 1067 平方米。

（4）农田耕种的 12667 平方米，户均 67 平方米。

（5）被征用土地 117333 平方米，户均 667 平方米。

（6）全村养牛 1 户、5 头，养羊或其他牲畜无。

（7）全村院落 197 处，面积 27505 平方米，户均 1.1 处，户均面积 159 平方米。

（8）院子出租有 19 户共 19 处，约占 10%，户均 0.1 处。

（9）全村共有住房 1154 间，面积 26390 平方米，户均 6.7 间：152.5 平方米；共出租 133 间（户均 0.8 间）约占 12%。

（10）种地收入 66000 元，户均 382 元；约占总收入的 0.77%。

（11）本村务工收入 382030 元，户均 2208 元；约占总收入的 4.4%。

（12）外出务工收入 7943000 元，户均 45913 元，约占总收入的 92.3%。

（13）房屋出租收入 214100 元，户均 1238 元，约占总收入的 2.5%。

（14）全村全年总收入 8605130 元，户均 49741 元，人均 18586 元。

第二节　故事汇——乡村活态博物馆的枢纽

一、关于故事汇

通过对羊儿岭的调研，挖掘和整理当地村里的历史、民风民俗等文化

村民参观故事汇展览——羊儿岭村的集体记忆

遗存，我们发现，每到一处，村里的老人们都很热情地为我们讲很多故事。于是，我们开始征求村里讲故事的老人和村委会的意见，建议在村里建设一个场所提供给老人们讲故事。2021年8月18日，由村两委决定选择一个废弃的小院开始建设。一个多月后，9月24日，一个昔日荒芜的院子变成了鲜活的"故事汇"。一个以当地真实有据的历史遗迹联动生态、生活、生产和文化传承的鲜活现实场景，以当地民众集体记忆、融合现代艺术设计表达手法的特色文化展示场所，就这样通过大家的努力诞生了。

集体记忆不完全等同于历史；

某个社会群体共同建构的文化传承方式之一。

在这里，我们共同构建一个记忆的空间，讲述一些关于长城内外的故事；

"在场与不在场"

外国朋友参观故事汇展览
——怀来长城奇观

——"故事汇"将会形成久远的集体记忆！
万里长城万里长，
有的故事已亘古不变，
有的故事才刚刚发生，
我们希望"故事汇"成为羊儿岭村的活态博物馆。

故事汇院子大约300平方米，一共有6间房子，每个房间约12平方米，留出一个茶水间，我们设计了五个主题展。第一展厅为《长城内外一家亲》，第二展厅为《羊儿岭村史》，第三展厅为《怀来长城奇观》，第四展厅为《云游长城》，第五展厅为《长城沿线田野观访》。

二、故事汇的故事

羊儿岭故事汇于2021年9月24日开始启用后，村里的老人们喜欢来这里给大家讲故事，他们讲穆桂英的故事、孟姜女哭倒长城的故事、羊儿岭营城发生的事、抗战的故事，几乎村里的每个老人心里都装着一本故事。特别是84岁的王玉库老人，讲到情深之处，情不自禁地唱起来。除了村里老人们给大家讲他们的故事，周围社区的居民也喜欢来这里分享各种故事。

三、故事汇听故事

村里的年轻人说，每聆听一个故事，就意味着开启了一个与文明对话的时空，故事汇帮助参观者从最接近的历史之地出发，触摸历史发展的脉搏，聆听了不起的中国故事、聆听人世间的故事、聆听最真实的长城故事。在这一过程中，人们的认知与观念会发生某种改变，最终转化为个人成长和社会进步的积极因素。

老人们说，现在的羊儿岭变化不只是表面上的，他们可以通过故事汇的展览了解和学习长城知识，了解中国56个兄弟民族，村民还通过短视频自己宣传羊儿岭文化，主动关注公众号发布有关羊儿岭的内容，可喜的是，我们能观察到村里的年轻人，包括在国外学习的博士和硕士、在外面工作的人、村里的老人，他们都在为自己家乡的一点点变化感到自豪。

　　故事汇开放以来，以其新颖的内容和历史文化吸引了观众，同时得到河北怀来县委县政府、东花园镇党委政府的鼎力支持。学习强国、环球网

村支书讲村里的故事

专家讲历史故事

等媒体给予相关报道，在怀来引起一定反响。同时，羊儿岭乡村博物馆也在第九届"博博会"上受到博物馆界同人的关注。

四、故事汇的功能

1. 自我身份的"融入"空间

相信在故事汇成立之前，羊儿岭人从未思考过身份问题，他们的社会身份大多是农民、务工人员、个体经营者等。当我们开始筹建故事汇，当我们开始田野访谈时，他们开始思考自己的身份。有人说他们从小就与营城为伴；有人为我们讲述老槐树的故事……他们逐渐意识到自己是羊儿岭人和羊儿岭人故事的一部分。在举办故事汇一系列活动时，村民纷纷前来支援或献唱，彼时，故事汇不是一处地点，一场相聚，而是村民凝聚的一股向力，身份认同的一个场域。感动、相知、自豪弥散开来。

2. 他者观看的"介入"途径

故事汇不仅唤醒了本地村民，还吸引了他者的关注和阅读。来往的他者一方面感受到此地的文化内驱力，另一方面又思考着故事的再生张力。故事汇提供了一个可供凝视和分享的空间，来访观众客位视角的"观看"、羊儿岭人的"共情"与策展人的"叙事"三重奏相互转换，这反而创造出故事汇空间新的"介入"途径。

3. 活态乡村的"存在"枢纽

何为活态？我们所理解的活态便是让悠久历史随时融入日常生活中，它并非仅执着于过去，同样也启迪着未来，故事汇正是承载未来的枢纽，人便是生命信条上的链接。存在的本质意味着每个人都是活生生的人，都有自己的情感、伤痛与记忆，这些记忆是构建乡村共同体意识的重要载体，它重塑乡村主体的身份记忆，是活态乡村的"存在"枢纽。

羊儿岭人走向地球的四面八方，他们共有的记忆，可能是独具特色的建筑，可能是家乡的风土人情，可能是古村里的老槐树，也可能是妈妈手打的玉米糕、奶奶留下的旧木箱……不管游荡在世界的哪个角落，心里总会为记忆留一处空间，我们希望它是——故事汇。

第三节　非遗技能体验——长城脚下的多元文化对话

长城是中华文明的瑰宝，是世界文化遗产，是人类共同的财富。长城不仅是一道防御工程，也是一条文化走廊，连接了不同地域、民族、文化的交流与融合。长城周边的村落以汉族为主，如羊儿岭村，地处八达岭长城带，属于长城文化遗产，文化底蕴深厚，历史上曾经与不同地方、民族的文化进行过交流和融合。博物馆专业委员会在羊儿岭村开展了一系列非遗技能培训，将其他地方和少数民族的非遗技艺引入长城周边的村落中，使之与当地文化相互融合和创新。培训活动不仅保护和传承了非遗技艺，助力了乡村文化和产业的发展，重要的是探索了羊儿岭村是否可以成为新时代中华民族交流交往交融的"文化驿站"。

一、开展非遗技能培训活动的背景和目的

非物质文化遗产是"各族人民世代相传并视为其文化遗产组成部分的各种传统文化表现形式，以及与传统文化表现形式相关的实物和场所"，是中华民族在追求美好生活实践中形成的智慧结晶和精神财富。非遗既是乡村振兴的重要内容，又是乡村振兴的重要推动力。因此，必须充分发挥非遗传承在乡村振兴中的重要作用。

课题组从非遗技能传承助力乡村振兴入手，考虑到羊儿岭村正处于一个城镇化和工业化的快速发展阶段，大批农村人口离开原本的生活环境在外工作，留下老人与妇女在家带孩子居多，在城市文化冲击下，村民们逐渐失去了原有的乡村非遗，村民本土文化秩序也正在消失融入城市。为了保护和传承羊儿岭村的非遗技艺，同时也为了丰富和创新羊儿岭村的文化

内涵，课题组采取了一种跨文化的非遗传承方式，即将其他地方、少数民族的非遗技艺引入长城周边的村落中，使之与当地文化相互融合和创新。这样做的目的是打破非遗传承与特定地域和民族的固定关联，提高非遗技艺在不同文化背景下的适应性和吸引力。这些培训活动包括了扎染、蓝印花布染、苗族刺绣等内容，形式多样，过程生动，效果显著。

二、非遗技能培训活动的内容和过程

在博专委指导安排下，北京展览馆委派的苗族艺术家龙双妹与56民族文化网站手工体验基地的非遗文创设计师阳希老师到羊儿岭村进行非遗技能的培训，培训课程为苗族刺绣、古法印染的扎染、蓝印花布染的非遗技艺。

羊儿岭村党支部书记李传涛与他领导的班子都非常欢迎这样的想法，支持这样的培训。李传涛书记认为民族文化与非遗艺术是乡村不可缺少的知识。在提倡环保的同时，也能让留守村庄务农的妇女"多学一门手艺"，提升妇女的职业发展能力，扩增妇女的就业创业门路。他说："通过学习非遗知识技能，进一步增强了村民的文化自信。有好多村民妇女发抖音和朋友圈，'炫耀'自己的手艺。希望未来我们村组织更多类似活动，通过非遗文化注入，共同助力乡村振兴，提升妇女在美丽乡村建设中的'主力军'作用。"

培训中，阳希作为非遗文创的老师，从扎染、蓝印花的起源、历史发展、所需工具、应用场景和方法技艺五个方面对扎染和蓝印花进行了讲解，并详细地介绍了它们之间的区别。

扎染、蓝印花布染等艺术是我国独具特色的非遗手工染色技艺，作为国家级非物质文化遗产，历史悠久且深深扎根于民间。扎染与蓝印花布染大多是以蓝白二色为主调所构成的宁静平和世界，即用青白二色的对比来营造出古朴的意蕴，且青白二色的结合往往给人以"青花瓷"般的淡雅之感，采用的染料是经过中草药的板兰根植物叶子加工成的蓝靛泥来染色的，这种纯天然染料制品，既有利环保又有益健康。对于扎染的花纹图案，每个人创造出来也都是独一无二的，传达着现代艺术的个性。同样还可以在羊儿岭村收集植物，从不同植物中提取染料来染不同的颜色。天然的植物染料是从生物体中提取的，无毒无害、可降解，是环境友好型工艺，推动人们回归自然，提高生活质量。

培训过程中，阳希老师给村民们展示了扎染手帕、围巾、包包等物品的方法，并手把手教村民们学习扎染的几种扎花方法，讲解蓝印花布型糊染的方法和操作技能等，培训极大地激发了大家的兴趣。参加培训的村民在阳希老师的指导下，在技能方面也跃跃欲试，挑选自己喜欢的扎染技法，纷纷动手制作起自己的作品，运用学到的扎法和技巧制作出了各具特色的纹样和图案，一朵朵"蓝花"在白布上绽放。在阳希老师的指导下，村民们带着探索性的学习方式，采用创新的思考，结合村里的与国际文化元素，逐渐懂得应用技能创作出不一样的作品。如阳希老师在慕田峪长城周边的村落三渡河村，建有非遗蜡染馆小院，小院三百平，四间正房与一间公共空间可以体验贵州蜡染、扎染、植物染、刺绣等非遗，在同学制作蓝印花染的作品中，阳希老师还采用了冬奥的元素来制作有冬奥文化符号的小画，让冬奥文化与非遗古法印染相结合发扬奥运精神，引领村民们的国际文化参与意识，也让参与学习的村民感受冬奥文化与非遗结合的中国传统文化的表达，增强文化自信和自豪感，让村民们感受到新时代非遗创新思维方式。

除了传授非遗技能之外，老师也在教学中强调了保护环境的重要性。为什么通过学习传统古法印染技能、学习技能中的植物染色的优势，可以学习在环境污染严重、生态系统退化的当下，采用传统的古法印染，植物染色，能培养村民们树立尊重自然、顺应自然、保护自然的生态文明理念，通过鼓励人们常使用亲手制作的美丽手帕，在未来少用纸巾、多参与环保的生活方式。同时通过扎染、蓝印花布染的方法还能制作围巾、包、T恤等各种文创产品，让村民在未来能开发出与时代结合的非遗产品。

苗族刺绣是苗族源远流长的手工艺术，是苗族服饰主要的装饰手段。在中国西南部的贵州省居住着大量的苗族同胞，他们创造了不同样式、风格的服饰。他们的服饰有便装与盛装之分，平日着便装，节日或姑娘出嫁时着盛装，无论服装还是头饰，工艺复杂，做工精细。

培训苗族刺绣的龙双妹老师，从小就跟村里的前辈学习绣花，刺绣是刻在她骨子里的技能，她创作了很多经典作品，刺绣的作品出神入化，曾经远销欧美。

在这次的培训中，龙双妹老师根据羊儿岭村民们实际情况，选择了适合她们的课程，从图案设计、颜色搭配、手工技巧等方面进行讲解，亲自指导学员从最基础的画花、剪花开始学习绣花、配色和工艺，进行实操实练。老师通过耐心的讲解或演示，传授苗绣的针法和技巧。羊儿岭村民们都表现出极大的学习兴趣，她们专注的眼神则在一针一线间凝聚。师生之间通过手语和心灵，沟通着这门古老技艺中的穿针、引线、挑花、刺绣等技法，苗族文化、苗族技艺在无声中薪火相传。也让参加培训的村民姐妹都能制作出创作新颖、别致，富有民族特色的刺绣手工艺品。

村民们在感悟苗族刺绣传统与古法印染的扎染蓝印艺术的独特魅力，也体会到苗族文化中的人与自然和谐相处的理念，学习了一项新的技能、收获了一份快乐和惊喜，她们对他文化的接受和喜爱程度也超出了老师们的预期。对自己能绣出的作品也是很有自豪感，也常在微信朋友圈晒苗族刺绣与自己的刺绣作品。

此次古法蓝印染技艺、苗绣结合给羊儿岭村姐妹们授课，将两种技法结合的回归于乡村手工艺术，深受乡村姐妹们喜欢，成为多元民族文化的一次跨民族异地交流与探索。

通过培训后，村民在博专委专家的指导下，还有了新的创新，在蓝染花纹出来的布上进行苗族刺绣，还刺绣联合国的徽标等，也都是作为国际文化和非遗结合的形式，是非常有效果的手艺创新，是手工文化的创新成果展现。

经过一段时间的培养，村民妇女在家带孩子时，抽空绣花染布，晒微信朋友圈与抖音，使得村民妇女们在精神层面也充足与富有起来。如村民姬占莉非常喜爱刺绣，能在老师教学的基础上有所创新；村民张兰对染布很有兴趣，染出了自创的特色；村民包方圆因为在学校学过美术有一定的基础，对扎染、蓝印花布染表现出强烈的热爱，完成了有创意的作品。在

课题组在羊儿岭村举办苗绣培训

她们带领下，村里的妇女姐妹一起制作T恤、围巾、刺绣等生活用品，并且在博专委组织的长城内外乡村市集、长城遥乡村音乐会上，村民们身着自己扎染的T恤、围巾登上市集的舞台，还自信地走T步来展现自己手艺的风采。在乡村市集，村民们染出的围巾受到来市集购物的周边新居民的追捧，纷纷掏钱购买。村民们看到自己制作的非遗产品有成果，也是很受鼓舞，自信心满满。

三、非遗技能培训活动对于乡村振兴和文化传承的作用和价值

非遗技能培训活动对于乡村振兴和文化传承有着重要的作用和价值，主要体现在以下几个方面：

第一，提升了村民们的文化自信和自豪感，让他们认识到非遗技艺的独特魅力和历史价值，也让他们接触和了解了不同民族的文化特色和风情。村民们通过学习非遗技艺，不仅增加增强了自己的文化知识和素养，也拓宽了自己的视野和思维，体验了不同的文化风情。村民们也从中感受

到了中华民族多元一体的文化内涵和精神力量,增强了对自己民族文化的认同和尊重,也对其他民族文化表现出了包容和欣赏。

第二,培养了村民们的创新能力和创业精神,村民们运用学到的技法和技巧,结合村里的资源和特色,创造出具有个性和风格的文化产品,满足市场的需求和喜好。村民们通过学习非遗技艺,不仅掌握了一项有用的手工技能,也激发了自己的创造力和想象力,发挥了自己的艺术天赋和提高了审美品位。村民们也根据自己的兴趣和爱好,结合乡村文化与国际文化元素,创作出不拘一格的作品,如冬奥会、联合国等国际文化元素与非遗技艺相结合的文化产品,如结合长城文化遗产,开发出系列与长城相关的文创作品等。这些作品不仅展示了村民们的个性和风格,也反映了时代的潮流和趋势,吸引了众多游客前来参观、体验、购买。村民们也通过展示和销售自己的作品,获得了社会认可并增加了收入。

第三,提升了村民们的生活质量和获得感,村民们在闲暇时间有了一项有趣和有意义的活动,不仅丰富了自己的生活内容和方式,也增加了自己的生活乐趣。村民们可以在家里或者在公共空间进行非遗技艺的制作、展示、交流等活动,增进了与家人、邻里、朋友之间的亲情、友情、邻里关系。村民们也可以将自己制作的非遗技艺作品作为礼物赠送给亲朋好友或者游客,表达自己的情感或者友好。还可以通过网络平台或者实体市场,将自己的非遗技艺作品推广和销售给更多的消费者,增加自己的经济收入和社会影响力。

第四,增强了村民们的环保意识和生态文明理念,推动村民们采用天然植物染料,减少化学染料的使用和污染,倡导他们节约资源,减少纸巾等一次性用品的使用。村民们通过学习非遗技艺,不仅体验了传统的古法染色的工艺美感,也认识到了天然植物染料的环保优势和健康效益。在制作非遗技艺作品时,村民们尽量使用当地的植物资源,如板蓝根、茜草、菊花等,提取出各种颜色的染料,不仅保持了植物的天然色泽和香气,也避免了化学染料对环境和人体的危害。村民们在使用非遗技艺作品时,尽量减少对纸巾等一次性用品的依赖,如使用扎染手帕代替纸巾擦手、擦汗等,既节约了资源,又减少了垃圾。

四、长城脚下的村民对"他文化"的接受具有深厚文化基因

"他文化"是指与本地或本民族不同或相异的其他地方或其他民族的文化。长城周边的村民对"他文化"的接受自古有之,源于长城是中华民族多元一体的象征和连接不同地域、民族、文化的纽带。

从历史角度来看,长城周边的村落经历过多次与不同地方、不同民族的文化交流和融合。古代长城周边的村落是边防军事的重要据点,也是商贸往来的重要通道。当时,来自内地和外地的商人、军人、官员等经常在这些村落停留、交易、征税等,带来了各种各样的商品、货币、技术、风俗等。这些村落也因此吸收了不同地方、不同民族的文化元素,如建筑风格、服饰饰品、饮食习惯等。

从地理角度来看,长城周边的村落也因为地处不同的自然环境和人文环境,而形成了不同的文化特色和风格。例如,羊儿岭村位于怀来县地处八达岭长城带,属于长城文化遗产,它交通便利,文化底蕴深厚,是朋友旅游、散心、休闲的好去处。今天,我们依然可以看出,羊儿岭村的文化特色和风格是由其自然环境和人文环境共同塑造的,也是与不同地方不同文化相互影响和借鉴的结果。羊儿岭作为博专委选择的观察点,通过培训,一是观察长城脚下的村民是否接受异地之间的文化交流,二是如果村民有兴趣,推动"他文化"的非遗文化内容的入驻,与原生态的长城文化共同成为实现乡村振兴的动力。通过此次交流体验活动,不仅开拓了村民妇女的视野、增强了学习热情,也为在乡村基层开展铸牢中华民族共同体意识工作起到了很好的示范作用。

通过这一活动,不可辩驳地反映出,长城周边的村民对"他文化"的接受是自古有之且传承至今的历史文化基因。这是由于长城作为中华民族多元一体的象征和连接不同地域、民族、文化的纽带,长城周边的村落在历史上与不同地方、不同民族的文化进行过交流和融合,以及长城周边的村落因为地处不同的自然环境和人文环境而形成了独特的文化特色和风格。

总之,非遗技能培训活动是长城周边村民对"他文化"的接受度和包

容性的体现，也是非遗文创在乡村振兴中发挥作用和价值的典范。通过这样的培训活动，村民们不仅学习了一项有用的手工技能，也拓展了自己的文化视野和思维方式，提高了自己的生活质量和幸福感，增强了自己的文化自信和自豪感。同时，这样的培训活动也促进了不同民族之间的文化交流和融合，展现了中华民族多元一体的文化特色和精神力量。这样的培训活动也预示着羊儿岭村可以成为新时代中华民族交流交往交融的"文化驿站"，为乡村振兴和文化传承做出贡献。

第四节　长城内外市集 —— 推动文明交流互鉴

中华民族共同体意识是在长期的历史实践中逐渐形成和发展的。在这个过程中，乡村起到了重要的作用。长城沿线乡村就是一个典型例子。在长城沿线的乡村中，各民族通过农业生产、商贸往来、婚姻联姻、宗教信仰、文化艺术等多种方式，进行了广泛而深入的经济和文化的交流与互鉴，促进了各民族的相互融合，其中，各种各样的商贸活动就是最直接、最广泛的内容。大到"丝绸之路""走西口"，小到多种形式的易货贸易和沟通交流。商品贸易关系到每个人每一天的生活，是最直接的不可或缺的活动。

古代长城的经济体系以农牧两种并存。农业需要稳

羊儿岭村市集

定的生产环境，畜牧业是在流动中得到收获，两种经济模式相互依存、相互吸收、相互补充。长城坐落在两种经济模式的自然交汇处，长期处于对立统一的发展状态。长城也充当着东西方文化交流的重要纽带。除了与军事关系密切的马匹贸易外，丝绸、茶叶、金银器等大宗商品都在贸易的过程中走向世界。丝绸之路促进的物资流通，不仅有丝绸向西的输出，也有与此反方向的由西向东输送的西方物产。西域的葡萄、石榴、胡豆、胡麻、胡瓜、胡桃陆续移植内地，饮食文化逐渐融合。

特别是"隆庆和议"后，在北方地区开辟了和平互市的新局面。

在对长城古村落的调研中课题组对当地在历史上的市集活动非常有兴趣。河北省板厂峪村的许国华在一段设计独特、把边防管理和交换交易活动融为一体的长城上，给我们演示了当年长城两边的村民如何通过两个上下分开的通道进行交易活动。河北省怀来县的鸡鸣驿在担负军、民驿站的同时，也成为商家聚集之地。在我们的访谈中，村民们如数家珍地再三强调当时贸易之繁荣，最繁华时的驿站仅当铺就有6家之多，同时还有商号9家、油铺4家及茶馆、车马店等。比如镇边城村不仅是当年戍边的军事要塞，也是集贸活动兴旺发达的地方。除了古代的贸易外，特殊之处是进入镇边城一眼就能看到人民公社时代供销社的建筑。那个时期供销社一方面把山区的土特产销往内地，另一方面也把山民需要的物资运到山区。课题组在水头村恰遇当地村民在装车外运山杏。村里村外的杏树果实累累，但是如何有效地销售和运输依然困扰着山民。显而易见，市集贸易的存在是必然的现象。这一带的山区物产丰富，土特产可以远销内地和草原。这里又是农耕文明和游牧文明交汇的地方，自然也就是各种商品的集散地。传统市集文化就是在这样对商品需求中汇集起来的。

所以，课题组和羊儿岭村把"羊儿岭长城内外乡村市集"作为"乡村有约"文化体验活动的一个重要板块，试图把长城内外市集的前世和今生重构起来。

"乡村有约"是一次文化体验和传播，更是开展乡村振兴工作的一次创新性尝试。通过深入挖掘村落的文化历史底蕴，拓展农村"文化+"的产业发展路径，进而实现资源资产化。羊儿岭村"长城内外乡村市集"可

第二章　乡村活态博物馆的羊儿岭实践

市集上出售当地土特产

以充分展现东花园镇淳朴的乡村风情和浓厚的传统历史文化，也可以对今后的发展方式进行有益的探索。

这次羊儿岭村"长城内外乡村市集"的活动板块，涵盖了怀来长城内外周边村落的农、文、旅产品及中外众多时尚文创产品，包括羊儿岭村、沙营村、夹河村、三泉井村、董庄子村、杨庄子村、陈家堡村、石洞村、大古城等17个村的彩苹果、土葡萄、葡萄酒、八棱海棠、土蜂蜜，怀来本地企业天元玻璃制品，羊儿岭村小米、炸糕、烩菜、扎染布艺、刺绣，四川省雅安市的姜氏古茶、贵州省雷山县脚尧村的茶叶，北京展览馆经营的异国特色俄罗斯优秀产品——"俄优品"，包括孩子们爱吃的巧克力、糖块、酸黄瓜、蜂蜜以及俄罗斯油画等，闻名遐迩的熊叔熊婶法式乡村面包、杭州著名服装设计师林其番设计的乡村特色服饰，长城画家曹洪森的长城主题画等农产品和手工艺制品诸多乡村特产。

市集上最受欢迎的是羊儿岭村村民自己手工制作的扎染作品，村民将助力北京冬奥会、联合国可持续发展标志等多种元素融入其中，倡导健康、环保理念，为特色文创品牌增添了活力。文创产品吸引了大量游客询价购买，激发了村民和本地企业的创新、创业激情。尤其值得注意的是前来市集的人，除了本村和周边的村民外，多数是居住在羊儿岭周边楼盘社区的"新居民"。他们的数量大，购买力较强，消费欲望也很高。他们在市集上的活动实际上是游览购物为一体。当地特色文化的展示增强了他们的购物欲望。这样一个庞大而稳定的人群应该可以成为市集今后的主要客源。在当天的市集上，羊儿岭村的村民在村委会的组织下展现了他们的淳朴和热情。他们给来逛市集购物的人们提供饮水和自家的饭食，村民和来逛市集的人群其乐融融，笑脸和笑声充盈着那个镶嵌着红五星大门前的广场。

市集上产品涵盖长城内外村落的农、文、旅产品及中外时尚文创产品，为今后进一步打开羊儿岭村文旅市场进行了实战演练。也对羊儿岭村今后的发展谋划提供了一个鲜活的案例。由于当年的"新冠"疫情管理，"乡村市集"举办的时间不长，但是那个充满生机、满眼热闹场面的羊儿岭村委会门前广场似乎一直都没有消失，而是停留在村民和周边居民的期盼和畅想中。

把羊儿岭村打造成一个乡村活态博物馆，既展现对长城历史精彩的保护，又展示世代生活在长城古村落的人们的无穷活力，把长城的历史记忆在新时代更加灿烂地延续。这是一个既辉煌又现实的创举。"乡村市集"是羊儿岭乡村活态博物馆的最重要的一个内容，最具活力的一个版块，最受参观者喜爱的一个项目。羊儿岭村的村民和周边的村民可以在市集上卖自己的土特产，自己的手工制品。每一个人都会有可能在市集上展示自己的能力，也为自己赢得收获。游客进入"羊儿岭村乡村活态博物馆"就能看到琳琅满目各具特色的产品。村民可以在"乡村市集"上各自发挥自己的积极性，都能体验收获的快乐。

当年人民公社把一个个单打独斗的农户组织起来变成了社员。人多力量大办成了历史上从未有过的大事情，如兴修水利，修路架桥，改造农田，等等。实践再一次证明只有"组织起来"才是乡村振兴的大道。通过建立"乡村活态博物馆"可以有效地把村民组织起来，打造一个生动活泼的商品贸易的交易平台，给每一个村民公平公正的经营机会。这是一个系统工程，村党支部和村委会也会在组织市集的工作中不断提高工作能力。有理由相信，羊儿岭村对未来的规划是符合乡村振兴的大目标的。

长城是农耕文明与游牧文明交流、融合的产物，见证了沿线地区、各民族之间的交往交流交融，这些交往交流交融在很大程度上发生在农村，市集就是最活跃的形式。随着时代的变迁市集也适应着客观情况的变化。

羊儿岭村在2014年已经成为河北省"省级美丽乡村"，且其周边有八达岭孔雀城、阿尔卡迪亚等多个房地产项目，别墅、高层住宅已经对村落形成了包围之势。此外，怀来金融大数据产业基地项目，也距羊儿岭村较近，羊儿岭村已经变化成一个不同于以往人们所认知的"偏远乡村"，这个乡村已经置身于一个以产业发展为主导、包含多个社区的现代社区系统之中。羊儿岭村处在一个非常具有特点的京冀交界、城乡交界的位置。羊儿岭村以及周边的村民可以在"乡村市集"上销售自己的土特产和手工制品，也可以为居住在周边社区的新居民提供摆地摊的条件和空间，这些居民可以在这里的举办"跳蚤市场"交换或交易家庭不用的物品，这将会是一个非常有意义的城乡交流、交换交易的场所，或许会成为羊儿岭村活态博物馆的一个新品牌。

市集是农耕文明的传统也促进了农耕文明的发展。市集贸易既是商品交换活动也是文化交流活动，更是重要的社会政治经济的载体。通过"乡村活态博物馆"形式，依托村委会可以有效地把村民组织起来，把文化活动和个人增收统一起来，形成一个生机勃勃的良性循环。

第五节　长城谣乡村音乐会——唤起人们对长城精神的敬仰

长城蕴含着团结统一、众志成城的爱国精神，坚韧不屈、自强不息的民族精神，守望和平、开放包容的时代精神，历经岁月锤炼，已深深融入中华民族的血脉之中，成为实现中华民族伟大复兴的强大精神力量。长城体现着中华民族的精神品质和价值追求，已经成为中华民族的精神象征。

课题组设计举办的"长城谣·乡村音乐会"，是为了发现和挖掘更多长城周边的乡村文化遗存，挖掘长城在人们心目中的形象、价值，唤醒人们对长城文化遗产的尊重、保护自觉、传播自觉，以及对长城精神的敬仰。

2021年9月24日下午3点，"长城谣·乡村音乐会"在羊儿岭村委会广场如期举行。背景板搭建在羊儿岭营城边上。中央民族大学、怀来县老年大学、东花园镇党员干部、怀来当地文艺工作者、杭州盼亮服饰有限公司、东花园镇南水泉中学学生和羊儿岭村民联袂演出。内容包括打击乐、高跷、走秀、《长城谣》大合唱等。音乐会作为新时代拉动流量、深受追捧的活动，以"文旅融合"的方式在音乐中传播品牌，通过品牌刺激消费，给举办地带来看得见的可观经济收益同时推动当地文化的发展。以前音乐会的定位往往是在城市，因为城市的消费基础更稳固、受众面更广，都市生活形态与音乐本身的气质也更匹配。在乡村里举办音乐会，场景与城市不同、气氛也不同。但是随着大城市音乐节的同质化严重，越来越多的乡村音乐会开始崛起，乡村音乐节通过融入原生态、人与自然等元素，别开生面。音乐会也成为塑造乡村品牌的一种全新方式。一场音乐节的举办可以提升乡村的知名度，传播当地文化。比起传统营销，加入音乐元素、历史元素以及当地的居民参与能够让人耳目一新，吸引热爱音乐、热爱乡村文化、热爱长城文化的人民自觉参与其中，在音乐中，通过一场视觉盛宴亲临历史、感受地域文化特色。民族多样的音乐、不同的地域风土人情，用音乐展现新时代、新乡村、新风貌，助力乡村振兴。"长城谣"也不例外，来自周边乡村和周边社区的观众挤满了广场。有报道说"展示了乡村焕然一新的精气神，体现了农村时代发展的新风貌"。

作曲家国家一级指挥董锦汉先生为此创作了一个音乐剧。音乐会的最后一个节目选择的是大合唱"长城谣"。

"万里长城万里长，长城外面是故乡。高粱肥，大豆香，遍地黄金少灾殃。自从大难平地起，奸淫掳掠苦难当。苦难当，奔他方，骨肉离散父母丧。没齿难忘仇和恨，日夜只想回故乡。大家拼命打回去，哪怕倭奴逞豪强。万里长城万里长，长城外面是故乡。四万万同胞心一样，新的长城万里长。"这首歌的音乐苍凉悲壮，在抗战时期广为流传，倾述了人民被迫离家流浪的苦难，从而激发人民同仇敌忾的爱国热情。2014年11月北京申冬奥宣传片——纯洁冰雪激情约会（北京和张家口联合申办2022冬奥会宣传片），就是以这首"长城谣"作为背景音乐。

董锦汉先生在排练的时候要求大家说："在音乐这个行业里，指挥是最让我着迷、最让我崇拜的角色！在音乐厅里，当你听到最动人的音乐而内心深受感动时，当你随着音乐的起伏跌宕而随着乐思展开穿越时空一般的美好时刻时，你的情感世界已经被音乐所控制了。"

有村里的年轻人说，正是由于董锦汉老师对音乐的高度投入，以及对于长城精神和长城文化符号有着新时代的解读，才让我们这个长城脚下的小山村能够呈现这样一场精妙构思和独具匠心的音乐会。他用音乐抒发着自己对于长城的感情；使得本次的长城谣作品将长城文化所蕴含的文化内涵以及作为戍边人的满腔热忱表达得惟妙惟肖，感染着我们每一个人。

村民参与的积极性和热情也超出我们的预期。羊儿岭村附近的董庄子村、杨庄子村、三泉井村、陈家堡村、火烧营村党支部书记也带着村民积极参与演出和观看。陈家堡村的党支部书记陈文广因为脚扭伤了架着双拐来参加。演出结束他激动地对课题组说，希望去他们村组织一次，陈家堡保留着很多民俗。董庄子的书记说，他们的高跷队技艺很高超，希望多组织这样的活动，给他们提供平台。

演出前的羊儿岭村委会，大伙一早就来到现场开始排练。上届的党支部书记张永贵，提前把演出服拿出来晾晒整理；上届村主任王学林带头组织打击乐乐队；村委王艳飞也在高跷中认真扮演着"老座子"角色。大家都为这次演出贡献力量。

村民们身着鲜艳的演出服装、踩上高跷后神情神态、仪表举止立马转换成了角色状态，他们之间配合默契，表演时更是神采奕奕、精神焕发。

来自杭州的乡村服装设计师林其番的团队，自驾从杭州来参加演出。十几个小时的车程，不仅没有打消大家对于演出的热情，反而是立马投身到准备工作当中。他们细致、严谨地准备着演出的服饰，一件件精美的服饰随着怀来当地模特走上了这个乡村小舞台。台下掌声热烈，人们热爱、肯定这份新时尚；人们欣赏、赞许这个多彩的乡村舞台。

广场上活跃着一群特别的"演员",舞着别样的"青春"风采。他们是怀来老年大学的学员,他们平均年龄都有60岁了,他们舞步蹁跹、琴声悠扬,来到现场,老人们积极发挥自己的特长,饱满的精神面貌让人忘记了他们的年龄。这让人们看到新时代老人不同的风采,与时俱进的精神面貌。虽然整场演出节目不多,但演者尽情,观者尽兴,整个现场掌声频频。老年人的精彩表演也收到了不少称赞。

金大陆文化产业集团公司,从石家庄开了两辆大车带着8名工人和材料来赞助羊儿岭故事汇施工布展。令人感动的是施工工程结束之后,工人

大合唱《长城谣》结束后全体参演人员合影

们上前询问韦荣慧主任能否参与合唱，在得到肯定的答复后，他们欣慰地站到大合唱的队伍里，参加了最后一个节目"长城谣"大合唱，演出结束连夜开车回石家庄。

"长城谣"合唱气氛热烈，也为当天的乡村有约活动画下了完美的句号。董锦汉先生也为之感动，事后他又创作了"长城套曲"。

第六节　遇见山里红——山楂文化主题展

一、展览实施与文本内容设计

1. 策划与实施

2021年10月国庆节期间，羊儿岭村秋高气爽，阳光灿烂，进入了北方的收获季节。课题组在村党支部支委王艳飞父母——周桂英家的院子中，看到了一棵生长茂盛、硕果累累的山楂树。树上红艳艳的果子饱满，在绿叶的掩映下装点了秋意，让课题组的成员称赞不已。

中国农村地区各家各户都有种植果树的习惯，果实不仅为村民提供了丰富的营养元素，也带来了一定的经济收入。周桂英向课题组进行了介绍，这颗山楂树是她在1991年栽在院子里的，现在每年挂果700斤[1]。课题组还了解到，这个院子目前出租给一位来自安徽的租客，周桂英一家住在另一个院子中，出租院子一年可以为周桂英家带来2万元的收入。

山楂是一种家喻户晓的水果，广泛分布在中国各地；又因为电影《山楂树之恋》，成为质朴、美好爱情的一种代表。由于羊儿岭村正在进行乡村活态博物馆建设的探索，课题组建议在院子中做一个关于山楂树的主题展，成为游客参观展示的一个重点；同时，这个院子经过改造后，还可以作为"主题文化体验馆"出租。这样，拥有展览的院子出租的方式由年租

---

[1] 韦荣慧：《去羊儿岭 找乡愁》，《贵州日报》2022年9月9日，第5版。

改为日租，如果活动体验率较高，那么可以为周桂英家带来更多的收入。另外，是可以通过山楂树的文创产品带来收入。

周桂英家庭成员商议后采纳了课题组提出的建议，大家决定了展览的名称——遇见山里红。实施这个展览需要对院子进行翻修与改造，周桂英家出资并完成了翻新、室内物品购置与简易展板制作等工作。改造从2022年4月开始7月完成后，进入周桂英家的绿色大门，映入眼帘的是一度刷了清漆的红砖墙，墙上的书法展名"遇见山里红"是由李传涛写的，英文是由张体斌翻译的。原本院子中由红砖垒起的临时房屋被拆除，大大增加院子可以用于人们活动的空间；院子的地面上铺上了一层红砖，墙底下还整齐地种上了一排花，令人赏心悦目。

在课题组的指导下，周桂英也将家中的一件由丈夫王松宝制作的松木箱子，从放置杂物的房间中找了出来，同原本放置在房间中的松木衣柜、缝纫机、白色"两头沉"写字台与茶几进行了展示。上述展览也搭配了展牌，如松木衣柜与茶几是这样进行介绍的：

松木衣柜

松木衣柜是桂英结婚的嫁妆之一。于1976年5月份购买，木料为松木。长195厘米，宽63厘米，高82厘米，主要用于收纳衣物。松木箱子

箱子为1971年制成，材质为松木，木匠是王松宝自己。长80厘米，宽50厘米，高58厘米。

茶几为2005年购买使用，材质为松木大理石材质，为王艳飞和谭宁宁使用。长130厘米，宽70厘米，高45厘米。

缝纫机为天鹅牌。是王松宝于1989年在东花园购买送桂英的礼物，主要用于全家人衣服和鞋垫的缝制。

白色"两头沉"写字台为1994年制成，材质为松木，木匠是村里的王学信，主要为家人使用，写字台长1米28，宽58厘米，高80厘米。

2. 文本内容

展览文本由课题组组长韦荣慧和组员红梅共同撰写，主要介绍了山楂的分布范围、历史记载、药用价值、山楂食谱与传说故事等，还摘录了一些来自美国杂志编辑比尔·沃恩（Bill Vaughn）的《山楂树传奇：远古以

第二章 乡村活态博物馆的羊儿岭实践

来的食物、药品和精神食粮》①中山楂在西方的故事。展览文本中的内容包括序厅、前言以及四个部分和结束语。展览的所有内容经周桂英一家讨论后，投票一致同意。

户外广告：桂英下午茶。经桂英一家，以及多方讨论决定以周桂英的名字命名，以下午茶的方式展出。

序厅和展览名称：遇见山里红——山楂文化展。安排在影壁前，东墙安排了留言墙以及改造前的小院和改造的图片和文字"在对的时间，对的地点，我们彼此遇见。"

前言安排在南墙。

前言

路途遥遥，你来自远方。

春天，你绽放着自己的芳华；

夏日，你为我们撑开绿伞；

秋季，你回馈满满的红果；

冬至，你与我们围炉夜话。

山楂树，

你把我们童年时光挂在矮小的房梁上，

你陪伴着爸妈的瓷砖红瓦，

你结满了我们家的故事，

穿越30多年的光阴，

与我们一道守护着1556"营城"。

第一部分浪漫风雅，不事张扬安排在院落，以小院中的山楂树为主角，用音乐水幕、电影、灯光、歌曲、音乐来展示"山楂树的故事"。

第二部分读山楂、品山楂（山楂书房）安排在院子的东边两间屋子，包括山楂树记忆（电影、山楂树歌曲、读关于山楂的书、饮山楂茶水、体验山楂酒）、桂英家的实物等。

---

① [美]比尔·沃恩：《山楂树传奇：远古以来的食物、药品和精神食粮》，侯畅译，北京：商务印书馆，2018年。

第三部分"记忆山里红"和"山楂树传奇"安排在西边屋子的客厅和两个卧室。

第四部分安排在院子里，突出介绍了怀来县瑞云观乡的镇边城村有"野山楂树"300余棵，年产山楂5000余斤，很受消费者青睐。

第四部分镇边山楂 戍（树）边山楂

镇边城村始建于明朝万历年间，这座北京西侧的"边城"建村之初为的是抵御外敌的侵袭，在这一片易守难攻的山峦之上修建了堡垒、烽火台、边墙等防御设施。镇边城村由此得名。三百多年后，历史再次赋予这个小村御敌使命。1938年秋，距卢沟桥事变仅一年，镇边城村建起了怀来县第一个农村党支部。此后这个支部带领群众和地方武装，成为连通平西、平北两个抗日根据地的重要节点，并将抗日烽火燃遍怀来大地。2003年7月1日镇边城村被中共怀来县委组织部确立为爱国主义教育基地。2019年1月镇边城村被住房和城乡建设部、国家文物局命名为中国历史文化名村。2019年6月列入第五批中国传统村落名录。2021年11月12日，入选农业农村部办公厅公布的2010—2017年中国美丽休闲乡村监测合格名单。

第五部分养生红果，健康平安包括糖葫芦体验安排在（厨房和两个露台）。结束语在南墙。

二、展览特色与展示意义

（1）以自然中的活态生命体为内容

中国由个人出资建设的博物馆，大都展示个人的收藏品，如北京东旭民族艺术博物馆、江苏省苏州市的古化石博物馆[1]、陕西省西安市的三秦自然博物馆[2]，以及上海市的王家钟表博物馆[3]等。这些博物馆虽然从一

---

[1] 江苏省苏州市吴中区东山镇三山村志编著委员会编：《三山村志》，北京：方志出版社，2018年，第113页。

[2] 张礼智：《陕西博物馆百年史1909–2009》，西安：三秦出版社，2014年，第138页。

[3] 《王坚安办起家庭博物馆》，《解放日报》，1983年4月9日。

定程度上反映出所在城市的历史变迁、彰显个人的审美趣味，但如果羊儿岭村博物馆也是如此简单的展示一些北方地区的民俗物件或是陶器、农具与绘画，显然缺乏一定的吸引力与特殊性，也不能体现出博物馆人的新思考。

而由村民围绕个人生活而建设的博物馆实践始于21世纪初。2006年前后，贵州省黔东南苗族侗族自治州西江千户苗寨，开始建设家庭博物馆40多个（没有备案）[1]，有研究者指出民族博物馆的"家庭模式"逐渐萌发出了多元主体的"个人叙事"，既超出传统的"国家叙事"和"族群叙事"，又与"国家叙事"和"族群叙事"交织、共融[2]。2007年，大理白族自治州博物馆指导诺邓村建设了两座家庭生态博物馆——杨黄德家庭生态博物馆与黄霞昌家庭生态博物馆[3]；这两座博物馆是在地方专业博物馆指导下进行建设的，但是没有进入国家文物局"全国博物馆名录"。

但是，不论是上述因展示个人收藏品而建立的博物馆，还是现有展示生活场景与历史记忆的家庭博物馆，基本上都是以"物"为中心，也就是展示家具、日用品、家庭生产器具、墓碑等具有年代感的老物件。虽然这种以"物"为核心的博物馆运营方式保留了文化遗产的情感价值，但还是很容易导致村民认为博物馆就是老物件的收纳场所、历史记忆需要依靠老物件的证明才能获得合法性。而如果将搜集老物件作为乡村博物馆成立的基础，也很容易让村民开始衡量老物件的经济价值，这又会让文物遗产落入快速变现与坐地起价的金钱陷阱。由于目前一些古村落中的老物件都遭遇了集中收购，所以乡村博物馆建设需要避免过于强调老物件的重要性与经济价值。

展览"遇见山里红"自然更多的思考是在"活"字上，活着的山楂树、山楂树文化，以及村民的真实生活。村民的家是乡村文化遗产的主要载体，不仅拥有建筑、院落、工具等物质遗存，更重要的是维持着真实的生

---

[1] 周潼潼：《"千户苗寨"家庭博物馆兴起》，《人民日报（海外版）》，2009年5月2日。

[2] 王琴：《个性、灵感和体验：中国民族博物馆"家庭模式"的个人叙事研究》，《广西民族大学学报（哲学社会科学版）》2022年第4期，第61–69页。

[3] 杨国才：《诺邓村》，光明日报出版社，2014年，第37页。

活状态与行为习惯。日常生活作为乡村活态博物馆的核心，既保留着代代传承的乡村记忆，也是一种见证历史变迁的资料库。游客可以在观看、交流中领略长城周边地区的历史地理、风俗人情和社会变化。虽然户主因为展览需要对院子进行了改造，但是同时保留了"活态"的生活场景；而周桂英也因为主持院子改造和经营回到了这里同游客交流，为客人做饭，游客可以直接体验到周桂英一家淳朴、善良的人格魅力，使得展览因为有了村民"活"的生产状态加持而呈现出独特的魅力和风采。

一些乡村博物馆中有物而没有"情"的陈列形式，失去了最为核心的"人"的价值。而个人、家庭真实的生产生活"经历"才是这类展示的灵魂，这也是一种对于乡村活态博物馆中"活态"二字最为真切的诠释，即那些活生生的、平凡中孕育不凡的生命体验。北京市文物保护基金会秘书处韩永认为展览"遇见山里红"是"一种生命遇到生命的问候、生命与生命的互相印证。这种生命的相遇纠缠更具鲜活的情节和对观众的触动"。以自然中的活态生命体为展示内容，应该成为乡村活态博物馆中的探索方向。

（2）以乡土生活为中心的主题体验

柏林自由大学全球史和拉美史教授迈克尔·戈贝尔（Michael Goebel）称，100年以来对人类社会产生深刻影响的事情就是城市化进程。由于在城市化进程中出现环境污染、人口集中、交通拥挤等问题，人民开始认识到城市生活的弊端并进行反思。这种反思让人们从单一的物质追求转向多元的心灵诉求，长期被忽视的乡土生活成为新的向往之地，乡村旅游、农业观光、乡土艺术节等形式也在这一背景下愈发兴盛。

展览"遇见山里红"所展示的是长城周边地区农村真实的乡土生活，这种生活具有亲近自然、自给自足、小富即安、早睡早起、讲究血缘、靠天吃饭等鲜明特点，蕴含着中华民族形成过程中与农耕文化的精神脉络与传统社会的生命意识。特别在后"新冠"疫情时代，山楂树作为一种自然物，也容易让人在与之接触中获得心灵的满足与喜悦。一位曾经到访这座院子的外交官向课题组反馈他们的参观感受："小院本身可以用完美来形容，整洁，功能齐备，有文化气息，枝繁叶茂的山楂树给了其绿色的灵魂。"

欣赏山楂树的美需要充足的时间，而不是匆忙的一瞥；乡村活态博物馆的建设，也需要为游客提供住宿。民宿不仅仅需要解决游客的住宿问题，还需要满足他们对于当地生活的想象。山楂树通过具有人类学、民族学与博物馆学等学科背景的专业人士发掘后成为乡土生活的一种文化符号，在此基础上发展而来的"民宿"体验则满足了游客渴望感受和回归乡村的诉求，从而达到认知乡土、放松身心、感知文化的生活方式的实现。同时，院子中的茶几、衣柜、缝纫机等生活用品也成为民宿中独特的文化资源，让其文化价值更加凸显，从而区别于其他地区的普通乡村"民宿"。课题组不看好没有博物馆理念的普通民宿，考虑到羊儿岭村的独特区位优势与定位方向，不建议村里发展"普通民宿"。

有研究者将旅游者偏好的第一层次因子称为旅游者选择民宿的"关键性资源"，第二层次因子称为旅游者选择民宿的"决定性资源"：当民宿的"关键性资源"旗鼓相当时，"决定性资源"重要性加强决定着旅游者的最终选择[1]。包含展览"遇见山里红"在内的"民宿"符合该研究中的10项"关键性资源"，即"宜人的风景和清新的空气""周边景点""宁静和谐乡村氛围""田园风光""民宿环境整洁""价格便宜""轻松亲切的民宿氛围""服务态度""室内休闲""接待设施干净整洁"；而在9个决定性资源中，也符合"庭院景观和建筑特色""乡村生活或乡村民俗""特色农家餐饮""区位交通""足够的停车空间""散步或踏青小径""客房有卫浴设施"等7项指标。以下还有一些曾在院子中住宿的游客的体验反馈：

利伟：山楂树的农村小院给孩子和老人带来了开心和回忆。小院环境宜人，空气清新，孩子们可以在院子里奔跑玩耍，感受大自然的美好；老人们则可以在院子里静静地晒太阳、聊天，享受悠闲的时光。此外，山楂树的枝叶繁茂，夏天能给院子提供阴凉，孩子和老人都可以在树下乘凉，舒缓炎热的天气。整个农村小院的景象会让他们想起过去的时光，带来美好的回忆和情感的共鸣。

---

[1] 胡敏：《乡村民宿经营管理核心资源分析》，《旅游学刊》2007年第9期，第67页。

涛子：战友们在山楂树下打掼蛋可能是一种团结友爱、奋发拼搏的场景。我们凭借着对战友的信任和彼此的默契，互相激励和支持，打扑克牌成为一种放松心情、排解压力的方式。我们在这样的活动中可能感受到战友之间的亲密关系和团队合作的重要性，同时也增强了士气和凝聚力。

晓莉：孩子们在山楂树下挖土可能会感受到很多快乐和乐趣。对于他们来说，挖土可能是一种游戏和探索的方式。他们可以通过挖土发现一些有趣的生物、岩石或者其他宝贝，这会给他们带来新奇和兴奋的体验。此外，与小朋友一起挖土也可以增强友谊和团队合作的意识，让孩子们感受到彼此的支持和互动。这种简单的活动也可以让他们感受大自然的美妙，并培养他们的探索精神和动手能力。总之，在山楂树下挖土可能给孩子们带来快乐、成长和美好的回忆。

德海：四个家庭周末在羊儿村的山楂树下烧烤聚会打牌，绝对是一种愉快的娱乐方式。这样的活动可以让我们享受户外的清新空气和自然环境，远离喧嚣与繁忙的都市生活。在烧烤的同时，我们可以享受到美味的食物，增进亲友之间的感情。而打牌则是一种休闲娱乐的方式，可以增强彼此之间的竞争和互动。通过打牌，我们可以共同度过愉快的时光，增进友谊和团结，同时也可以锻炼智力和策略思维。总的来说，乡村山楂树下的聚会是一种有趣而富有情感交流的方式，让家庭享受快乐和放松的时光。

红岩：小院整体环境很干净，打扫得不错，很整洁；屋子里面的布局有大通铺，有家庭房，整体的种类比较多样，考虑到了不同用户群体，而不是清一色的双人间，这点也要好评；山楂树，不错，根据一棵树，来展开故事，也算是别有一番风味；服务人员也都比较和善热情，提供的餐食也不错，味道也很可口。但是缺点如下：①屋子里面被子能感觉到一丝潮湿的味道，应该是定期晾晒不及时。②感觉山楂树可以再继续做点文章和内容，上面可以搞一些祈福和还愿的祝福语。如××××年带家人前来，许愿心诚特来还愿。③缺少烧烤的引燃设备，可以配备烧烤助燃剂，这样烧烤引火就会很方便了。④门帘可以放置一个小门牌，不然找的时候不太好找，出去之后再回来容易找错。特别是喝了酒之后，基本上都一样的房子，门口缺少识别物。⑤小院没有发现其他娱乐活动。可以搞一些年轻人的娱乐方式。比如客厅里面可以放置手柄之类的游戏，可以选择一些亲子类互动较强的游戏。⑥有的时候孩子比较多，而且孩子年龄段也不太一样，如果自带食物没有能满足孩子的，希望可以提供适合儿童的餐食。

益冰：小院本身可以用完美来形容，整洁，功能齐备，有文化气息，枝繁叶茂的山楂树给了它绿色的灵魂。美中不足的是，周边的城市化太明显了，让人有小院被大马路和高楼包围的感觉。最重要的是经营问题，据了解，村中仅此一家，小院尚未成为体系中的一员。如果单打独斗，前途未卜。况且，有没有志于此的年轻人（相对）团队，也关乎其生命力。

胡胡：环境很好，房间干净整洁。晚上屋里黑最好有夜灯，门锁不是很好用，其他的就没啥了。

静妈：小院总体来讲很好，有特色的山楂树、大坑、装修装饰等都很有特色。针对不同的群体。要有不同的安排。比如，对于老人呢，可能就是喝茶聊天。逛一逛村里边的，了解一下村里和周边的文化就够了。对年轻人，可能就是要让他们知道周边的样边长城、鸡鸣驿、官厅水库，还有那个看海棠花那个镇这些地方。现在年轻人出来，吃是一件很重要的事。所以周边的特色像我去吃过的几家烤羊肉、鱼，等等，也要给他们推荐，在小院的印刷小册子介绍。对于带小孩子的家庭更多的是给他们介绍一些娱乐项目，比如说可以在房顶上搭帐篷，在院里边小孩子们一起捉迷藏，做各种游戏。还有要给他们推荐一些适合小孩子吃的地方，告诉他们哪里可以去捉小蝌蚪，钓小鱼，像那个酒店的那个室外游乐场等，还有像一些简单的可以采采小花、看蚂蚁抓虫子、抓蝴蝶等。

岩律师：小院感觉很好。可以针对不同季节安排不同的活动，春天安排一个赏赏花踏青路线，夏天安排一个避暑纳凉路线，秋天安排一个赏红叶的路线，冬天也可以安排一个赏雪路线。离北京近，交通方便。

佳鑫（羊儿岭村青年人广告设计师）：有幸参与艳飞家山楂树小院的设计，感觉村里有一个不一样的地方很好。它和民宿不一样，它有文化。遗憾我家没有这样的院子，你们设计在张永贵家做"海棠文化展"和"蓝染"体验馆我觉得挺好的。我支持张兰去做,地方不一定很大,有内容就好。

三、支点作用与文化自觉

(1)发挥乡村活态博物馆的支点作用

对于"乡村是否需要博物馆"这一问题,羊儿岭村展览"遇见山里红"给出了答案,即博物馆的展览策划思路可以改善人居环境、拓宽收入渠道与提高认知程度。上海大学潘守永教授曾表示:"博物馆是一个'过程'而非一个'结果'(或者用'与其说博物馆是一个结果,不如说它是一个过程'来表述)。很多情况下,过程与结果之间的关系绝非简单的对应关系,'过程'其实也可以是一种'结果'(形态)。"[1]而乡村活态博物馆即是一个将乡村纳入博物馆语境的过程。

展览"遇见山里红"不同于其他乡村博物馆展览的内容策划逻辑。一般来说,乡村博物馆内容策划与旅游开发逻辑相似,即通过盘活各类农业资源后,通过文创和品牌的方式推动农业向第二、第三产业转型[2];因此,不论是博物馆所展示的内容,还是旅游开发的对象都围绕当地主要农产品展览,参观的目的就是带动相关农副产品消费。例如,位于河南省信阳市新县西河村的西河粮油博物馆的定位即"反映当地农业的微型博物馆",建造的目的之一是"为村庄新经济(如茶油、板栗加工等)提供文化支点"[3]。

虽然山楂并不是羊儿岭村的主要农产品(羊儿岭村的主要农产品是玉

---

[1] 潘守永:《"第三代"生态博物馆与安吉生态博物馆群建设的理论思考》,《东南文化》2013年第6期,第86页。

[2] 陶力、布乃鹏编:《超大城市周边乡村旅游:实践与案例》,上海:上海交通大学出版社,2021年,第109页。

[3] 何崴、陈龙:《当好一个乡村建筑师——西河粮油博物馆及村民活动中心解读》,《建筑学报》2015年第9期,第18-19页。`

米)①，但是，展览"遇见山里红"也是羊儿岭乡村活态博物馆的一个文化支点，展现出村民与专家交流互动下的文化自觉。在这个过程中，村民并不仅仅是一个需要被灌输信息的容器，他们本身就积累了丰富的地方知识。村民正是在这一知识结构的基础上与专家互动，接纳新的理念，并将这与已有的知识建立新的联系。村民在参与展览设计与制作的过程中，虽然一些问题采纳了专家提出的意见（如设计风格与材料选择），也充分享有展览的意见表达，实现了自我学习和自我提升。

乡村中的民居是物质文化和非物质文化遗产的有机集合体，是长城周边地区乡土文化活态演进与发展变迁的重要载体。乡村活态博物馆在建设中应该遵循"因地制宜、一户一策、专家引导、村民参与"的方式，而其中的"地"不仅仅是将村落作为一个整体，同时还要具体地对每一户村民进行关照、根据每户村民的具体情况进行民宿、餐饮、娱乐、采摘等产业化模式的引导。通过这种方式，每个家庭都会呈现出各自的特色，而不是千篇一律地照搬现有的模式和方法。展览"遇见山里红"就是根据周桂英家庭的生活现状以及经济条件，在不改变村民家庭的原生性和完整性的基础上进行的改造与提升。所以在乡村活态博物馆的探索中应该采取多样化的手段，让村落在"活态"的发展中不断产生新的可能性。

（2）激发乡村活态博物馆的文化自觉

作为乡村博物馆语境下的展览策划与设计，课题组希望通过展览"遇见山里红"来讨论文化自觉的相关问题。1997年，费孝通在北京大学社会学人类学研究所举办的第二届社会学人类学高级研讨班上提出了"文化自觉"的概念②，后来他阐述道："文化自觉，意思是生活在既定文化中的人对其文化有'自知之明'，明白它的来历、形成的过程、所具有的特色和它发展的趋向。自知之明是为了加强对文化转型的自主能力，取得决定适应新环境、新时代文化选择的自主地位。"③这个概念自提出之后引起了

---

① 李睿：《快速城镇化背景下的村庄产业发展与重构——以张家口市羊儿岭村为例》，《小城镇建设》2014年第4期，第87页。

② 费孝通：《孔林片思》，北京：生活·读书·新知三联书店，2020年，第40页。

③ 费孝通：《费孝通论文化与文化自觉》，北京：群言出版社，2007年，第2页。

社会各界的关注和反思，因为这体现出人在文化选择和建构过程中的一种价值取向，以及表现出人对其产生的文化的存在状态、现实使命、未来走向的自觉。[1]

在课题组没有介入周桂英一家的生活之前，院子中的山楂树仅仅具有观赏、食用与交换所带来的经济价值；而在展览"遇见山里红"诞生之后，山楂树便具有了文化价值，并且引发了老院子的改造工程。此外，在展览的策划中，放在家中杂物间的松木箱子也被周桂英翻了出来、擦拭干净后被摆放在了屋子内，这让周桂英一家认识到：不仅仅是埋在土地里的、古代王朝时期的物件才具有文化价值，他们日常生活中所使用的物件同样具有文化价值，但是并不具有很高的经济价值。

而上述的两种变化，可能会让周桂英一家重新审视自己的生活以及生活中的物，会思考这种变化对自己生活所产生的影响。而这种因为展览所引发的文化自觉，就是费孝通提到的"各美其美，美人之美"，也就是说，普通的山楂树也是美的，通过发掘后进行展示（周桂英将课题组用手机所拍摄的山楂树照片打印出来，挂在了院内卧室的墙上）；参观这座小院的人会通过这棵树感受到，平凡之物所具有的形式之美与内容之美。那么，这个展览能否带来"美美与共，天下大同"的效果，也就是让人们意识到生活在乡村也是美好的，而不仅仅认为只有生活在城市才是美好的，这个研究还需要经过一段时间、积累大量的游客体验反馈后才能得出结论。

羊儿岭村村民因乡村博物馆建设激活乡村文化自觉的现象，主要受到两方面因素的影响，第一是专家介入，第二是利益刺激。日本东京大学东洋文化研究所教授日本菅丰（Yutaka Suga）认为介入地方的学者并不能成为具有客观立场的"第三者"，而他们所进行的有意图的实践也必将会对当地产生影响[2]；而福州大学人文社会科学学院副教授胡溢轩等人也表示，村民是否支持并主动参与村庄建设，在很大程度上是以利益作为基础变量

---

[1] 曹爱军：《公共文化治理导论》，中国经济出版社，2019年，第128页。

[2] [日]菅丰著，陈志勤译：《日本现代民俗学的"第三条路"——文化保护政策、民俗学主义及公共民俗学》，《民俗研究》2011年第2期，第67页。

的[1]。而二者的关系也将会影响乡村博物馆的走向，以及村民对自身文化价值的认识。

四、目前挑战和未来展望

2022年7月，"遇见山里红"主题展开展，桂英下午茶开始营业，山楂小院开始接待参观入住。8月12日最后一批接待的是中山大学调研团队12人。当天遇到怀来县发生"新冠"疫情，山楂树小院也因此进入关闭状态至2023年4月。整个羊儿岭村只有周桂英的老院子和王学林家完成了改造，因此需要很大的推广力度。这也导致依托这个展览的"民宿"的入住率较低，让周桂英家人对小院的未来发展产生了忧虑。

忧虑也在"课题组"的意料之中；而这种忧虑也具有普遍性，即乡村博物馆的运营问题。陈佳利指出20世纪90年代台湾地区也因为受到地方文化意识抬头、文建会社区总体营造、地方文化馆的影响而建设了很多地方博物馆，也出现了许多因为规划不当、缺乏人力与财力的问题导致无法永续经营的现象[2]。虽然"课题组"尝试在羊儿岭村探索出一条"博物馆+民宿"的发展路径，赋予"民宿"产业以更多的文化内涵，对比其他较为成功的乡村民宿产业案例，则可以为羊儿岭村未来的发展带来启示。

从现有的模式来看，课题组对盈利的设计是依托展览"遇见山里红"的山楂文化产品的开发，除了食宿接待的业务收入外，还设计了山楂系列文创产品，比如山楂养身饮食、糖葫芦体验、山楂树系列讲座、山楂树下的遇见文学创作、山楂树美术作品创作、电影赏析等。把围绕山楂制作的商品需要分成两类，一类是需要消费者亲自参与制作的"体验经济"，另一类是消费者可以直接购买的"商品经济"。这些设计还没有实

---

[1] 胡溢轩、董志锋等：《内生之美——美丽乡村建设的核心逻辑》，南京：河海大学出版社，2021年，第43页。

[2] 陈佳利：《边缘与再现：博物馆与文化参与权》，台北：台湾大学出版中心，2015年，第70页。

施是因为，目前羊儿岭村只有周桂英家庭将房子改造为"博物馆展览+"的形式，还需要更多的村民加入羊儿岭乡村博物馆的内容策划，这样才能形成如安仁中国博物馆小镇、安吉生态博物馆等具有集群优势的博物馆形态中，从而带动相关产业的发展。课题组在2023年羊儿岭的工作要点中加强了对乡村博物馆展览体系的研究，课题组在今年工作的方案设计中增加了"丝路茶香 —— 中国民族茶文化特展"与"朱苦拉咖啡文化特展""蓝色光影 —— 蜡染展"等临时展览，同时需要进行更多以当地生活为基础的固定展览的策划工作。比如，建议张永贵家把院子改为，"海棠依旧 —— 海棠文化主题展"结合扎染手工体验。这些有故事的家庭小展览实施，能够增强村民对于村庄的归属感和认同感，是需要关注的一个问题。

对于羊儿岭村来说，"活态"博物馆建设实践最根本的目的，是让人的认知发生改变，从而促使个体命运发生变化、赋予个体生命以新的向

秋天，桂英家山楂果实累累　　　　　　夏天，桂英下午茶

往。即使在某一阶段项目因不可抗力遇到挫折，但它的出现让这个几百年的山村多了一些思考和尝试。德国哲学家雅斯贝尔斯著作《什么是教育》中被中国人广泛引用的一句话是："教育的本质意味着，一棵树摇动另一棵树，一朵云推动另一朵云，一个灵魂唤醒另一个灵魂。"那么，羊儿岭乡村"活态"博物馆的本质可否进行这样的描述：一棵树摇动了一个家庭，一个展览推动了一群人，一个博物馆唤醒一个乡村。

第七节　长城书屋 —— 读懂长城　理解乡村

长城是祖先留给我们的人类文化遗产，是中华民族团结和平的象征。长城更是一本我们永远值得读的中华民族共同记忆的书。为此，课题组建议在村里建设"长城书屋"，开展读长城，写长城，画长城等活动。2023年4月23日是世界读书日，也是读书人的节日。羊儿岭长城乡村活态博物馆在"世界读书日"开展了"长城读书会"活动。在美丽的羊儿岭村，通过近距离看长城，"触摸"长城，听长城的故事，对话乡村；理解长城乡村的人，敬畏他们戍边的精神！

一、长城书屋建设的意义

长城书屋作为乡村活态博物馆的一部分，在乡村振兴和文化共享中扮演着重要角色，为乡村居民提供了丰富的精神文化食粮。长城书屋的建设不仅仅在羊儿岭村，对长城沿线博物馆、对全国乡村活态博物馆的建设均有意义：

一是有利于建设农村基层文化，实现文化共享。乡村活态博物馆长城书屋建设就是为了解决村民买书难、借书难、读书难的问题，为他们送去丰富、宝贵的精神文化食粮，真正让乡村居民在精神文化生活方面也和城市居民一样，在书屋的文化熏陶下，村民的科学文化素养稳步提升，实现文化共享，知识共享，为乡村振兴打下坚实基础。

二是有利于丰富乡村文化娱乐，促团结聚人心。长期以来乡村居民劳作之余的文化娱乐活动较为单一，不能满足广大村民的实际需求。通过乡村活态博物馆长城书屋建设，村民可以在休息之余来到这里进行文化充电，大家在优雅和谐的环境中找寻自己喜欢的书籍或者音像制品，在书屋中广大村民朋友也可以充分进行交流，增加了互相联系的频率，加深了邻里亲朋之间的亲切度。同时，书屋可以定期举行各种读书活动，比如读后感的演讲比赛，相关农业知识大比拼、写作展览等，不仅彰显了新时代乡村居民的文化水平，同时也能吸引其他村民前来读书充电，丰富自己的文化知识。

三是有利于提高村民职业水平，促进乡村振兴。乡村活态博物馆长城书屋建设中，所选的书籍一般都针对当地乡村的现实环境来决定书籍种类，侧重于长城故事、长城保护、旅游开发、民宿创业、养殖种植和农耕技术等书籍。村民在日常工作劳作中，难免会出现这样那样的问题，在长城书屋中找到针对自己的实际情况的专业书籍进行学习，不仅满足了工作需求，也是对自身科学文化的一种培养，遇到问题时心中也就有了解决问题的底气。村民提升信心，更有效地参与到乡村经济的发展中，增强自主创业和创新的能力。

四是有利于村民终身学习，提升公共服务能力。长城书屋中所选的书籍精心针对当地乡村的现实环境，这样的设计让学习变得切实可行和与生活紧密相关。村民可以在长城书屋中寻找解决实际问题的方案，使学习成为一种日常习惯，而不仅仅是学校教育的延续。通过学习，村民不仅提高了职业技能和知识水平，而且树立了终身学习的理念，这有助于提高他们的适应能力和创造力。长城书屋不仅是知识的宝库，也成为社区内的交流和合作平台。村民在此地可以共同学习、讨论和解决问题，互相帮助和鼓励。这样的环境促进了社交互动和社区凝聚力的提升，增强了公共服务的活力和效率。

长城书屋的建设具有深远的社会价值和文化意义，它连接了乡村和城市之间的文化联动，推动了乡村社区的内部团结和文化提升，为乡村振兴提供了坚实的支撑。同时，这也是实现人口规模巨大的现代化、中华民族共同体建设的强大根基和超大动能的一部分，体现了中国文化的深厚底蕴和时代发展的需求。

羊儿岭长城乡村活态博物馆依托具有历史价值的村集体现有空置房屋建设长城书屋。这解决了村集体现有空置房屋没有主题，羊儿岭长城乡村活态博物馆图书室建设有项目、有书、有经营模式，无场地的困局。选址原则不仅体现了项目的实际需求和具体目标，还反映了对当地文化和社区需求的深入理解。长城书屋依托村集体现有空置房屋的建设，强调历史价值的挖掘，充分利用了空置资源符合乡村振兴战略，在注重可持续发展的前提下，促进社区参与文化交流。这一选址解决了项目的场地问题，同时也增加了村集体用房空置的主题内涵。

强调历史价值的保留与挖掘 长城书屋选址于具有历史价值的村集体现有空置房屋，将有助于保护和利用这些建筑的历史内涵。这一选择体现了对传统文化的尊重和传承，也为书屋增添了独特的文化氛围，使阅读不仅是知识的获取，还成为文化体验的过程。

充分利用空置资源 将书屋建设在现有的空置房屋中，不仅最大限度地利用了现有资源，减少了新建设的成本，还为这些空置房屋赋予了新的功能和生命力，推动了乡村的可持续发展。

符合乡村振兴战略 此选址原则符合国家乡村振兴战略，通过充分利用和保护乡村历史资源，弘扬传统文化，促进乡村文化和经济的复兴。

注重可持续发展 选择有历史价值的空置房屋作为书屋，不仅节约了资源，还可通过修缮和再利用，凸显了可持续发展的理念。这种灵活利用现有资源的做法，展示了一种环保、节约和可持续的发展路径。

促进社区参与和文化交流 这样的选址位置通常位于乡村社区的核心地带，易于村民访问。这不仅满足了村民的文化需求，还为社区居民提供了一个交流和学习的场所，增强了社区凝聚力和文化自信。

长城书屋选址原则将项目与乡村历史、文化、社区需求和可持续发展目标紧密结合在一起。选择有历史价值的村集体现在空置房屋，不仅充分利用了现有资源，还为乡村的文化振兴和社区的和谐发展打下了坚实基础。

二、长城书屋与乡村活态博物馆、出版社之间的合作与交流

长城书屋为每一家为羊儿岭乡村活态博物馆长城书屋捐赠图书达到800本的出版社提供存放所赠图书。出版社可以在读书日期间选择来村里举办活动。

羊儿岭长城乡村活态博物馆"长城书屋"获得第一批捐赠的出版社包括：学苑出版社、民族出版社、新蕾出版社、中华书局、安徽人民出版社等。

第八节 活化修缮——让文物活起来

羊儿岭营城作为羊儿岭村最重要的物质文化遗存，是明长城的重要组成部分，是弘扬长城精神、展示国家形象、彰显文化自信的重要载体，它承载着几百年历史变迁，在羊儿岭人的心目中如同生命之重，他们世代守土于此。每个老人讲得更多的都是关于营城的前世今生的那些事，也就是说，羊儿岭的历史就是一本城里城外的故事。

但是，课题组也发现羊儿岭营城的保护修缮已经迫在眉睫。经过多方推荐，我们邀请到清华大学同衡规划院的专业团队，和他们一起组成研究团队，对羊儿岭营城的保护修缮进行了两年多的研究工作。这个研究和探索不仅仅为了羊儿岭营城的活态修复，我们也希望能为长城文化遗产以及乡村文化遗存的修复带来一些思考。

一、羊儿岭堡历史沿革与现状情况

1. 历史沿革

明朝在东起辽东,西到临洮的广大北方地区建设了长城,并驻军把守,比较通行的说法是设置了九边。《明史》:"初设辽东、宣府、大同、延绥四镇,继设宁夏、甘肃、蓟州三镇。而太原总兵治偏头,三边制府驻固原,亦称二镇。是为九边。"嘉靖二十九年(1550)增设真保镇,总兵府驻保定府城,下辖紫荆关、倒马关、龙固关和马水口4路。嘉靖三十八年(1559)又由蓟州镇分设昌镇,总兵府驻昌平,主要守卫皇陵和居庸关。昌镇和真保镇相当于蓟镇以下的二级军镇,不包括在九边中。九边通常对应着9个镇,《明史》地理志和兵志记载很清楚。所谓镇,因派驻镇守总兵官或副总兵官而称,所以镇就不限于9个。万历朝(1573—1620)后期,北方军事形势又发生一些变化,长城防御体系中增设山海镇和临洮

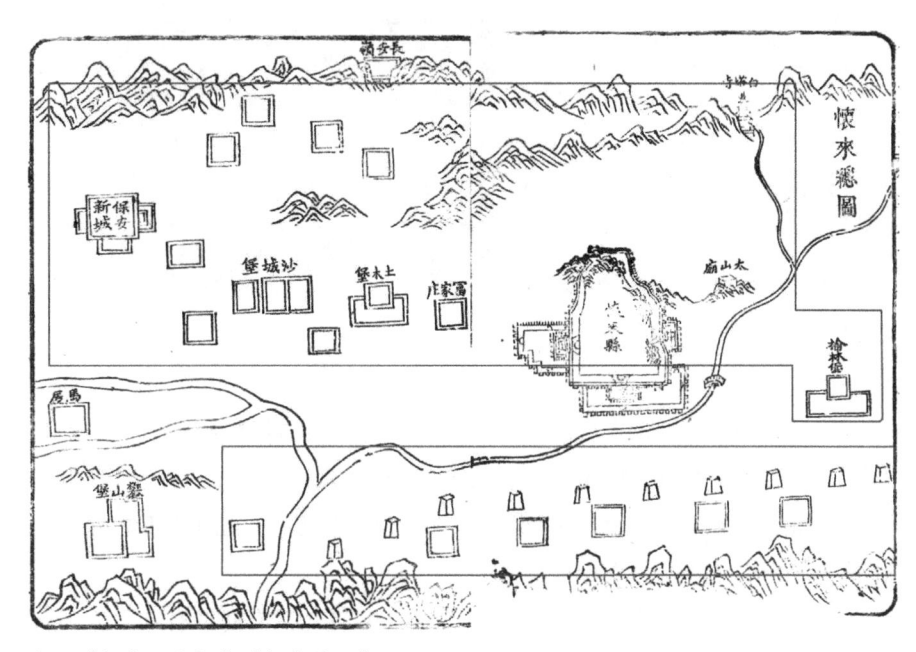

康熙《怀来县志》载《怀来总图》

镇。山海镇以山海关为镇城，是原蓟州镇的东段4路，为残破的辽东镇做后盾。临洮镇驻临洮，系分固原镇的西段而设。这又是"九边十三镇"。

宣府作为九边、十三镇之一，具有完备的防御体系，其下设多个军堡，康熙《怀来县志》中怀来县城周边就有榆林堡、富家庄堡、土木堡、沙城堡、保安新城堡、矾山堡等多个堡。在各个堡之外，怀来县图上还附有多个小城和墩，推测这些里面就有羊儿岭堡及其东侧两个边墩。

实际上，怀来县城图上所附的这些堡、墩，严格来说不是一类建置。像矾山堡、榆林堡等，实际上属于明代宣府镇怀隆兵备道辖东路建置，但图上所显示的南侧堡、墩，则属于宣府怀隆兵备道辖南山建置。

宣府怀隆兵备道辖东路总图

《山西宣大三镇图说》云："南山内拱京陵，为藩篱重地。……东起火焰山，西抵合河口，蜿蜒一带，势若蟠龙。"嘉靖"三十五年（1556），兵部侍郎江东疏请修筑南山联墩，从之"。自此，京师北门居庸之外出现新型防守模式，这就是南山联墩。

根据记载，当时建置"为营城二十五，为寨九，为楼百有六十，为台又二百六十六，为堡一。腹背相依，首尾联络"。联墩今仍矗于北京延庆

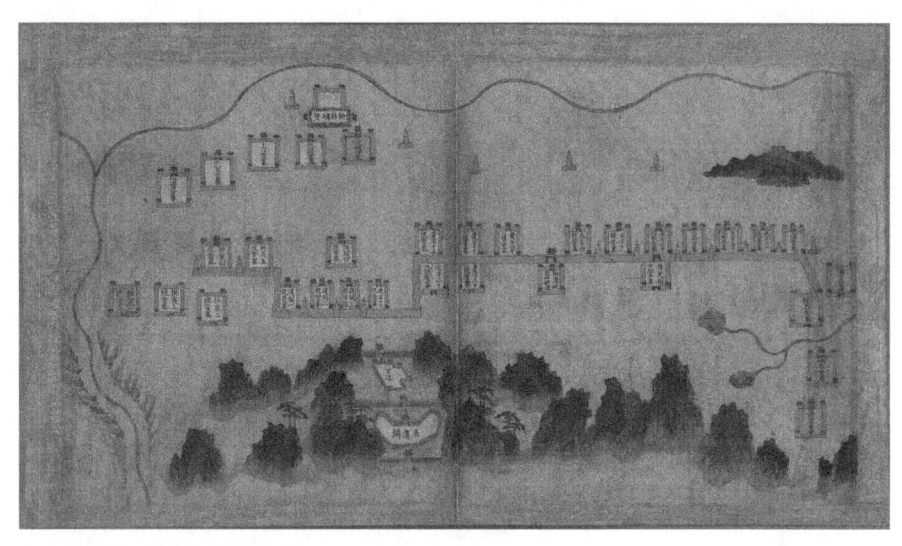

宣府怀隆兵备道辖南山总图

区至河北怀来县南部山下漫坡处，虽历经沧桑，却仍显壮观。

2. 分布情况

怀来羊儿岭堡位于河北省怀来县东花园镇羊儿岭村，在2012年被公布为河北省第六批省级文物保护单位，归入第二批河北省文物保护单位"万里长城（明）"之中，编号为：130730353102170006。

羊儿岭堡是明代为加强京畿和皇陵防御而设立的用于屯兵、屯粮的军事营城。营城规模不大，每面城墙长度为100米左右，四面城墙中仅存南、西、北三面，城墙残高两米到十余米不等，并有多处残缺。

羊儿岭堡内除城墙外，没有其他地上遗存，且堡内有大量民居，现在无法开展考古勘探，原有布局和形制不详。

除羊儿岭堡外，在营城附近，还有两处边墩，分别被命名为羊儿岭1号边墩和羊儿岭2号边墩。

羊儿岭1号边墩：编号130730353201170283，位于怀来县羊儿岭村东478米的平地上。

羊儿岭2号边墩：编号130730353201170284，位于怀来县羊儿岭村东

怀来县羊儿岭堡区位图

348米的平地上。

3.羊儿岭堡形制

南山联墩者，乃于宣府镇东路南山北坡一带，相间筑以密集墩台，置兵士其上，墩墩相望，堡堡间立，遇警既可接续传报，又可以施放火器，联守墩台间隙，使敌不可逾越联墩防线，以达屏蔽居庸等内口、护卫陵寝与京师之目的。

首先，南山联墩的基本形制包括了城、大堡、小堡、墩房和墩等五种建置，按照"每一百五十步筑墩一座，每二十座空内筑小堡一座"的建置要求，现存羊儿岭堡东侧的两个边墩应为"墩"，而羊儿岭堡应属于墩与

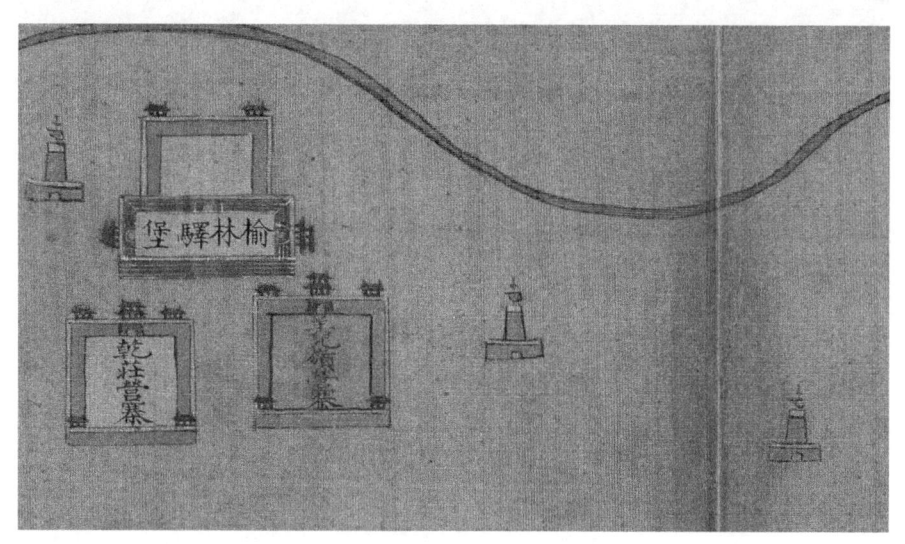

第二章 乡村活态博物馆的羊儿岭实践

宣府怀隆兵备道南山羊儿岭附近建置

墩之间空内修筑的小堡，也就是《宣府怀隆兵备道辖南山总图》中的"羊儿岭营寨"。

其次，营寨与边墩之间的距离，按照当时的记载，应为150步左右，按照清制，一步为五尺，一尺长32厘米，大约是240米。但就目前羊儿岭堡到2号边墩的距离（角楼到2号边墩距离为425米）以及2号边墩到1号边墩之间的距离（160米）来看，并不是按照这种严格的形制进行的建设。或者羊儿岭营寨与2号边墩之间另有其他边墩，历史上被破坏掉了。

最后，从清代留下的舆图上看，羊儿岭堡或营寨的形制为方形城，根据现场实测，每面城墙长约100米。四角设有角楼，南墙上设有城门，角楼单檐，城门之上为三开间二层楼阁。对比榆林驿堡并结合现状勘察，除城门位置为包砖外，羊儿岭堡其他位置和两个边墩都是夯土筑成，并未包砖。

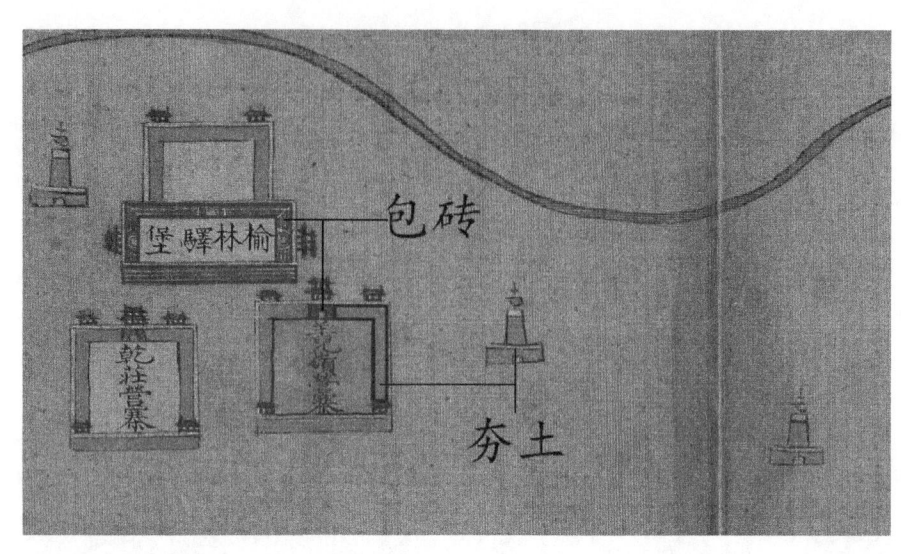

羊儿岭堡及边墩原形制、材质分析

4. 文物价值评估

（1）羊儿岭堡是明长城的重要组成部分，是弘扬长城精神、展示国家形象、彰显文化自信的重要载体。

南山联墩，是人类历史上罕见的大型线性军事防御体系的重要组成部分，反映了明代中华民族共同体形成的发展进程。

抗日战争期间，我国军民在东起山海关西至八达岭明长城一线的义院口、喜峰口、古北口、八达岭等战略要冲英勇抗击侵华日军，激发了全民族团结统一、众志成城的爱国精神，激励了坚韧不拔、自强不息的民族精神，长城已经成为中华民族的精神象征和文化符号，是中国向世界展示中华文明历史价值的重要窗口和文化名片。

（2）羊儿岭堡反映了明代在怀来修建长城和进行驻防的历史，对研究明代南山联墩的长城修建史和驻防史具有重要价值。

明代在北方修建九边及一系列军镇，筑边墙，修堡子，建墩台，设立卫所守卫北边，是为较多人熟知的史实，但在居庸关以北设岔道城，于南山北坡、怀来县南设置南山联墩以拱卫京师的相关历史，却鲜为人知。羊儿岭堡及边墩的实物遗存，揭示并实证了该段历史，对于研究明代长城修建史具有重要意义。

（3）羊儿岭堡遗存为研究明代的长城修筑技术提供了实物例证，羊儿岭堡展现了明代精细的筑城技术，是当时营城修建技术的重要反映。

羊儿岭堡城墙除南部的堡门外，其余堡墙都是由三七灰土夯筑而成。堡门用青砖砌筑，采用规格较高的五伏五券样式，城楼上设二层三开间楼阁式建筑。城墙夯层均匀细密，其中掺杂的灰土清晰可见，灰、土比例不会低于三七，虽年深日久而不毁坏，坚实不碎。边墩为灰土夯筑而成，夯层同样细密均匀，虽无法看出清晰形制，但形制较为规整。羊儿岭堡及其边墩的修建技术，反映了明代在长城墩堡修建中的技术水平。

（4）羊儿岭堡对塑造羊儿岭村周边历史文化景观具有重要的价值。

羊儿岭堡之修建，"令墩军取便携家及邻近农家欲居者，听其通内地隘口，应该设卒守把以防奸细者，各添墩一座"，反映了羊儿岭村的发展历史，充分显示了该地区的文化脉络，且堡城和边墩的保护工程，可以长期留存羊儿岭堡这一文化景观，对于挖掘羊儿岭村历史文化、展示历史价值以及发展文旅经济，具有重要意义。

第九节　美好家园 —— 长城周边乡村的未来期待

2022年3月，文化和旅游部发布了《关于推动文化产业赋能乡村振兴的意见》，意见中将乡村博物馆定义为位于乡村范围内，传承中华优秀传统文化、特色文化、革命文化及乡村生产生活、非遗保护、产业发展见证物，向公众开放，具有博物馆功能的文化场馆。乡村要振兴、文化先复兴。在乡村振兴国家战略背景下，羊儿岭村这座以乡村博物馆为载体的长城乡村家园，正在被"赋能"，功能角色更加多元、资源利用不断创新、产业经济更具特色，是羊儿岭乡村博物馆的未来发展方向。面向未来的羊儿岭乡村博物馆，将遵循国家乡村振兴战略的"产业兴旺、生态宜居、乡风文明、治理有效、生活富裕"的总要求，传承发展中华民族优秀传统文化，守护好、保护好、传承好、利用好乡村历史、民俗、非遗、生态、特色产业等资源，在传承乡村历史文脉、增强居民文化自信、促进乡村文旅融合方面发挥重要作用。基于课题组对羊儿岭村活态博物馆的规划，未来的羊儿岭村，应该是文化深入人心、百姓生活富足、乡村生机盎然、生态绿色宜居、经济特色发展的景象，在实现环境生态化、农村城市化、生活保障化、服务功能化等方面，走出一条"宜居、宜业、宜商、宜游"的乡村振兴之路。让我们共同期待，未来共赴羊儿岭之约。

一、触摸长城历史的中心

长城见证了中华民族的形成与发展，见证了中国城乡区位的变迁。长城是农耕文明与游牧文明融合的产物，是中华民族几千年来你中有我、我中有你的交往交流交融场所。羊儿岭村地处明长城带重要位置，现保存有明营城遗址和若干老宅建筑风格等，周边有明长城带、北京延庆文化带、官厅水库湿地公园、张家口泥河湾考古遗址、涿鹿文化带等丰富的文化古迹等资源，以作为长城脚下古村落的一张名片，在乡村博物馆的建设、规划、引领中，通过挖掘、研究不断探寻长城历史，通过展示、教育记忆长城历史，通过教育活动、宣传推广传承长城历史，不断建设、丰富着村民的精神家园。

1. 从点滴片语中看到历史

羊儿岭村全域的文化遗产是伴随着长城的历史变迁而不断产生的。文化遗产具有的历史、文化、艺术价值，与羊儿岭村的生态、自然、历史、民俗结合紧密，并不断互相联系与发展，从当前散落在羊儿岭村的各类传统民居、农具、历史遗迹以及历史档案、文献、村史故事、神话传说、年节庆典、传统手工技艺、特色美食中，都能体现出点滴长城历史文化的影响，通过乡村博物馆将这些文化点滴、历史片语串联、融汇、贯通，通过博物馆功能，调研、挖掘、梳理、研究文化遗产的类型、内容、特点，保护、利用珍贵独特的文化遗产，讲好蕴含在羊儿岭村中的长城历史故事，这是乡村博物馆的独有功能。

2. 在探索互动中记住历史

让文物活起来，讲好文物故事，是博物馆的重要职能。通过展览和教育活动，提炼长城历史文化符号，结合羊儿岭村的"在地性"文化遗产特征，将与长城有关的历史全面、鲜活地展示在羊儿岭乡村活态博物馆，加深长城历史文化的表达，在不断地文化探索、资源互动中，羊儿岭村将成为长城历史最为内容全面、特色突出的地方。在课题组对羊儿岭的未来规划中，"长城内外一家亲"展览、"长城读书会""长城书屋""联学联建试点""铸牢中华民族共同体意识实践"项目等都是紧密结合羊儿岭村自身资源而开展的，通过这一系列展示、活动，在与羊儿岭村不断的互动和探索中，村民对长城历史文化、村史文化将产生更为深入、长久的认同，加深对长城历史文化的记忆，让长城文化历史更加深入人心，影响更为深远。

3. 发挥博物馆功能传承历史

乡村活态博物馆教育功能体现在对内、对外两个方面。对内，本地村民通过乡村博物馆了解"我是谁，我从哪里来"而得以增强文化自觉，获得文化认同，长城文化历史孕育着羊儿岭村的文化、民俗风貌，在历史文化的浸润下，本村村民在自我了解、自我认同，将长城文化历史传承、转化、应用，从而产生强烈的文化自豪感；对外，慕名前来羊儿岭村的观众、游客，通过博物馆的展览和教育活动，看展览、听故事、品美食，从"停下来"到"留下来"的过程中，细读长城历史，品味羊儿岭村文化，长城文化历史在这种自然的过程中得以传承，是乡村博物馆发挥了重要的引导作用。

二、多元文化交往交流交融的新驿站

长城跨越中国15个省、直辖市、自治区，长度为21196.18千米。历史上各个朝代向长城沿线的移民、战争等因素，在客观上都起到了民族融合的作用，长城，成为民族融合的纽带。在古代，匈奴、鲜卑、氐、羌、突厥、契丹、女真、蒙古等近20个少数民族，分别在不同的历史时期，与汉族等民族之间产生交流与融合，在历史上甘肃、山西、内蒙古、河北、宁夏等地人民在修筑长城期间，迁徙、移民，文化、习俗相互交融，逐渐形成了长城内外的鲜明文化特点，为中华民族共同体的形成做出贡献，长城沿线的乡村保存着中华民族共同体的基因和血脉。长城沿线村落的社会、经济、文化现象，则是鲜活的乡村文史博物馆，沿边城乡区位变迁和发展是人类学民族学视角下民族形成发展的"天然史书"。今天，生活在长城脚下的村民，依然沿着先祖的轨迹，守护着长城"家园"。羊儿岭村就是在这样的历史进程中，形成了自身的乡村文化。在乡村活态博物馆的实践中，秉承"铸牢中华民族共同体意识"的工作主线，开展的"促进长城内外各民族交往交流交融系列讲座""乡村有约——长城谣乡村音乐会""长城内外特色产品市集""非遗培训与体验""民族艺术赋能乡村振兴系列研讨会"等，为试图将羊儿岭村构建成为多元文化交流交往的新驿站打下基础。

  未来的羊儿岭村，在得天独厚的地理因素条件下，保护传承乡村文化的优势，在城市现代化进程中，将迸发出更多新的火花。总体来说，羊儿岭村在构建多元文化交流交往的新驿站中，具有三个明显优势：一是在历史的纵深中积淀丰厚的基础，丰富的文化遗产、多样的非遗项目和民俗文化，以长城特色民族交融特色为根基，为乡村活态博物馆功能拓展提供丰厚沃土；二是在地缘的宽度上辐射广泛的交融，羊儿岭村作为长城历史文化的核心点位，与周边村、县、市形成辐射，将城市与乡村、传统与现代相结合，以展览、展演为表现，积极营造长城沿线各民族共居共学、共事共乐的乡村条件；三是在时代的机遇中升华，新时代党的民族工作主线是铸牢中华民族共同体意识，在时代的机遇中，通过乡村活态博物馆，集合资源，发挥动能，以羊儿岭村为基地，将更多研究成果以展览、教育活动的方式呈现在乡村博物馆，调动村民及周边人群的积极性，通过特色乡村文化项目开发文化旅游资源，让多元文化在羊儿岭村得以汇聚、交流，回望历史、再现来路、推陈出新，形成合力，不断促进珍贵文化遗产保护、传承、发展、创新，打造和丰富"铸牢中华民族共同体意识实践"的功能和内容，将宣讲、展览、活动更为有机的结合，产生辐射效应，引领、带动多元文化展示与交流。

三、有"博物馆身份"的产品品牌

习近平总书记指出:"重视历史文化保护传承,保护好中华民族精神生生不息的根脉",基于这一基本遵循,羊儿岭乡村活态博物馆,致力于将长城沿线的城墙、关隘、村落等物质文化和非物质文化结合,展现丰富多彩的人文活动,展示特色产品以及特色乡村的历史文化,通过对在地文化与非物质文化遗产的研究和对长城文化的挖掘,推动长城内外的乡村交流,增进民族间的了解、理解和团结,发展乡村建设与旅游,培育孵化中国乡村文化创意产品品牌,提升产品品质和市场竞争力,搭建各民族交往、交流、交融、交易的平台,助力乡村产业兴旺、生态宜居、乡风文明、治理有效、生活富裕建设。

《关于推动文化产业赋能乡村振兴的意见》指出,产业兴旺是乡村振兴的重要基础,是解决农村一切问题的前提,并提出要促进乡村特色文化产业发展。文化产业赋能乡村振兴依托的是乡村文化资源,与乡村的文化传承、经济发展和生活方式紧密相关,属于乡村特色文化产业。乡村活态博物馆在乡村产业助推中发挥着重要作用,通过博物馆建设,打造乡村产业品牌,反哺文旅产业,提升乡村产业品牌效能,具有实践和现实意义。

博物馆既是载体,也是手段。通过"博物馆化"连接文化遗产和社会历史文化发展脉络,深刻诠释隐藏在"文化遗产""文化现象""文化资源"背后的深层故事,产生辐射效应,形成文化产品,辅以博物馆的展览、教育手段,"文化遗产""文化现象""文化资源"更具生命力,在社会经济发展背景下,其品牌作用进一步凸显,宣传价值进一步提升,这就是"博物馆化"的产品品牌在乡村博物馆中发挥的作用。在乡村振兴战略视野下,以乡村博物馆为载体的文化遗产保护与利用,是文化产业赋能乡村振兴、实施乡村旅游精品工程的重要举措,对发展乡村餐饮购物、文化体育、休闲旅游、培育乡村新产业新业态方面具有促进和提升作用。在全面保护羊儿岭村文物古迹、历史建筑、传统民居等传统建筑的基础上,尊重村民传统习俗，保留特色化生活方式，依靠专家、学者、社会组织、市场企业的资源和力量，创新文化产出模式、发展特色产业经济、创造特色文化产品，进一步发展乡村旅游和特色产业，形成一条独特的乡村博物馆发展业态，这是羊儿岭村建设乡村博物馆，深化文化遗产保护与利用，落实乡村振兴战略，促进社会和谐发展的必由之路。

羊儿岭村历史悠久、生态优美、物产丰富，自身具备很好的产业基础，在乡村博物馆建立之后，通过"博物馆化"进程，经过调研、发掘、梳理、研究，通过博物馆功能，利用好文化资源，讲好"羊儿岭"本土故事，打造了一批具有羊儿岭特色的乡村文化品牌。规划组织开展的"营城夜景1556""东坡花园""遇见山里红——山楂文化展""海棠依旧艺术节""营城好声音"等文化产品项目，秉承乡村从"美起来"到"富起来"的原则，以文化为手段，以博物馆为载体，以文化产品为抓手，融合现代科技技术，打造特色文化品牌，讲好"羊儿岭故事"，取得了较为明显的成效。

未来，乡村博物馆将继续发挥博物馆的力量，在挖掘和研究的基础上，为羊儿岭乡村文化发展提供更多的博物馆思路，将博物馆功能应用在各个文化项目品牌中，主要有以下思路和方向：

一是将文化产业与乡村旅游相结合，将博物馆展示、展演、休闲体验同羊儿岭村特色品牌相结合，如将葡萄酒酿造工艺、无公害农业、乡村特色餐饮等乡村生态产业同乡村博物馆文化专题活动结合起来，将乡村产业融入博物馆展示、体验中，让参与者体验通过在长城脚下喝茶、喝咖啡、读书、纺织、绣染体验非遗文化。

二是将艺术展示体验、博物馆文创开发等文化创意产业同羊儿岭村民族民俗文化相结合，发掘羊儿岭手工技艺特点，共同表达乡村博物馆的艺术审美，实现和满足"Z世代"文化消费新需求。

三是积极融合科技力量，打造羊儿岭乡村旅游新品牌。项目凭借数字化、沉浸式、社交互动式的创新体验，激活文物说话的新动力。打造差异化、小而精、小而美的演绎效果，让观者有更多的空间展示自己在长城脚下，体验修长城、护长城和怀来红色文化、非遗技艺等，参与性发挥。

四是助推羊儿岭村积极申报国家"文化产业赋能乡村振兴试点"。2023年1月，文化和旅游部、教育部、自然资源部、农业农村部、国家乡村振兴局联合印发《关于开展文化产业赋能乡村振兴试点的通知》，通知中指出，2022—2025年，遴选两批试点县（市、区），每批试点周期3年，两批全国文化产业赋能乡村振兴试点县（市、区）名额共计100个左右。未来，有关组织、专家、学者将积极推动试点项目申报工作。

四、宜居、宜业、和美的家园

乡村活态博物馆是贴近生活、走进基层、服务群众的有效途径，羊儿岭村乡村活态博物馆，发挥博物馆功能，共筑共同的"精神家园"有助于增强农民对本土文化的认同，对未来发展形成共识、形成合力，推动乡村振兴走深走实，让农村氛围更加和谐。

发挥博物馆功能，构建宜居、宜业、和美的家园，是羊儿岭乡村活态博物馆建设、发展的目标和愿景。未来，羊儿岭村乡村活态博物馆将积极搭建各级组织、政府之间沟通的桥梁，引入社会各界资源，引导创意设计、演出、音乐、美术、手工艺、数字文化、旅游等企业、资源、人才进入羊儿岭，鼓励社会各界积极参与，提升羊儿岭村传统产业附加值，带动羊儿岭村人文环境整体提升；创新挖掘活化羊儿岭村优秀传统文化资源，运用现代创意设计、科技手段和时尚元素提升羊儿岭村文化艺术水平，拓展视频、直播等方式展现羊儿岭村特色文化、民间技艺、乡土风貌、田园风光等方面的数字产品，塑造羊儿岭文化特色；做强博物馆特色文化产品，打造读书会、展演等特色文化品牌，举办音乐节、艺术节等特色活动，积极联动传统节庆、体育赛事活动，打造更加吸引人、带动人的博物馆文化活动；加强专家、组织、政府合作，提升乡村博物馆服务设施、服务效能，拓展博物馆文化消费项目，增强乡村文化体验。相信在乡村博物馆的助力和推动下，以雄厚的研究能力、创新的研究成果、趣味的文化活动、丰富的展陈教育手段等，深研乡村博物馆发展运营之路，不断提高羊儿岭的知名度，展示蓬勃向上的新农村气象，美丽的田园风光，丰富村民精神文化生活，创建更多博物馆文旅消费场景，赋能乡村文化品牌产业，推动乡村文旅融合发展，将长城文化传播得更为广泛，将羊儿岭的故事讲述得更加美好，助力建设更加宜居、宜业、和美的家园。

第三章　博物馆助力乡村振兴的理论探索

近年来，不少艺术家在乡村振兴的积极投入乡村振兴战略的实践，博物馆人也发挥着他们的专长，力求通过博物馆为乡村注入新的力量。有不同力量介入乡村振兴之中，其学术背景和学术理念有别，在乡村振兴中工作的形式和目的有所不同，因此会有相异的体验和不同的认识。为了提升项目的理论素养，课题组专门邀请中央民族大学民族艺术研究院及相关专家作为合作机构和学术团队，参与民族文化艺术赋能乡村振兴的活动，并努力对乡村建设中的理论架构进行探索。在此过程中，大家对于民族文化艺术赋能乡村振兴有了更多的认识和理解。特别是在羊儿岭村的故事汇，中央民族大学、北京国际设计周、上海复旦大学举办的研讨会，创造了有差异的参与者能够汇聚到一起共同来琢磨文化艺术赋能乡村振兴论题的平台，其成果对项目理论涵养的成形和完善起到了积极的作用。

乡村振兴强调的是乡村的内发型的发展。我们在一些著名传统村落考察，就会了解到不少传统村落在初建时就会按照中国传统理念，依就当地自然环境进行村落规划。这样的村落就有了自己的独特性。现代村落往往按照一个较大行政区域统一的建设规划去建设，甚至出现更大范围的设计雷同现象，千镇万村一个模样，传统建筑留存越来越少，传统村落建设中与宇宙观紧密关联的建筑理念、营造技艺、操作规程、技术要领等都面临着快速丧失的濒危境地。生活在乡村的人们建立在地化村落认同就失去了村落景观的依托。

在乡村振兴中，也应当更多地关注少数民族聚居和多民族杂居地区的乡村发展，还有那些从少数民族聚居地区到其他地方农村务工的少数民农民的生计维系与当地乡村文化共同体的相互学习与和谐相处，乃至深度体验的乡村文化，进而进一步融入当地乡村，成为文化交往、交流、交融的生动实践。

因此，我们期待通过积极宣传倡导和成功案例的带动，在文化自信和文化自觉的基础上，在中国大地上能够出现更多让每个村民都自豪眷恋、让每个参观者都流连忘返的村落。在乡村振兴中怎样很好地发掘和整理每一个乡村过去曾经拥有的和现在依然存在的地方历史文化资源，使独特的在地化资源成为乡村生存和发展的财富，成为人们建立文化认同所依托的精神力量。能够把每一个乡村有差异性地呈现出来是非常重要的，包括乡村的人们从小习得的并且被村民们共同享有的概念系统、意义体系和情绪情感表达模式，也就是他们的文化观念和象征系统。文化的存在正是乡村的人们幸福感、满足感、村落感、地方感得以产生和延续的根本，也是乡村振兴是否能够达到关心乡村振兴的人们、特别是身在乡村的村民们更高期待的基础。这样，中华民族共有精神家园才有更扎实的现实基础，各地方、各民族民众会更自觉地投入铸牢中华民族共同体意识的共同行动之中。

第一节　聆听乡村之美，重塑乡村价值 —— 艺术乡村学术沙龙

主题：艺术乡村的价值
时间：2021年9月24日
地点：羊儿岭故事汇
主持：王建民

韦荣慧
乡村的美和乡村价值是中华文化生生不息的根脉。研究长城内外各民

族交融的历史演变与发展趋势，探索在基层乡村铸牢中华民族共同体意识建设的途径，探索新时代长城内外的各民族交流交往交融新模式，探索博物馆助力长城脚下古村落的乡村振兴，向世界展示长城边塞多民族融合共生、交流共长的长城纽带形象是博专委课题组即长城内外村落观访记的目标。

铸牢中华民族共同体意识，就是要引导各族人民牢固树立休戚与共、荣辱与共、生死与共、命运与共的共同体理念。铸牢中华民族共同体意识，不仅仅是学术研讨，而应化为全党全国各族人民的自觉行动，更应切实落实到乡村基层。作为世界文化遗产的万里长城，在世界语境中是代表中华民族精神和中国的重要标志和象征。大力弘扬长城文化，是铸牢中华民族共同体意识的一个重要抓手。长城沿线的乡村千百年来浸润着长城文化，各民族在长期的经济文化交往交流中形成了显著的特点，如何根据这些经济文化特点实现乡村振兴，是大家共同面临的新课题。

课题组专家团队对北京、山西、天津、辽宁、河北部分长城周边传统村落进行集中调研，广泛开展了面上调查，包括现状评价、资源评估和当地村民的意愿分析等，手段包括人类学观察、访谈、记录和模型分析。之后，课题组选择以河北省怀来县东花园镇羊儿岭村为重点开展试点调研和实践工作。引导村两委带领村民一起自己创立了今天大家开会的"羊儿岭故事汇"。努力让"故事汇"有博物馆的功能，有人类学的学术气质，有艺术的表达。村民可以在这里讲自己的故事，在这里听中华民族的故事、长城的故事、怀来的故事，村民可以不用走出村门就看到展览。课题组还策划了"乡村有约"系列活动，包括长城内外乡村市集、长城谣乡村音乐会等。我们希望这是一个乡村博物馆的探索，也希望是博物馆+艺术+的一种新的文旅产业融合的模式。

王建民

乡村振兴是一件大事，中国学者自20世纪30年代起就进行了不懈的探索。我曾经在一篇论文中谈到，乡村振兴必须要强调多样性、主体性和文化性。乡村文化建设就必须使乡村民众能够在乡村社会的组织形态中，加强文化自信，实现文化自觉，提升自身在乡村文化建设中的参与程度，从而能够真正成为社群、区域和国家可持续发展的主要推动力之一。乡村民众对于乡村自身文化的自信是人类乡村社会发展基本、深层、持久的力量，文化自觉是在文化自信基础上对于文化的认知和理解。乡村文化建设中很多人力求寻找、发现、重建的乡村自身的文化根脉正是建立文化自信和文化自觉的基础和依据。

我们欣喜地看到，越来越多的艺术家和社会团体介入乡村振兴之中，努力地想要为乡村振兴添一把柴、出一份力。在介入乡村发展过程中，艺术家面对着乡村自身的艺术家和城里人可能有些差异的艺术，又有不同门类、不同领域的艺术家以各自的方式来参与。艺术家怎样在参与中激发当地村民的积极性和主动性，让村民真正成为乡村振兴的主体，让村民成为乡村文化建设的主力军，使得乡村的文化资源可以得到更好的整理、展示和分享；政府也在积极地介入这件事情之中，怎样在政策上为广大村民自身的乡村振兴行动提供保障和服务，为艺术家、社会团体、城市居民、学术家等各方面力量以不同形式参加到这样一件伟大事业，在李人庆研究员刚才提到的制度设计层面真正从村民们的利益出发、从乡村的长久发展出发，做细做好。比如说宅基地的产权和使用权、原产权人的收益等，都需要非常仔细地谋划，并落实到制度性安排之中。这样的乡村振兴才能够真正落到实处。

王宏

我们其实跟怀来有很多的相同点，相同点就是我们也是花园村，只不过我们是西花园，你们是东花园。还有就是你们离北京近。另一个相同点是，我们都坐落在长城脚下。我们花园屯镇是大同市离市区最近直线距离只有6公里，全镇面积是252平方公里，它最大的优势和竞争力就是文旅资源多，有长城、采凉山、方山、万泉河，有山有水，也有历史。所以就一直想打造郊游的园，大家都看到云冈石窟，华严寺，悬空寺，这些都是历史。乡村振兴这个大的国家宏伟蓝图出来以后，把我们的文旅优势、近郊优势挖掘出来。千年花乡是有历史的，也有自然的，也有人文的，我们叫花园屯，其实是北魏的御花园。大家都知道平城（今大同）是北魏的都城，定都于此97年之久，其中我们那儿就是当时皇家狩猎的地方，最知名的就是方山永固陵，北魏明后冯太后的墓就在我们那儿，当时是皇家贵族去打猎游玩的地方，所以就叫御花园，由此得名花园屯。距今已经有1600多年的历史，在一次讨论会上，韦荣慧老师提出花园屯的推广品牌建议叫"千年花乡"，我们采纳并已经注册了。项目包括素心谷生态康养，就是在我们红石崖景区，是投资30亿的农文旅康养综合项目。

国家提出的长城文化公园这个战略以后，我们开始打造长城驿站，现在最成熟的有三个驿站。就是我们镇川古堡国际艺术区，是一个军事古堡，据历史记载当时住的是二品武官，相当于咱们国防部副部长，它是两方打仗必经之处，所以叫镇川。我们想通过镇川把长城所有的资源都结合起来，汇聚到一起来挖掘长城元素。所以说咱们和东花园镇，羊儿岭村很相似。

今天来了，我有点体会。我们都在寻求机会，能不能拿小钱办大事儿，其实就是怎样留得住乡愁。怎么能够唤醒人们思想上的变化，观念理念上的变化。今天羊儿岭村的活动，特别是韦荣慧老师他们博专委举办的这个活动，我觉得是花小钱办大事的作风，很值得我们回去学习，我们也达到了此次来取经的目的。

王晓媛

"乡村有约·羊儿岭乡村文化体验"，这个活动是以长城内外文化交流交融为专题。我就在琢磨，在长城脚下的各个村庄里和乡村路口，如何把长城文化跟乡村的振兴发展有机的契合起来，带动村民致富。这是我们通过各种活动最终想要达到的一个目的。我在想，在大同市的长城总长是345公里，在我们新荣区总共有109.66公里，它涉及了五个县区，在新荣区里面这个长城里占的最多，占了将近三分之一的领域了。现在山西省大同市是打造了文旅三大板块，长城、太行、黄河，就是在长城上来以后，把整个山西省的涉及长城的各个县区修了一条长城一号公路。依托长城路，带动长城路边的一个个乡村振兴和发展，通过长城文化如果有机地把这个乡村共建做起来，各个村庄不同的文化设计一个个不同的驿站。

长城文化如何与乡村振兴契合起来，我觉得有五方面：

第一方面，长城文化要保护和传承。这边的长城我看了一下，跟兴隆的长城比较接近，都是夯土长城。不知道过去包砖了没有，我估计是包砖以后，经过多年后有的剥落，有的搬到村民家里头，就垒墙、垒房了，可能也有这种情况，因为我看那个门洞不是修了吗，修过以后就是包砖了。所以说这个传承保护，是永远要牢牢抓在手上的，包括这边的这个土长城，因为这风吹雨淋了以后，有的慢慢就剥落了，这块其实要保护的，我们还是要做好看护的工作。

第二方面，通过认识韦馆长专家以后，我们就着手做一个加强研究跟挖掘的工作，就是通过研究挖掘提升长城文化价值的丰富内涵。早晨韦馆长领着我们转了一圈，这个地方有燕墩，还有明长城，通过这个就把长城外串起来了。如果我们没有这些专家过来挖掘历史，村民世世代代住这儿，已经有五百多年的历史了，村民也不知道这段历史，大家都没感觉也没有什么触动。通过这个挖掘和老师们的总结，各种活动在这儿举办，让当地的老百姓对这块地方更加热爱，让村民们知道有这么多资源以后可以更有信心去打造。

第三方面，还是要依托长城文化进行建设利用。我们看到营城现在有三个院子，通过特殊团队的介入以后，将这个过去荒凉的院落打造出来以后，可以引领带动当地的村民。游客过来以后直接住，你说住一晚上不多200块钱，吃一顿农家饭100块钱，就是来自两拨客人有收益的情况下，会带动当地的老百姓对他的房屋也进行改造。通过旅游带动当地村民的经济，带动了村民的收益增加。

第四方面，就是要加强创新、创造，加强长城文化的与时共进。创新是永远不败的，有些东西比如长城精神大家都知道，但是在这个羊儿岭村我们要通过什么样的创新的东西来提升长城文化？需要大家集思广益，创新创造需要艺术家或者是不同专家挖掘这些东西。

第五方面，就是需要不断的宣传。抖音这些东西马上就能够传播出去，也许就是抖音一发，有多少人以后坐在家里头刷刷刷，就知道咱们做的这个，马上就知道羊儿岭村了，知道村里头有明长城，还有什么有趣的细节，等等。我昨天晚上就跟村民问了村里头有什么好吃的，这个地方当地的特产是什么？我就搜了一下有八棱海棠果和葡萄，当时是给皇家的贡品。所以说通过各种活动，通过大量的宣传、传播以后，各种自媒体传播以后，会把我们周边的农副产品及文化更为广泛的传播出去。特别是对带动村民的致富，我觉得是最有意义的。包括上午我看到在座的各位专家、领导们都已经买了很多东西了，买酒的、买围巾的。没有这个活动的介入，大家对这儿的产品不知道。如果我们持续通过各种活动，或者一个月，或者半年持续的举办这些活动，并且不断地宣传，很有可能这个村的农副产品、特色东西大家都慢慢知道了，以后会不断过来。

曹兵武

看到博专委的社科课题经过调查研究之后，能够把文博界、艺术界、展览界、包括地方政府，以及咱们村里整合拧成一股绳，做出今天这么一个效果，很感动，很敬佩。

长城文化带提升为长城国家文化公园，国家是要真抓实干了。现在黄河也已列入建设目标，估计下边还有长江国家文化公园。这几个文化带和国家文化公园的建设，文化功能非常突出，它们都是我们国家遗产最核心的部分。黄河作为我们华夏民族和文明的摇篮，这个地位是全世界公认的。世界上有几大文明古国，只有我们这个文明是连续发展下来的。长城作为很大的一个文化符号IP，它的意义在什么地方呢？其实是需要深入挖掘的。大运河的重要性曾经有人说过，西方文明是环地中海型文明，而中华文明没有自己的地中海，却自己给自己修了一条大运河，像地中海一样，把我们中华文明范围内最重要的河都连起来了，尤其全国从经济产业上经由大运河的贯通变成了一盘棋。我有一次去桂林，看到桂林的明靖江王墓出土了很多青花梅瓶，梅瓶在瓷器中是非常重要的国宝级文物，数量不多，曾经有公司拍卖一个鬼谷子下山的青花梅瓶，创下当时价格最高的文物成交记录。而靖江王家族墓地就出土了几百件完整的梅瓶，这让当时业界很震惊。实际上如果你了解我们的大运河和那个水陆运输的状况就明白了，梅瓶是从景德镇烧造完以后，通过鄱阳湖进到长江，长江通过沟通长江和珠江灵渠运到桂林。瓷器很不好运的，很容易碎，没有船运是不可能的。我们这个运河体系就这么厉害，把中华文化的整个农业整合起来了。

中华文化能连绵不断流传下来，不像西方很多古文明彻底地灭亡了，就是因为我们通过长城，通过大运河把农耕和游牧这两种生业经济与文化很好地整合，才避免了所有工业革命以前的农业和牧业冲突过程中的文明消亡，古埃及、两河、印度河文明都没能逃脱这样的命运，在一次次冲突中倒下了，只有中国把这个冲突最后消解融合了。

所以说我们的长城对于中华民族是非常重要的，而且它的文化意义是变化的。修的时候它第一个功能是军事功能，但是修起来以后，实际上因战事减少，它的功能就并不完全是军事的了，管理功能、文化分界、认同功能渐渐突出了。长城大致上是修在农牧分界地带，也是一个环境脆弱地带、多民族交汇地带，今天长城已经成为一个各民族经过冲突、交流融合而形成中华民族大家庭的象征了，成为一个文化景观和文化符号。所以也有专家说，长城是一个和平的IP。因为今天长城的作用就是要我们牢记过去、珍惜和平。

所以我们应该充分认识我们到底是在面对什么样的问题，要做什么。

大家一说到长城，大部分人认为这是一道墙、一条线，一万多里长，但是实际上长城却是一个非常复杂的防御和服务管理系统，这一道墙在很多地方就不仅仅一道而是有好几道线。大家都说长城东起山海关老龙头，西到嘉峪关。其实这个不完全对，为什么呢？长城明代的长城确实从老龙头过来到八达岭，继续往西到嘉峪关，但是明代还有辽东长城，辽东长城从鸭绿江过来，在河北唐山一带与老龙头过来的长城交汇，辽宁南部就包在两道长城之间。山西大同也有好几道并行，构成多重防御。在嘉峪关之外，直到新疆都有汉代的长城，守护丝绸之路的河西走廊。汉民族修，少数民族也修，金代就有自己的长城，一部分不是墙而是壕，叫金界壕。除了长城，还有大量沿线的寨堡、营城、道路、砖窑、采石场等配套设施。

现在该具体说说羊儿岭及其长城的优势和今后怎么办的问题。我想，其一，长城已经变成城中区的要素了，我们坐在这儿就能看到长城及其相关的古村落，周围长城和大型城市社区离得这么近。如果对长城的认识不够，看不到长城的文化意义，它就仅仅是墙，如何保护如何活化它，就无可遵循。其二，长城在这一带是从八达岭过来的那道墙与墙外边的防御系统的一个结合点，羊儿岭的营城，现在还大致上保存完好。因此，完全可以依托这个营城，结合周边现代社区需求，搞成一个长城文化驿站。其三，地方政府尤其是羊儿岭村应该调整发展规划，研究如何结合保护利用长城相关资源发展自身的经济与文化，结合孔雀城进行长城文化社区建设。其四，将这些想法纳入地方长远发展规划与国家长城文化带和文化公园建设之中。其五，加强村民的培训，使他们认识到长城及其相关遗迹、景观是可持续发展的资源，同时提升他们在新形势、新需求下自我发展的能力。

刘军萍

推进乡村建设，博物馆、人类学民族学、艺术的介入有巨大作用，带给乡村巨大的变化。

乡村有三大独有的功能，是我们城市所不具备的。第一个功能是保障粮食和重要农产品的生产供给功能。羊儿岭这里开了一个长城内外的乡村市集，就是给像我们一样的城市消费者一个很好的基本供给，保障农产品的供应，这是我们乡村特有的一大功能，"民以食为天"，所有人都离不开"吃"，这也是乡村对人类学最大的一个贡献。第二个功能是提供生态屏障和生态产品。我们的生态环境资源是人类赖以生存的源泉，习总书记讲"绿水青山就是金山银山"，"绿水青山"多数都在乡村，而不在城市，乡村拥有这么好的生态环境，乡村就承担了为国家、为城市当然也为了自己生存提供良好生态环境及其生态产品的功能，所以乡村就扛起了保护生态环境、维护生态安全的主体责任。第三个功能是乡村具有传承中华民族文化的重要功能。我们中华民族五千年的文化，基本上都源自农耕文化，乡村是我们伟大国家、中华民族特有优秀传统文化的承载地。我们乡村特色的文化能否传承下去，对于中华文明的传播与传承影响巨大。这个功能,也是城市所不可比拟的。

基于这三个乡村的特有功能,我觉得博专委团队所做的"长城内外村落田野观·访·记"项目是以人类学民族学的视角和艺术化的手段去发掘、呈现、讲述、感悟、传承和活化关于中华民族和万里长城的集体记忆。不仅能够传播长城文化、传唱长城谣,在这个过程中去聆听长城脚下乡村几千年的故事、去发现乡村之美,更能去重新挖掘和塑造乡村的价值,挖掘和培育"国家长城集体记忆",筹建活态博物馆,这是一个伟大的、"润物细无声"的、长期的工作,所以我觉得功在当代、利在千秋,是一个特别有意义的事业。博专委团队的足迹已经走了京津晋冀四个省长城沿线的村落,我所在的北京,一些村落也已经受惠于这个项目,我相信羊儿岭村也会因为这个项目的入驻,而引发整体村民的意识提升,引发社会的关注,让有关长城的集体记忆传承下去。

在"羊儿岭故事汇"这个院子里,除了展示和讲述羊儿岭村历史的老人外,给我留下最深印象的就是那个背景墙,做得非常有文化底蕴、有历史内涵,一下子唤醒了我们关于中华民族的集体记忆、关于长城的集体记忆和关于怀来和羊儿岭的集体记忆,由古及今、由远及近、由大及小,这不是一个很好的爱国爱家乡教育场所吗?希望大家认真品味与思索。

我刚才在乡村市集上购买了羊儿岭村民学习制作的一条扎染围巾,这是博专委对白族的扎染文化和当地村民的增收致富做的一个很好的嫁接,把苗族的传统蜡染技术引进到这个村里面,让农民学到一些技能,他们就靠自己的双手可以勤劳致富,农民富裕了就能保护好这个环境,保护好长城,就有了心思去传承乡村的文化。近些年,我所在的北京市农村经济研究中心联合北京观光休闲农业行业协会的一些仁人志士,提出了"艺术乡村"的概念,也在积极付诸实践中。在北京顺义、怀柔和山西阳高、灵丘业已有了一些成功的案例,非常欢迎大家前往考察指导。

陈 刚

从这张图我们可以看到长城从山海关一直到嘉峪关,其实都是一段一段相连的,连起来就是万里长城,每一段都有自己不同的记忆。刚才村里老大爷随便讲了一下他童年的时候在这个城墙上，在抗日战争、解放战争时期，他自己经历的一些的故事，既然我们是故事汇，我们就应该把这些碎片的东西给整理出来，文化的记忆就是碎片的整理。还有一个我是从村里这段长城城墙想到的，我们可以通过展厅来展示，还可以通过现在的一些技术手段如线上展览、云展览等来展示。

我为什么有这么一个想法呢？是因为我们毕业作品展都是在学院美术馆现场展览，去年因为"新冠"疫情毕业生不能回来，我们给学生搞了一个线上毕业创作展，过去展览一个多月顶多也就学校周边的万八千的师生来参观，可是线上的展览全国130多万观众来看，这个影响就很大了，是我们没有预想到的。我想把这种线上展、云展览模式用于怀来的也好，羊儿岭村也好，总之一定要介入现代的技术的手段，就是智能的云上的。宣传很重要，刚才我跟山西大同的王区长也谈到，一定要把文化传播做好。我们现在做了很多细致的文化下乡工作，可能通过现代技术手段点一点手机，点一点ipad，点一点电脑就传播出去了，别人就知道，这些事情要通过传播的力量，这个能量还是很大的。

我们团队里有老师是搞影像的，有搞油画创作的，还有搞民间美术研究。我们先来看一下，学习完了以后，我们希望能够得到更多启发。因为高校的这种文化建设是活态的，我们确实需要去更多的地方走向基层。能够与我们的创作结合的话，能够把它应用到活态文化上，这个砖墙长城，或者组织云上活动，或者组织长城的设计大赛。比如说羊儿岭村，还有这个镇里头可以提供自行车是吧？生态的、环保的、体育锻炼、旅游等很多方面都可以进行。我觉得现在要考虑疏解北京的城市功能，很多北京市民也到周边不远的地方活动，你看这个复兴号已经到咱们镇了，距羊儿岭村很近。大家现在很重视身体锻炼，通过体育锻炼来到这儿，了解这儿，其实就是通过文化来了解更多的内容。

再一个，我们既有线下的市集，也可以通过搭建一个线上平台，在淘宝上、在拼多多上把葡萄、美酒、各种农产品推广到全国各地。让大家了解文化上的羊儿岭村，物质上的、乡村的羊儿岭村。

徐人杰

我从2003年就开始进入农业行业和乡村领域，分享一下我的心得与认知。

我先以长城为例。长城是中华民族的象征，它早已成为中华民族的一个独特符号，就像我们展板里描绘的，从形状看，它像一条巨龙，其实它背后象征的是中国的万里山河。另外长城曾是游牧民族与农耕民族。分界，同时也是彼此交流的文化窗口，大家得以相互探望，最终长城分界成为彼此融合的纽带。从狼烟烽火到民族融合，它见证中华民族发展变迁的历程。还有长城曾经作为抗战的前线，有这样的一段历史背景，长城新增出中华民族保家卫国的象征意义。今天要建设长城国家文化公园，这又是新时代铸牢中华民族共同体意识和乡村振兴背景下，长城文化价值的新诉求。

长城除了具有历史记忆和民族象征的意义，它还有独特的审美价值，是一种人类文明交流的国际语言——这就是"艺术乡村"关于长城的视角和价值判断。很多人忽略了长城是有审美价值的，看不到它作为文化语言的功能。长城沿边的村民由于长期生活在长城脚下，很多人对长城已熟视无睹，他们有的甚至可能还会把长城砖用来建猪圈、做灶台、筑墙建房，这是物质条件匮乏的情况下发生的客观现象。但外来的人，无论是游客还是艺术家，大都会产生震撼的感受，"不到长城非好汉！"就是一种典型的艺术感受，这就是长城的审美价值所在。因此，我们做"艺术乡村"也好，我们做"乡村活态博物馆"也好，都是用艺术的视角、用艺术的方式，用艺术的价值观去介入对长城的再认识和价值重塑，它是高效的，同时又是低成本、低风险的，我们更多努力是需要观念的改变和审美的育化。

你看我们用这种方式改造这个院子，只是设计观念植入一些变化，功能上进行一些优化整合，非常简朴地呈现展览，硬件投入很注意成本控制。但展览涉及长城及沿线村落文化认知的理念、方法、经验案例等人类学和美学内容架构，则投入了大量的时间、精力和智慧，反复论证、高标准要求。这个成果我相信会成为长城乡村"故事汇"的经典案例。

下一个案例在哪？有地方政府愿意用资源和我们这种理念对接，有一定的配套资金，那我们植入"故事汇"理念作为引擎，可以创新出一种类博物馆模式——乡村活态博物馆，相信这一定会成为乡村振兴的新爆点。

对于乡村振兴其实很多地方政府还没有新思路，比如说面对长城的时候，大家都知道历史，都清楚这是明代历史，那是汉代历史，但这些文物是历史的遗存，是死的，需要借力新时代的需求去激活它。需求是可变的、情感是可变的，叙事的语言是可变的，艺术作为一种语言，自然也是求变的。"艺术乡村"实际上就是带着一种变和不变的辩证理念，去看待我们的一切。艺术的价值是变废为宝、强调活化。需要我们用一种创新的观念和一种不固化的观念，去看待现实的人情。日本乡村大地艺术更多的是把艺术家个体的表现放在了乡村里，没有和当地的文化和产业进行融合。用艺术的观念介入观察、融合是低成本的、低风险的，一种产业方式，只是观念的改变就能产生新的价值，这是功能的整合。这是艺术乡村一种重要的方式和手段。

李人庆

我觉得韦馆长他们博专委做的这个基础性研究很好，已经做了大量的基础工作。我强调几点：第一是参与性，我没想到咱们群众的参与度那么高；第二是这个文化的梳理，做了一些基础的梳理性工作，给我们呈现出来一个基本的面貌；第三就是我们通过这个活动看到政府大力支持，对这个事儿的高度重视。这是我比较深的三点感触。

我想再谈一谈关于乡村和城市的问题。你要只谈乡村不谈城市，那是比较偏颇的，因为它们是相依的。怀来这个词儿，我觉得跟北京城紧密的相关联，从我们古老的清水湾，原来这个老舍的话剧，实际上怀来原来基本上是北京的福地，或者说很多人都到北京来，历史传统这种脉络实际上是很紧密的。这个乡村不同于一般乡村，它是紧邻首都的都市型乡村，我们要给它一个精准的定位。

孔雀城开了盘，实际上现在羊儿岭这个乡村是一个城市化嵌入乡村内的了。我们谈乡村都是一个太大的概念，你要具体到这个点上，它具有什么样的发展机会，目前怀来这片的商业地产开发，所形成的人群、产业、景观和城乡关系已经完全不同于传统乡村了。我刚才一下来，这个怀来是高铁出北京的第一站，最近的一站。所以来讲，实际上现在很多北京人驻扎在这儿，这些东西已经城市化了，那么庞大的建筑群和人口扎在这块地上，它不是纯粹乡村，这个地都是国有土地了，已经70年产权了，所以它的改变，反映现在这个地域的城乡关系的互动发生了深刻而巨大的变化。这里面就提出一个未来乡村能够提供什么的问题，我下火车出来之后就跟司机聊了一下，这块就是没有文化，尽管这么多楼，这么多人都住这了，没什么可消费的，没什么可以看的。城乡互动到这个深度了，城乡互动虽然在地理空间上高度融合了，但是在产业上还是缺乏应有的深度融合互动，缺乏自身的乡村的价值，人家到这来干什么？到这来肯定不愿意像北京城那个喧嚣，那种紧张的那种心情，希望这个东花园就是北京的后花园，这么来定位这个IP就很好了。你得有乡村的味道，那文化是什么？文化实际上就是一种生活方式。城乡的融合，城挨着城乡挨着乡，这资源到你边上，你吃不到，你怎么振兴？所以我觉得首先要扩大，我们现在很多东西说得有些大，而大就是没有准确的把握每个地方的地域性和城乡关系和乡村价值。

欧洲旅游是一种生活方式。他这种主导产业，还是他的环境。他们的环境会给您提供一个可以休闲、可以体验的场所。我们从规划建设和发展理念来讲，城乡这么混合以后，我们怎么保护这个乡村的味道，怎么体现乡村文化价值，提供给这些已经城市化和半城市化地域的人一个需求出口，真正保护和活化活态有益地方产业与文化，这是一个挺重要的问题，尤其对于怀来地区来讲，更是如此。

怀来对于我们传统的印象来讲，是邻居，怀来产葡萄。长城这个IP我觉得是很普遍。我们有一个非正式团体，我们同学他们天天爬长城，这个团体从北京城内爬到山西，爬到内蒙古，很丰富，他们的资料特别棒。所以来讲长城不单是中国人的IP，还是世界IP。我那天去外国朋友那，他说想去爬爬不是八达岭的长城，那上面全是人，想下次来爬爬那种野长城。我下回来北京,你带我去爬爬野长城,这个味道完全不一样。有外国人全走过长城,还有一帮长城爱好者,他来爱护和保护长城,宣传长城,很多旅游者还希望加入这个长城保护队伍。我知道还有很多的艺术家在长城脚下开民宿,这种文化活动实际上需要搭一个平台,我觉得这是一个刚开始,这个社会的参与度产生了广泛的影响,它产生的作用,实际上远远没有被发掘出来。怀来从政府来讲,是有这个意愿,也有这个能力,我觉得可以及时的占领这个制高点,这个可以作为一个IP来深度发掘。这个确实涉及我们怎么来讲好这个中国故事,怎么来保护长城和人民的这种互动关系,这个可以深度挖掘。

博物馆我们常从一个传统印象来讲,它就是做展览,它不是一个活态。生态博物馆则是一个活态的文化生活方式展示的人文博物馆。我们知道70年代、80年代欧洲生态博物馆,他们的生态博物馆不是我们的自然生态,而是反映了一个地区的社会文化生态,反映当前和以前的人们生活的样式是什么。比如说法国原来的生态博物馆,20年前我去瑞典,他们把原来不同年代的房子,都变成现在小孩儿能玩的,什么吹瓶子、各种传统产业的东西都有体现。跟原来长城文化、这个手作的文化、手工打铁、打马掌,但是很多这些东西他都不会有人信。所以需要建设相应的活态的、具有可互动性的,这些相应文化内容。需要去恢复建设、需要挖掘,去产生这种互动的效果。我觉得这个相对来讲,就是老百姓的这种参与。就像刚才老村民所讲,他们有很深的社会记忆,这个记忆构成了我们对历史、当代和未来的一个无形资源,实际上这个东西是更需要这种梳理。这方面也反映了我们下一步的文化发展,需更深入的挖掘,而不是表层的、物质的展示。传统乡村需要文化的输入,也需要人的输入,乡村需要更多样性的要素来激活它。

我们希望到这儿来,能够体验不同的心境、文化、历史,它有很丰富的内涵,作为历史和当代及未来的联系。振兴本身也不仅仅是经济振兴,更是文化的振兴和人的发展,而这所有一切都要建立在城乡产业互动可持续发展基础之上,需要重新认识新型城乡关系在怀来乡村振兴中的独特地位和价值。

李鼎元

我县境内保存有两道长城，一道为连墩列戍长城，该长城西起我县官厅水库拦河坝，向东沿山脉起伏，经大古城南、大山口、东湾、羊儿岭入北京市延庆区营城子，总长度约23公里。另一道为砖石长城，该长城从北京延庆区进入我县陈家堡村开始至坊安峪村、坊口村（踞虎关）、横岭村、大营盘村、庙港村（样边）、水头村结束，总长度近70公里。长城各类防御设施与场所分别承载了守边、屯田、瞭望、传信、驿站、贸易等不同功能，在怀来县境内可体现为以"驿传系统"为重点而产生的鸡鸣驿。鸡鸣驿也是长城很重要的组成部分，是民族团结、交流的典范，也是北方游牧民族和农耕文化交融碰撞的一个特殊符号，在乡村振兴这一块有很大的发展潜力。

冯占武

正好我带着我们全县17个乡镇党委书记，还有我们一些科局的局长来咱们羊儿岭村学习交流，我代表县里对大家表示欢迎，也表示感谢。聚到羊儿岭这么一个美丽的小村庄，各位专家教授在讲我们的故事，非常不错，谢谢大家。

李传涛

我们一定听取各位老师意见发展好，给老百姓实实在在办点好事儿。谢谢各位老师。

第二节　民族艺术赋能乡村振兴研讨会

主题：民族艺术赋能乡村振兴
时间：2021年10月11日
地点：中央民大学文华楼1304民族学与社会学学院会议室
主持人：王建民

我们前段时间围绕"乡村振兴"这个主题进行了社会调查和实践，在此基础上，今天在这个会议上就乡村振兴方面的思考和理论做一个研讨。

李晋有

今天来了各个领域的专家来讨论民族艺术如何赋能乡村振兴。过去有句话"要想富先修路"。路修好了，农民要想富起来了，该向哪里发展？怎么发展？我说需要有文化的支撑。没有文化，进一步发展很难，只有用文化、用艺术来扶持群众的头脑，使他们解放思想。

最近热播的建党100周年电视剧《觉醒年代》，就是靠一种唤醒群众的办法来投入革命，深入发展，使我们党能够实现百年繁荣，靠的就是一种文化、艺术。农村要想发展也需要文化。

在怀来羊儿岭村搞的乡村调查，是关于长城内外的调查，长城作为中国文化的代表，长城沿线实际上就是草原文化与农耕文化的结合部，这种文化有其独特的地方。我希望通过座谈能够使大家敞开思想，知无不言，言无不尽，使我们的民族艺术在乡村振兴过程中能够得到更深入的发展。

张俊豪

今年8月份召开了中央民族工作会议，为新时代党的民族工作定向，这次主要包括了3个方面的主要内容，12个必须，这是新时代党关于加强和改进民族工作的重要思想，是党的民族工作理论和实践的智慧结晶，是新时代党的民族工作的根本遵循，全党必须完整、准确、全面把握和贯彻。习总书记在讲话中强调了一个民族工作重要原则，就是增进共同性、尊重和包容差异性。

乡村振兴战略是党的十九大提出的一项重大战略任务，也可以说乡村振兴战略，是继脱贫攻坚战略顺利完成以后，我们国家现代化建设迎来的又一次重大机遇和重要的战略任务。因此，助力推进民族地区乡村振兴是我们民族工作者义不容辞的责任，体现了我们把调研服务融入党和国家大局的担当，要把论文写在中华大地上，要把学问做在人民群众当中。

乡村兼具生产、生活、生态、文化等多种功能，实施乡村振兴战略是传承中华优秀传统文化重要而有效的途径。乡村振兴必须坚持物质文明和精神文明一起抓，文化振兴是民族地区乡村振兴的重要基石，民族艺术是民族文化的重要内容。优秀的民族文化是中华文化的重要组成部分，推动民族文化创造性转化、创新性发展是民族地区乡村振兴的重要抓手。因此说民族艺术赋能乡村振兴大有可为，大有作为。

在这个过程当中，我个人认为要把握以下三方面。一是民族艺术赋能乡村振兴要突出主线。就是要正确把握好中华文化和各民族文化关系，凸显中华文化符号和中华民族形象标识，唤起各族群众对中华文化、中华民族的认同，对优秀民族文化的认同，增强文化自信和文化认同。这个过程当中要切实避免强调狭隘的单一民族文化特性。二是民族艺术赋能乡村振兴要注重内涵。广大民族地区的古镇、村落、古迹、古民居，包括一些文物，这些实际上都是我们乡愁的载体，所以要保护利用这些乡村的文物古迹，以及传统村落、民族村寨、传统建筑等乡村的遗产。支持优秀戏曲艺术、少数民族民间文化的传承发展，要体现乡村文化特色，实现城乡文化互补。三是民族艺术赋能乡村振兴要形式多样。这需要深入挖掘乡村的文化资源，让古建筑、古村落、古迹文物，包括少数民族古迹火起来，焕发新意。振兴传统的手工艺等非遗的乡土文化，发展文化创意产业要加强公共文化建设，建设乡村博物馆、艺术馆、图书馆以及创造反映乡村振兴的优秀文艺作品。所以我觉得乡村振兴通过多种形式的艺术打造、艺术赋能，会吸引越来越多的人去游览、去体验。

总之，要通过民族艺术赋能乡村振兴，促进乡村人才振兴、产业振兴、文化振兴，这方面中国人类学民族学研究会博物馆文化专委会、中央民族大学艺术研究院已经在河北怀来、贵州、北京等地方开展了有益的探索，值得肯定。我也非常衷心地期待有更多的艺术赋能乡村振兴的成果不断涌现。

韦荣慧

本课题的缘起首先基于贯彻落实习近平总书记关于铸牢中华民族共同体意识建设的重大理论，基于对新时代民族关系的理解，基于国家长城文化公园的建设。课题关注长城脚下的博物馆发展、长城周边村里的国际文化交流现象、高端民宿给村民带来的一些效益，唤醒村民更多的集体记忆，激发情感共鸣，找到文化认同的路径，增强民族凝聚力，让民族艺术的交流生生不息。

王艳霞

调到文联工作，5年来跟乡村接触了很多，最大的体会就是农村日常文化相对贫乏。其实，老百姓真的特别渴望高雅的艺术，艺术如果能够赋能乡村振兴是大有可为的。这次博专委在羊儿岭村的探索，为我们打开了一扇窗，让视野一下子扩大了，羊儿岭的"乡村有约"出名了，不光在怀来县出名，都上了"学习强国"学习平台了，这种爆发力，从精神层面到物质层面，给我们很大的启发。

李人庆

乡村振兴和发展既要从宏观政策方面和各个领域进行研究和研讨，与此同时也需要各地结合自己的实际探索各子项目的振兴发展道路。今年的学术研讨既是学科性的和领域性的议题又是地方性的议题，是一个宏观与微观的结合。聚焦北京这个国际大都市周边乡村县域经济怀来的一个乡村振兴发展的问题，需要聚焦针对河北怀来县地理区位和社会结构条件背景来谋划其乡村振兴和发展的道路策略问题，而不是仅仅泛泛的一般性地谈论一般性的乡村振兴发展问题。

我先谈一下乡村振兴政策的宏观侦测背景，而后将从城乡互动和逆城市化视角谈谈怀来和羊儿岭的艺术赋能乡村振兴发展问题。

我先谈谈关于乡村振兴问题，也就是乡村何以振兴的问题。乡村衰败本质上是一个人口流失空心化、产业空壳化的过程。其现实背景是农民受限于人地结构，仅靠农业无以维持生计，因货币贫困而离农离村，乡村发展的一个核心问题就是农民生计贫困，因此走出去非农化，但与城市相比而言仍然增收困难，农业增产不增收。而且城乡收入差距将进一步导致人口和劳动力流失，空壳化和空心化。总体来讲，中国农民收入增长是以非农化和城市化为前提的。城市化进程与非农化未来数十年仍是主要发展趋势，从总体趋势来看目前城市化率60%，未来2035年城市化率70%—80%。但与此同时农村老龄化和农业老龄化，空心化等诸多问题也将进一步深化。一个严峻和不可回避的事实：农村发展空心化和老龄化将日益严重。

乡村何以振兴？仅仅依靠农业产业从产业结构来看完全是缘木求鱼，目前农业产值只占GDP总产值的7%左右。而农业农村实际人口占30%—40%多。其收入发展和振兴的核心问题是结构性的。乡村振兴发展的关键还在于解决农村产业单一，收入结构单一，比较效益低的问题。解决城乡之间基本公共服务差和不均等的问题。

因此，乡村振兴要实现长效发展而不是短期改变，就需要调整和改变城乡关系中的体制结构问题。解铃还须系铃人，正如十九大所指出当今中国发展的主要矛盾就在于发展的不平衡和不充分的问题，而不充分不平衡的主要在农村和农民，其突破口就在于通过城乡体制机制改革，城乡互动良性机制的建立，实现乡村振兴和发展。

就作为比邻北京这个国际大都市发展振兴而言，所面临的突出矛盾和问题是作为高度繁荣的国际大都市周边乡村县域经济，虽然受到其发展的辐射，但与此同时其经济社会非农发展也受到极大的限制。目前怀来县域经济通过大都市房地产开发的影响已成为都市与乡村发展的混合地带。但由于城乡隔绝的发展政策限制制约，其发展整体规划和思路仍然处于极为被动和碎片化的发展状态。远未充分发挥独特的区位和资源优势。其中一个核心问题就是要因势利导，通过文化赋能促进逆城市化过程中的乡村振兴与发展。刚才听到怀来为北京的发展，比如水库供水做出了巨大的牺牲。不仅是一个景观和供水功能，而且反映了一段历史和一个文化。但这个文化资源不仅可以成为文化旅游资源，也可体现和反映如何促进城乡关系，拉近与北京之间内在的人文文化联系，但却没有得到充分的认知和开发。

乡村振兴需要从城市发展和空间区域发展的理论重新审视空间、人和经济发展关系问题。首先，一个地区经济社会发展的基础是人，没有人。经济是不可能发展起来的。无论生产和消费都离不开人。其次，从城市发展理论来看，地区作为一个地理空间概念它既是容器，也是一个磁体。地理地域空间发展是通过吸纳具有生产消费能力人口来实现的。目前来看城市化和乡村振兴是一个跷跷板。其中城乡消费生产人口流动和争夺是城乡关系发展的一个重要议题和问题。城乡体制机制的核心发展问题是要由从乡村到城市的单向流动转变为城乡之间的人口资源的双向流动。发达国家逆城市化发展的历史经验表明人均收入达到8000美元就会出现逆城市化现象。北京已远远超出这个水平，逆城市化发展需求潜力巨大。但是城乡隔绝的体制机制限制其发展潜力释放。当前如何实现城市化高速发展阶段和城乡二元结构下的逆城市化是中国乡村振兴中的一个重点核心问题。大都市周边的乡村振兴需要将逆城市化作为其发展的一个主要发展动力机制。一方面给实现城乡等值均衡发展，另一方面也疏解大城市和过度城市化等诸多问题。实现互利共赢发展。

怀来的逆城市化下的乡村振兴需考虑如何作为吸纳人口和空间容器，如何吸引城市化人口和青年农民在地就业返乡？如何形成逆城市化的产业？没有产业和收入，人是回不来也待不住的。如何促进在地经济和产业的发展形成磁体和磁性吸引人来？

从现阶段城市化高度发展阶段的城乡关系和工农关系来看，从GDP三产比例来看农业的小部门化即农业第一产业收入占国民收入产值比例不断降低。乡村振兴仅仅依靠农业本身是不足以支撑农村产业发展和农民收入可持续增长的。尤其在目前土地制度和技术条件以及资产营商环境下。如何破题乡村振兴与共同富裕？发展乡村二、三产业尤其是第三产业，休闲观光和康养文化娱乐产业，以二、三产业激活农村产业，活化农村经济成为一个必然选择。

乡村振兴首先需要区分关注的几个人口概念。第一，农业人口与农村人口：生产与消费（日本乡村振兴地产地销）表现了一个地方的经济社会发展的市场基础；第二，农村暂住人口和农村固定人口；第三，农村户籍人口和农村流动人口；第四，农民农村就业收入与在地就业机会也就是在地的农村消费人口。实际上农民收入是与其劳动就业时间不足，低收入状况和劳动力可利用不充分密切相关的。

其中弃农是与其工农劳动的收入费效比低，农业比较利于工农收入差距大，拒绝进一步自我剥削和抵抗内卷的一个自然选择。

伴随着逆城市化，城乡人口和土地开发以及近郊农村城市化的临时暂居和康养的人口迁移，为逆城市化周边的产业和乡村振兴提供了新的机会何可能。其中一个方面就是有效提高农村在地消费人口（流动和固定暂居），提高产业丰富度满足在地消费和发展需求。

这就为艺术赋能与逆城市化下的乡村振兴提供发展机遇。新时期、新形势下的农业农村振兴发展需要新视野和新格局。农业发展到今天，我们对此的认知需要从一个新的层面上升实践。首先，农业农村发展不是个平面，农业农村发展是立体的，十九大报告里提出山水田林湖草和非物质文化都要统筹考虑；其次，农业农村发展要由物质产业到非物质产业拓展，我们过去讲农业，农林牧渔是聚焦产品，聚焦物质产区，今天的农业农村正从物质向非物质和文化领域延伸；最后，农业和乡村振兴需要由有形或者叫有界向无界或者叫无形拓展。

文化艺术与乡村再造活化构成了艺术乡建与文化赋能的核心内容。它不仅是乡村社区营造与乡村产业活化的基础，也是形成逆城市化的消费文化核；形成在地产业振兴的吸引力的根本核心所在。其核心就在于通过乡村景观再造实现文化消费空间场景再生产。通过打造具有不同和差异化的文化体验，从而实现高质量体验经济和场景经济。通过乡村价值挖掘和价值实现——文化生产、空间生产、产品生产，实现乡村文化消费的参与性和互动性，形成愉悦和乡土历史文化精神体验和消费市场。在这里所谓的文化生产就是通过打造独特和差异化的IP，实现高质量的体验和精神共情愉悦的体验经济。这不仅需要设计良好的空间场景还要生产出与之相配套的高质量的可消费文化产品。

乡村振兴核心问题还在打造内生发展的动力机制，通过因势利导的改革，向改革要发展红利，通过与思维观念变革实现体制机制和发展方式的转变。对于问题的认识也是一个不断演化发展的过程。从可不可改、要不要改、改革的行不行、到改革的做不做、改革的能不能、改革的好不好。不仅是一个理论问题更是一个实践性问题。改革不能因噎废食，需要建立在发展的内在逻辑基础之上，通过乡村价值重估，深挖乡村的生产价值和消费价值，通过景观和文化价值实现其乡村旅游和休闲娱乐及康养的市场经济价值。乡村文化产业和消费文化和文化消费的前提是你要有可以消费的文化。在这里文化赋能与文化生产就与乡村振兴紧密地联系在一起了，通过乡村文化挖掘、文化整理、文化生产、文化赋能，从而实现乡村振兴和发展。其赋能发展是建立在乡土和地域文化历史积淀的再认知和再整理基础之上的。其文化生产除了景观文化和生态博物馆之外，还包括乡村实态文化形成可消费的共情和氛围。地域民族文化生产的核心在于通过对其独特文化IP品牌挖掘整理，通过差异化的文化生产体验，刺激形成其独特文化消费。文化消费的类型形式多样，包括饮食文化、自然景观文化、历史人文文化、休闲娱乐文化，乡土和农耕文化等诸多形态。

乡村振兴要做到全域振兴，是一个漫长的过程。乡村如何抓住历史机遇，实现发展方式转变是关键。文化艺术和乡村再造是一种相辅相成的关系。乡村文化景观营造和乡村文化产业化所发挥的巨大作用，形成逆城市化的消费文化和新型在地产业的吸引力。以文化创意产业为基本前提，发挥文化消费的参与性和互动性，形成愉悦和相同文化历史精神体验。怀来有什么？长城是一个点，还有很重要的一个点就是水库建设，这是一个很重要的历史记忆和文化产品。如何挖掘乡村的价值？文化产业有其独立性、差异性，需要高质量企业和精神共情愉悦，良好的设计空间场景和与之配套的高质量的可消费文化产品。艺术如何为之做贡献，体现乡村的生命力，需要有现实互动、生命体验思考表达和文明的载体。艺术乡建应借助艺术情感判断，打破固有的共同想象和思维行动的自我设限，打破原有的政治经济文化教导，积极介入放眼世界的发展中去。长效发展的前提是进行文化的深耕，文化梳理和再生产。要解决乡建的本质不在物质，而在文化秩序的重建、文化的寻根与活化，这就需要在更广阔背景里以现代人的视角重新树立传统文化在中国人生活中的位置，探讨以此为源头开展的创新行动的可能。通过文化艺术的形式，在乡村传统文化基础上，给乡村文化注入新的元素和活力，实现文化的重建与更新。由表及里，从发现价值、实现价值、输出价值，接续传统和现代，勾连城乡的需求。我提出"人文主义乡建"的理念，要求艺术工作者用丰富的想象力和创造力，结合乡村振兴发展需求，扭转只进行物质建设而忽视人文建设的问题，为美丽乡村建设提供强有力的助推和支撑。羊儿岭村一方面对于长城文化特色的挖掘和IP整理初步已经形成，另一方面希望能增加社区参与、营造文化氛围，形成了有特色的民俗民宿和特色农产品。我觉得下一步应该在羊儿岭村打造一个乡村会客厅，以文化赋能与旅游休闲文化为中心，打造乡村产业新业态、新格局，成为怀来的一个亮点。

  体制机制改革问题。通过三变促进改革开放，形成发展新动能。艺术家要嵌入乡村振兴的背景中，通过打开新的文化认知和想象力，开启新的思想疆界，引导出一些重大的社会命题的答案，才能实现新乡土文明的活化再造。这个过程既需要外边的人，更需要乡村本土的能力。建设美丽乡村要杜绝非农化、异农化、反农化，实现差异特色是美丽乡村的自然属性和生命力所在。乡村是文化的根，也是文化的家。艺术参与乡村振兴，通过艺术生活化、生活艺术化、艺术产业化、文化产业化，积极发展创意文化产业，为文化传承和创造提供丰富的土壤，也为艺术家创造了广阔创作空间，大有可为。要通过社会协同创新系统打造基层建设，让文化建设、社区营造、产业发展与农民需求参与结合起来，形成城乡双向交流机制，不断往乡村引入诚信资源，输出乡村价值。通过组织文化产业技术人才协同创新，集成整合建设美丽乡村，有助于实现乡村振兴的长效发展，让历史、现实、理想相互融合，让建设美丽乡村不是梦。

结束语：乡村振兴要靠文化，文化要保护，观念要转变，发展需要创新，赋能创新业，共建美家园，构建主体性，重塑文化魂。愿与大家一起建设更新更美的家园，贡献应有的责任义务和力量，谢谢大家。

崔存明

2017年党的十九大正式提出乡村振兴战略，今年2月份，国务院成立了乡村振兴局，今年4月份颁布了《乡村振兴促进法》，这说明了我们国家的乡村振兴不是仅仅一个战略，还有了具体的机构保障、法律保障。乡村要振兴，不能搞同质化，要各美其美，美美与共。

袁金辉

乡村振兴是继打赢脱贫攻坚战后实现农业农村现代化的一项制度安排，乡村振兴战略的内涵丰富，实施乡村振兴的形式多样，民族艺术作为乡村文化振兴的重要载体，在乡村振兴战略实施中大有可为。一是本次研讨会以长城内外文化交融为切入点，深入研讨民族艺术、传统文化如何赋能乡村振兴，推动乡村文化建设走高走实，主题鲜明，意义重大。二是研讨时机选择好。今年8月刚刚召开的中央民族工作会议，明确提出要铸牢中华民族共同体意识，这就要求我们通过民族文化的交流与繁荣，促进各民族之间的团结与发展。今天，我们以长城内外农耕文化与游牧文化的交流与融合来探讨民族地区文化振兴话题，恰逢其时、时机难得。三是调查研究做得实。本课题研究在长城文化的大背景下，重点选取河北怀来县羊儿岭村等典型村落进行田野调查，课题组冒着"新冠"疫情，顶着酷暑，在长城内外农村深入调研三个月，走家串户、促膝交流，获取大批一手材料，为课题研究奠定了坚实基础。四是课题成果转化快。以韦荣慧教授为首的博专委课题组，一边开展田野调查进行课题研究，一边指导羊儿岭等村庄深入挖掘民族文化艺术，让偏远山村焕发勃勃生机，理论与实践有机结合产生了累累硕果。此外，项目负责人有情怀，是我们学习的楷模。

学生提问

我是中央民族大学的学生。我想问问李人庆老师关于中国城乡二元结构产生的根源或者历史，以及城乡结构的调整问题。再一个就是想问一下韦荣慧老师，作为知识分子在艺术赋能乡村振兴方面充当一个什么样的角色？

李人庆

我们国家的制度从户籍到土地到福利到社会经济权利，城乡都是有区隔的。从生产情况来看，农村是靠天吃饱，是风险比较大的一个生产领域。我们现在是农业的总产量供给过剩，但是在结构上是缺乏高质量，这方面调整难度是很大的。对于城乡均衡发展，一些发达国家做了有益的尝试：比如德国的城乡统筹发展强调了整个城乡区域财政的平衡；韩国通过政策性倾斜优先发展岛屿等贫困地区。所以我们要打破行政区隔，在艺术赋能方面做出贡献，虽然不能完全解决所有的问题。

韦荣慧

第一，我们要认识我是谁，村民是谁。我们要尊重文化拥有者，也就是尊重文化主体——村民，他们是自己文化的拥有者。第二，要引导和启发他们实现文化自觉。村民的文化自觉以后，这个力量是非常非常强大的。第三，要带着理论、经验、知识，也要带着勇气下乡，这是一个人类学工作者的深刻体会。没有亲身的、足够的深度，就无法帮他们梳理、发掘文化，我们不能去左右村民，不能去指指点点地告诉他们你们应该做什么，而是启发和引导他们。

姜建红

通过对民族艺术实践的分析，我们发现民族艺术都是在有意或无意间形成，从宏观上从属于传统的现代张力。一是文化底蕴与时尚方向的内在张力；二是民族传统与现代时尚的内在张力；三是文化艺术普及与文化认同提升的内在张力。2020年4月24日是由中国人类学研究会博物馆文化专业委员会与北京展览集团有限公司联合举办的"乡村有约"系列活动，体现了民族传统与现代时尚的内在张力。活动通过苗族文化为代表的民族传统文化与俄罗斯文化联合展览，给观众以传统的民族艺术与现代时尚艺术的一个对比的视觉交融。柒派服装带来的时装秀，通过传统苗族服饰与现代时装同台展示，让人们在发现各自独特的魅力同时，引发人们思考如何将传统民族服饰元素融入现代服装设计的可能性。羊儿岭·乡村艺术系列活动，体现了文化遗产普及与文化认同提升的一个内在张力。长城谣·乡村音乐会由国家一级指挥董锦汉指挥，中央民族大学、怀来县老年大学、东花园镇党员干部，东花园镇南水泉实验中学学生，和杭州盼亮服饰有限公司共同带来的音乐时尚秀，吸引了周边大量的群众，体现出时尚与大众之间有效的感召力。

探讨民族艺术赋能乡村振兴，首先要处理好民族艺术自身的传统与现代关系的问题，也就是民族艺术的传承与创新的问题，因为只有处理好这一问题，才能使民族艺术被时代所接受，被最广大的群众接受。其次要处理好维护艺术的传统与现代问题，要理清民族艺术的大传统与小传统的区分问题。既要从传统的视野看民族艺术赋能乡村振兴，从中寻找历史资源与支持；又要充分挖掘民族艺术的独特性，才能形成民族艺术对乡村振兴的推动力。在民族传统与现代时尚的张力下，实现乡村振兴要充分体现中华民族的民族自信和文化自信，处理好民族艺术的特质与创新，要进一步体现出民族的就是世界的。

张冬萍

基于我的田野调查，对于乡村建设也有所思考。一是艺术进入乡村建设的路径问题；二是乡村文化艺术建设所要注意的问题。

艺术进入乡村建设的路径，我总结了几个角度，可以从人的角度，可以从物的角度，还可以从空间的角度、生活的角度和教育的角度来切入。比如甘肃省天水市秦安县石节子村有一个艺术家靳勒，从2005年开始他陆续将艺术品引入村子里，将整个石节子村变成了一个开放的美术馆。石节子村渐渐有了名气，更多的艺术家来到这里搞艺术创作，成为石节子村的新农民。这就是第一点从人的角度,即人才引进,也就是新农民进入乡村,给乡村注入新的血液。第二点从物的角度,指的可以是引入文化创意产业,更多的是围绕传统手工业的复兴,吸引投资,从而发展特色文化旅游产业,共建地方文化品牌。例如广西三江侗族自治县同乐乡,当地的妇联、县总工会、非遗中心组织了侗绣的传承人,对当地村民进行侗绣培训,然后与当地的企业进行合作,完成刺绣订单,这样慢慢地使侗绣产业在当地得到了复兴。第三点从空间的角度,就是景观再造或者打造地标等公共艺术。例如四川道明竹编丁氏家族,除了开发新式的竹编产品之外,还参与当地道明竹艺村内部空间的营造。第四点从生活的角度。乡村生活首先是一部日常生活史,可以强调的是一种沉浸式民俗活动体验,例如在四川九寨沟、松潘、平武以及甘肃文县铁楼藏族乡等地居住的藏族,它的特色活动是在春节跳"池哥昼"(一种祭祀类的面具舞),这个活动在正月十五的时候达到一个小高潮——迎火把,村民背着火把上山,在山上的白马庙前点燃火把,然后排成队伍依次下山,在当地的广场上跳火圈舞,游客们可以参与其中,与这些村民一起跳火圈舞,这种沉浸式民族体验活动,在不触犯民族禁忌的前提下也可以作为一个打造方向。最后我想强调的第五点是从教育的角度。乡村是美术教育的第一课堂。"蒲公英行动"作为近年来关注民族地区儿童美术教育的典型案例,已经走过全国十几个省份,重点关注的是少数民族区域,如在云南西双版纳地区的非遗工坊、陶艺室、傣族水井文化体验等,给当地的儿童讲授当地民族特色的文化艺术知识,引导少数民族孩子动手制作自己的民族服装,这在一定程度上对乡村文化振兴起到了非常大的支持作用。

  第二个问题是乡村文化艺术建设要注重的问题。首先不能回避的是要理解乡村的问题。只有在理解乡村、正确看待乡村的基础之上,才可以去实践乡村,才可以增加乡村建设的广度和深度。其实涉及一个最简单的问题——乡村的价值在哪里?乡村很大的价值在于它保证了文明持久性,保证了中华文明绵延不断。今天中华文明不仅是以文字书写传统文明来构成的,还有一部分很重要的构成是乡土文明,也就是我们今天所强调的活态文化和活态文明。今天乡村和城市的发展是一种碰撞交融的状态,城市和农村之间需要打破壁垒，农村和农村之间也要打破隔阂，这就是要求我们在文明整合时期要以更开放的视角去看待今天的乡村建设。

基于这些思考，我提出几个小问题。首先最基本、最重要的问题是，艺术家和村民谁是乡村的主体？就在乡村建设当中，首先要关注到人的问题，就是艺术在介入乡村时，要避免艺术家过于个人化，因为农民才是乡村文化的持有者，才是文化的载体，他们是当地文化的知情者，所以我们要关心农民需求，也只有这样才能实现文化的可持续发展。同时，在全球化的视野中，我们也要强调地方特性，注重文化艺术与空间环境的关系。然后就是对新农村建设模式的一个探索。今天的乡村建设不再仅仅是传统的发展经济产业或者是扶贫产业的模式，而是需要多种形式的文化艺术来介入。所以在城乡融合、产业融合发展的过程中，我们需要不断尝试去构建新的乡村共同体。最后，如何将产业和文化相结合，我觉得需要提出更新的概念和更新的价值观。

徐人杰

民族艺术赋能乡村振兴我认为至少要思考几个问题：第一，什么是优秀的民族艺术？民族艺术很多，但是咱们要取其精华；第二，如何将优秀的艺术民族化？这是发展、融合的问题；第三，如何创造和享受新时代先进的民族艺术？我们不仅创造，我们还要享受，享受我们创造的成果。

如果再追问，就说到艺术本身的认知和观念问题了，从现在我们考察到的关于艺术乡建也好，艺术乡村也好，或者是文化艺术和乡村融合的一些案例来看，大多都是关注手工艺品、民间艺术，最后集合出来的东西就是一个小商品形态的东西，很多古镇的文旅，基本上都是一个小商品集散地的模式。艺术不仅仅是一个手工艺品和一件绘画作品，它应该涉及生活的方方面面。艺术思想、艺术观念和艺术形式的自觉、自信才可能有真正意义的认知和创新，民族艺术更是如此。

学校的艺术教学多是关注艺术创作，很少关注艺术的产业化和市场化。我们说艺术助力乡村，其实更重要的是关注艺术产业化和艺术市场化的功能，或者是艺术的教化功能。艺术的根本是非功利性、去功用性的，但是非要说艺术有功能的话，艺术的功能就是改变气质。艺术可以改变个人的气质、改变产业的气质、改变乡村的气质。"民族艺术赋能乡村振兴"按照我自己的理解，它是用新人文方式改变乡村的气质！它新在哪？首先是在于我们整个社会基础和我们的经济背景已经发生了变化。城乡互动便成了乡村振兴的第一要素。如果没有城市反哺乡村，没有城市的需求拉动乡村，仅靠乡村传统的生产方式，传统的产业结构，它是不可能有大发展的。其次是在地产业的培育与创新。乡村在地性要求不能把城市的一个产业很生硬地塞到里面去，而是需要重新审视乡村的生产、生活、生态及文化，重塑乡村的审美和艺术价值。还有就是需要新的消费人口的吸引，聚合新的创业人才，并以此影响乡民本身的素质的改变和提高。我们如何吸引消费人群，我们如何配合创业人才，我们如何提高乡民的素质，这是人的问题。

面对这一切，最重要的是观念的改变。我们不能简单地认为画家到乡村画画就是艺术助力乡村。用艺术的价值，审美的价值，用艺术IP的衍生产品甚至产业链的构筑融入乡村里面去，这个才是真正的艺术赋能乡村。

我给"艺术乡村"梳理了一个概念："艺术乡村"是用艺术的观念和创意的手段，对乡村的历史、人文、自然等景观进行创作开发和综合利用，创造出具有视觉感染力，具有文化意趣和艺术价值的新人文方式，它作为中国乡村产业发展的一种视角和导向，也是一种新的工作方法，对乡村农文旅资源的优化整合和提质增效有一个积极的推动作用，是乡村振兴不可或缺的组成部分。艺术对乡村建设有一定的助力，它可以改变气质，改变观念，育化全新的生产力，艺术不可能解决乡村所有的问题。

刚才有研究生提问：我们在实践项目中担任什么角色？这是很好的问题，我们算是企业家，也是艺术家，也算是文化人。韦荣慧老师提到尊重文化主体很重要，引导和启发文化主体的自觉。我们要带着理论、经验、勇气介入乡村，但最重要的是带着商机介入，这也是乡村振兴必不可少的。

学生

我想给徐老师提一个问题，刚才您说的把雕塑作品"狼烟烽火"落地在守口堡村，他会不会有所有权的争议问题？它是归属于您还是归属于村集体，还是归属于别的？

徐人杰

我作为一个艺术家、策划师，我到山西阳高县去考察，当时龙泉镇书记请我给他们建议如何发展守口堡村文旅产业。他们村里已经做了基础设施的改造，水、电、路都整改完了，但是没有可盈利的项目，当时的现状是游客来了，然后留下垃圾走了，没有产业。我建议在村域老百姓最不关注的山地荒滩上，做一个大地艺术场景。首先我让他们意识到大地艺术是一种现代艺术观念，也是一种时尚的艺术形式，这种作品在中国还少有，但是在日本已经很成熟，对乡建和文创有积极作用。最终镇政府通过的规划立项，获得了山西省乡村建设奖补资金的扶持，用于文旅产业的培育。镇政府合理分配了资金使用比例，完成了水、电路、馆的建设和环境的整治，为当地提供了不少就业机会。部分经费用于购置适合主题的雕塑艺术创作——107匹狼和1个武士，这当然也是村集体的资产。这当下价值200多万元的主题雕塑放在村里不仅是文创产品、是固定资产，其实也是艺术收藏。我们知道艺术品本身是会随着时间增值的，从艺术品投资的角度，10年之后一定是高于我当时买艺术品的价值的。就像咱们苗族的传统服装一样，过去是3万，现在变40万了。"狼烟烽火"放在那儿使守口长城更具精神内涵，能吸引游客，能形成品牌传播，具有一种新的文化魅力。它为村里创造了一个新的人文方式，与时尚同步、与当代艺术同步。同时它唤醒了我们对那段原始长城历史的记忆及价值的重塑。

学生

徐老师好，我是20级的博士研究生，想请教您一个问题。您刚才提到艺术的非功利化，想请您进一步就您个人的艺术创作体验，还有市场经济实践，谈一谈如何理解艺术的功能，谢谢。

徐人杰

首先每个人对艺术的理解不一样。艺术本身是有价值的，它的价值更多体现在审美层面，这是非功利的。但是通过资本的介入、产品的介入、服务的介入，也能赋予它一定的功能。从实用层面艺术可以用于装饰，愉悦人的心灵，艺术能改变气质。就像我们学文化一样，读了书的人和没读书的人是两种气质，学艺术的人和没学艺术的文化人，气质也是有差别的。艺术会潜移默化地给人形成一些基本变化。这就是为什么我们看到历史资料里宋代、唐代的人都觉得他们生活得很优雅，看到魏晋的人都觉得他们生活得很洒脱，因为我们只看到他艺术的一面，没看到他的真实生活，没看到他解决吃喝拉撒睡等很痛苦的一面，我们只看到他弹琴、吹箫、品茶、作诗等情景，就觉得宋代的人很有艺术气质，而咱们现代人没有。其实不是这样的，没准过了很多年，去除吃喝拉撒睡这些日常生活后，光看我们的艺术形式的时候，我们也很高雅，也很有创造力。当然关键是我们要创造出能比肩唐宋的新的艺术作品和艺术生活。

学生

刚才徐老师说艺术可以改变气质，艺术乡村要把艺术融入乡村里去，可以改变乡村、改变村民的气质。但他们是没有受过训练的。

徐人杰

对，这就是涉及乡村美育的问题。我们在做艺术乡村的时候，我们其中有一个板块叫"乡村美育"，这个"育"是育化，育化的作用不是我们现在学校里面搞的课程教育，它是育化，是潜移默化。我把刘若望在意大利的佛罗伦萨广场在陈列、在新西兰的皇家公园展览的顶级艺术作品，也放置到乡村生活环境中来，老百姓也可以去观赏互动，他们一旦了解到这个作品能在欧洲顶级的艺术殿堂陈列，也能在村里陈列，他们一定会思考。在那生活的孩子，从小看到的是顶级的艺术品，他萌生出来的创想力肯定和没见到的是不一样的。我小时候生活在贵州雷山，一个很封闭的小县城，当年吴冠中等很多艺术家也曾在这儿写生，就因为我们看到他们写生的情景，让我产生了要成为画家的梦想，这是一种很好的美育方式。

王建民

刚才崔存明教授和姜建红同学关于民族艺术赋能乡村振兴的传统与现代张力的问题，讨论是否有辩证转换的可能性。在这里我想要强调的是，我们一方面看到的是张力，好像是一种对抗性的东西，但是实际上张力可以化解，可以辩证地转换。这个是我们做乡村文化艺术振兴过程研究时要特别注意的点。今天我们这个研讨会，既有乡村工作实践者，有我们县、乡镇、村的领导，也有做乡村基层调研工作的人，同时也有像徐人杰老师这样长期做艺术实践的艺术家，有韦荣慧主任和她的团队，有像李人庆所长和他的社科院团队。几种不同的力量，对问题因为大家在乡村振兴中做的工作不一样、体验有差异，再加上学术背景和学术理念不同，当然会有不同的认识。大家能够汇聚到一起共同来琢磨艺术赋能乡村振兴这个课题，能够有不同的贡献，获得不同的启发，会更多地引发出我们的思考。比如说我们讲"大传统"和"小传统"，这也是我们人类学的一个重要命题，人类学家雷德菲尔德（Robert Redfield）所讨论的一对概念。但有些时候，这一对概念恐怕很难分清楚谁大谁小。比如在中国乡村，中国传统的儒家思想很多体现在生活上面，体现在建筑的营造上。像从羊儿岭村的房子去看，有中国人关于结构的思考，方圆、城里城外，包括房间的布置、设施的安排等，和中国传统文化的逻辑其实都是一致的。在这个过程里，我们慢慢地发现，其实对大传统和小传统的理解好像不是特别强调要区分，大传统贯在小传统里，小传统又体现了更多的大传统，甚至说可能有点儿"礼失求诸野"的状态。

现在我们对乡村的关怀在很大程度上是一种文化寻梦的过程。所谓的乡愁是什么？其实我们寻找乡愁的过程好像我们能够找到过去，而大传统让我们觉得好像没有过去了，甚至在宏大的传统面前觉得自我非常渺小，反而是在另外一些地方，我们会去重新发现自我，发现一种放松的状态。因为在现代都市生活中间，我们高度的紧张，高度结构化把每一个人、每一个行动都要变成结构化起来的状态。而当我们走到乡野似乎会变得很放松，有一些发思古之忧情的感受。我觉得这是一个很有意思的话题，值得我们很好地去做一些探讨和研究。

李传涛

刚才各位老师也说了，农村要想发展，离不开国家、政府的支持，离不开专家指导。东花园镇21个村庄，像我们村能赶上这样的好机会，如果没有专业的团队调研和关注，都很少有人能发现我们羊儿岭村的存在，更不要说有专家来点拨。我们也想干事，在我们全县像我一样有这想法的有很多人，但我们不知道怎么去干，从哪里入手，突破口在哪。

总体的发展方向上，第一步是怎么把人引进来。虽然我们交通还算比较便利，但村里的吃住问题，条件始终都不是太好。从总体规划和发展方向上，需要专家给我们做一些引导。

羊儿岭周边的村子土地都被房地产开发商征用变成了楼盘。也许一年两年通过卖地突然间就有钱了，但是没有一个长期的产业能让老百姓富起来。说白了这就跟居家过日子是一样的，如果说没有一个正常的经济来源，突然间暴富得了一笔钱，但这个钱花个10天20天，10年20年总有完的时候。我希望专家们能够帮助我们通过盘活集体资产，挖掘咱们羊儿岭村的自有资源，发展集体经济，从而能够提高村民收入。

孟彦

作为一个基层的工作者，我以东花园镇为例，谈谈艺术与乡村振兴结合的几个点，提出我们的困惑和想法，请各位老师答疑解惑。乡村振兴是国家脱贫攻坚的接续。张家口作为脱贫攻坚的主战场，去年连续有13个县退出贫困县序列，有近5万人脱贫。脱贫之后让脱贫群众过上生活富裕、精神富足的生活，这是我们乡镇基层干部的职责。第一要挖掘传统文化的结合点。艺术是源于生活、高于生活的，如何利用高校的资源，通过老师学生的开阔思维，把我们各种文化资源结合起来，穿插起来，形成一股乡村振兴力量，助推产业兴旺，让老百姓通过文化产业达到增收致富。作为基层党组织和政府，我们当然希望有实力有想法的企业在这里创业，但我们最终关心的是老百姓能从这些项目中增加多少收入，每年能带来多少游客，产生多少消费，这才是我们真正的目的。投资项目产生效益递增的良性循环，这是我们关注的出发点和落脚点。第二要寻求高校与乡村之间的结合点。授人以鱼不如授人以渔。高校有很多的资源，有宽广的教学平台，有最前沿的学术阵地，能不能把高校的资源落在乡村，把我们东花园作为一个实践基地去打造。我们欢迎各位去我们当地指导工作，希望把高校最前沿的文化知识推广到东花园，也可以针对我们不同层次的村干部、镇干部、县领导，可以开设不同的学习培训班，一方面是拓宽基层干部的实践视野，另一方面也能丰富高校培育人才的实践经验。第三要把文化与旅游相结合。我们有山、有长城、有葡萄园，如果能通过高校专家老师的创意策划设计，在东花园形成一个可持续的文旅产业或者是民族艺术风格的爆破点，以点带面形成社会效益。第四要探讨资源互补，就是高校科研与农村实际情况相结合的问题。乡村面临的问题要么是有钱没想法，要么是有想法没钱实施，如果把两者结合起来，我们可以成为高校实现理论探索的实践基地，共同打造乡村的振兴。

李传涛

我们羊儿岭村位于怀来县东花园镇的东南部，跟北京延庆康庄镇接壤，到八达岭高速大约1千米距离。羊儿岭村坐落在长城脚下，有省级文物保护的明代古城堡遗址，有21处百年以上的古宅院落，周边还有八达岭孔雀城、阿尔卡迪亚等高档住宅小区。紧邻怀来新兴产业示范园区，地理位置优越，交通条件便利。我们村环境优美，主要是服务于本地村民，社区企业，还有新居民，是乡村文化推广的最佳据点。通过"乡村有约"活动，我们村有了很大的收获和体会。

一是开阔了视野，提升了思想境界。通过博专委的专家领导与我们村民的交流学习，发掘我们村的历史，让我们重新认识了自己的价值，对农文旅资源有了更深刻的了解。二是广泛调动村民群众的积极性。通过博专委的专家的鼓励，让不少村民自觉自愿地参加进来，学习苗绣、扎染等手艺。村民们自发地加入村里清理卫生、粉刷房屋的工作中，积极参与合唱的彩排，增强了村民的主人翁意识。三是将传统文化与现代元素相融合。此次活动以推动长城文化的传承保护和创新交融为主线，最终落实到助力长城脚下的乡村振兴。村民们在学习扎染的过程中，了解到健康、环保的知识，在进行苗绣等手工艺制作中融入了北京冬奥会和联合国可持续发展等元素，在歌舞绘画等作品中展现了当地的历史与文化传承，真正使长城文化转化为实现乡村振兴的动力引擎。

下面我谈一下如何以"乡村有约"为契机，助力乡村振兴。一是提高政治站位，坚定发展信心，把推动产业发展落实乡村振兴作为头等政治任务，抓紧抓好，坚定发展信心，凝聚奋斗力量。紧盯当前农村发展的重点任务和薄弱环节，充分发挥农村基层党组织的战斗堡垒作用和党员先锋模范作用，不断打造乡村产业亮点，带动集体经济增长，群众增收致富。二是发挥资源优势，促进各民族文化交融交流。结合优越的地理交通优势，以羊儿岭村为门户，将怀来打造为长城脚下文化传播的新一站。要在现有基础上盘活资源，充分利用、重新定义长城脚下的驿站。三是加强学习交流，打造特色文旅品牌，学习博专委专家组先进的文化艺术理念，科学定位发展方向，合理布局产业项目，依据其深厚的历史文化资源和长城脚下古村落的传统特色，打造艺术乡村亮点乡村，将本地的传统手工艺和苗绣扎染等非遗技艺相结合，研发系列文创产品，打造商业区，推广怀来特色农产品和工艺品等，使之成为怀来，文化旅游线路中的重要节点，主打品牌。同时注重在发展过程中塑造村民自强、自立、自信的品德，培训带动村民自己学技术、抓经济、搞产业，在将来更好地为经济收入提升，加强发展变化做出贡献。

陈刚

我们美术学院组织过学生到乡村写生。像羊儿岭故事汇，让村民自发地参与到各个环节里头，这在过去的乡村里还不太多见，而且又有市集，吸引四邻八村的参与。其实乡村还有很多能带动交流互动的方式。我过去有个学生，中央电视台还采访过他。他是学油画的，以前在北京郊区密云当"村官"，做"村官"最初的目的就为个北京户口。这个村里特产有梨、有土鸡蛋、有核桃、有蜂蜜。学美术的会搞设计，散装鸡蛋设计成新款包装，找电商在网上卖鸡蛋，老百姓得到实惠了。他村里头有200多个孩子，我们美术学院给乡村学校赞助了很多画具，我们的学生给孩子们上美术课，年底为村民们写春联，也是对村里头进行了美育宣传。

我下一个想法是在长城城墙上做些文章，可以拍一部十几分钟短片，把羊儿岭甚至怀来的文化历史，用电影投屏方式在长城城墙上演绎、讲故事，这个如果能实现就非常好。

我为什么要讲这个事呢？是因为我去过西班牙的一个小镇托雷多，它的镇广场上放一个关于托雷多城的电影，18分钟，讲述画家格雷克和镇上教堂故事。西班牙有个城市叫毕尔巴鄂，工业革命期间是生产铁矿的著名城市，后来铁矿没了，这个城市就衰落了。后来引进了一个古根海姆博物馆，请的是世界上最牛的建筑设计师弗兰克·盖里。1997年正式启用，主要展出毕加索、塞尚、康定斯基、保罗·克利和安塞尔姆·基弗等大师的作品，活化了当地的经济，每年吸引大量游客慕名参观。这是个典型的一个美术馆拯救了一个城市的案例。即使是美国现在也有一些城市，像芝加哥、匹兹堡等，面临着城市的衰败。所以一个城市不能光靠房地产，还要有文化底蕴。要带进去文化理念和产业，把记者团队带到长城脚下，一起讲述长城的故事。有专家和文化团一起参与，产业得以延伸。

李人庆

怀来邻近北京，政治站位很高，但政治压力、政治任务也很明显。我们说做文化，首位也是要讲政治，但怎样利用这个"讲政治"来影响区域经济发展，来系统地思考产业更替转型。如果没有规划、没有运营，只管建设，不讲投资效益，这种发展模式是没有可持续性的。现在国际形势逼迫我们从外循环转到内循环，转到自我循环，原来传统的以数量求发展的方式不得不进行调整，所以中央提出了向内循环转型、高质量发展的一系列的口号。要求我们解决一个问题——发展不能再盲目的以资源以数量求发展，而是转型内生的有质量的高质量的发展，这就对我们基层政府的行为形成了巨大的挑战。

最难的还有信任。博专委三年的工作，最根本的收获就是取得村里的信任。现在我们在进入乡村的时候，往往得到的是质疑，质疑你们的目的是什么。现在祸害乡村的人不少，所以村里人对他们缺乏信任，农民不信任干部，外来的企业家不信任政府，上下级政府也都相互不信任。我们做农村工作第一步就要取得信任。我觉得要实现包容性发展、异文化发展，不能是用单一指标GDP以损害社会生态代价、文化代价、社会代价而取得的单一性发展，这显然是不可持续的。要实现系统的、长远的、可持续的发展，最后的落脚点还是农民能不能致富，农民的素质有没有提高，社会矛盾有没有改善。

首先，在建设方面要了解乡情、民情、社情、区情，需要运营前置，需要运营管理人才，我们现在往往有规划没策划，整个的发展是碎片化的、机械性的发展，而不是有机的、整体性发展，这是最可怕的。内生发展要有活力、有温度、有内涵，这样才能从任务性发展转到内生性发展，这些离不开专业的人。现代社会是一个专业化分工社会，各有专长，对农村工作者的专业性要求更强，要引进专业性人才投入资源和平台中来，最缺的是人才。在搭建平台、网络的时候，博专委应该多多引进各方面的专家，有理论、有网络、有平台的支撑，以小搏大，政府再汇以相应的资源和相应的制度支持，四两拨千斤就干成大事。

其次，对农民而言风险承受程度低，通过示范、带领和组织农民，要引导农民培养长远认识，实现共同富裕和乡村振兴。这里我们不仅要说，还要俯下身来引导农民共同去做，这是一个共同体相互融合的过程。

吕保利

羊儿岭作为艺术乡村活动的一次实践和探索非常成功。他的成功从各方面的反应可以见证。一是村委会村民的反应："发现羊儿岭村历史文化的宝贵价值，激发了村民的自信和自豪感，"积极热情地参与文化艺术乡村振兴活动中。二是县委常委、宣传部长参加活动后感言，此次活动对基层如何把中央的乡村振兴战略部署落地起到有益的示范作用，是破题之举，专门组织县委副书记带队全县47个乡镇局长们到羊儿岭观摩学习。

三是周边新居民感言，羊儿岭故事汇以及文化大集等系列活动，填补了周边文化休闲消费空缺，他们非常希望多搞些这样的活动。据观察，他们成为的故事汇和大集的一个主要参与者和消费群。四最重要的是实践活动完善了博专委的铸牢中华民族共同体意识课题内容，得到了专家和研究会领导的认可。

活动的成功也带给我们一些思考。一是得益于国家民委领导下的中国人类学民族学研究会对博专委的信任与支持。把社科课题委托给博专委和民大艺术研究院做，对我们这样一个非营利的的学术研究机构来说是个极大的支持和鼓励，这是成功的基础。二是得益于博专委不懈的研究调研与积累。长城脚下村落和羊儿岭作为课题田野观察实践点，是个正确选择。从中使博专委能发挥不可替代的作用。三是得益于羊儿岭村支部书记和村班子的政治觉悟和魄力。没有他们的积极参与和配合活动寸步难行。四是地方政府的大力支持是活动成功的有力保障。从领导关注、课题调研及乡村有约活动组织推进，现场活动保障等方面均提供人材物方面支持。五是得益于博专委精心策划与安排。课题组成员以高度的政治觉悟和使命担当践行课题调研，在羊儿岭田野中与当地党组织和村打成一片，把工作做到村民心坎里，极大地激发了他们参与的热情，堪称党的群众工作的楷模。总之这五方面的合力缺一不可。这些带给我们的启发是，成功不能靠偶然的因素，一蹴而就的成功是走不远的。要在总结成功经验的同时，建立一种可持续发展良性机制，从政策制度层面加以设计。最终还是要通过市场运营完善博物馆助力乡村振兴这个命题。

王建民

刚才我们来自基层的干部，还有各方面的专家，大家各自讲了那么多关于乡村振兴的心得和体会，我想把它归纳到三个方面。

第一，我们应该怎样认识文化和艺术。在当代，我们把文化看成是一个群体习得和共享的概念系统、意义体系和情绪情感的表达模式，艺术则是文化的表现方式。艺术是感知、体验和表达的方式，可以说是和文化观念、情绪情感密切关联的。文化在不同的场景里有不同的共享性。在交往、交流、交融的过程中，我们重新去理解和认识文化、认识艺术。在民族艺术介入乡村振兴的实践过程中，无论是文化还是艺术，在今天都不再是某一个群体专属的，专用文化和共享文化界限不再是鲜明的、不可逾越的。通过民族艺术赋能乡村文化振兴，不仅是乡村振兴的实现过程，也是对于文化艺术的差异性和共同性关系的一个理论探索和认识的过程。

第二，我们怎么看待乡村？从概念上说，"乡村"是一个不断改变且需要改变的概念。在我们国家的建设过程中，城乡二元对立的结构不断强化和硬化，城乡之间变得不可逾越。最近一二十年，中央不断出台一些措施来软化城乡之间的界限。但是实际上乡村在地域上被固化，并且进一步被边缘化。城市经济的高速发展使乡村被遗忘，正是这种遗忘使乡村还保有一些东西。今天我们能够看到一些古城成为热点旅游打卡地，有些地方率先开始文化保护。在历史文化资源的恢复和重建过程中，在扶贫攻坚任务基本完成后，我们又提出乡村振兴战略，作为全国乡村发展的重要的任务。今天提出乡村振兴的口号，它和乡村文化脉络的延伸、乡村资源的活化，是联系在一起的。乡村振兴如果没有当地人作为主体的介入，乡村只能是变成城里人的后花园，甚至村子里边的人都没了，无法真正改变乡村滞后的局面。怎么样实现城乡一体发展，这些方面应该说是任重而道远。

第三，怎么样理解和认识艺术和乡村之间的关系。我们希望民族艺术对于乡村振兴有所贡献、有所突破，就需要进一步探讨怎么样通过不同的乡村文化艺术发展的路径，调动民众的积极性，让民众能够有一种文化的自信、文化的自觉，这是非常重要的。在乡村文化艺术振兴的这个活动里边，多方面共同介入，共同努力，带动和激发村民依托本土资源，以及在来自外部视野的思考和行动中，重新认识自身的文化艺术。

当然在这个过程里，我们高校研究院也需要一方面扎实做好理论研究，另一方面在实践过程中进一步提升理论的实用性，让我们来共同促进乡村振兴。

民族艺术赋能乡村振兴研讨会专家合影

第三节　长城脚下的新文化家园建设研讨会

名称：长城脚下的新文化家园 —— 羊儿岭长城乡村活态博物馆概念规划专家研讨会

时间：2023年3月26日（周日）上午9：30 — 12：00

地点：北京展览馆塔楼二楼会议室

主持：吕保利

规划报告：韦荣慧

这个文本在征求意见的过程中有两个关键词，乡村活态博物馆和长城乡村新文化家园。今天是周日，感谢各位专家和怀来县领导来参加研讨和贡献自己的意见。这些意见将作为历史留在羊儿岭村的档案里，比如我们早期对贵州西江千户苗寨的规划，就留在了西江千户苗寨，是有意义的一件事。

关于乡村活态博物馆一词，应该是一个新概念，也是当下乡村振兴的需求。国家文物局等九部委联合发的文中有关于乡村博物馆的建设，应该说我们是积极响应和支持乡村博物馆建设的社团组织。因此，去年，羊儿岭的博物馆建设被中国博物馆协会纳入长城沿线的乡村博物馆建设范围，并安排参加郑州博博会。北京市文物局前段时间在发布要建博物馆之城的规划文件中明确写道，要打造全域乡村活态博物馆，说明羊儿岭走在了前沿。

下面我代表规划单位向专家们汇报规划的思路。

汇报之前，我有几点说明：

一是规划的意义。也就是说为什么要做规划？为谁做规划？谁来做规划？

第一，规划应该是唤醒村民，让他们了解自己，认识自己的文化价值。他们是自己文化的拥有者，他们有权利解释确认他们的文化认识。文化是他们的公共财产，他们必须参与管理。第二，规划是为了人民。为了他们拥有和管理自己文化的权利，为了他们的美好生活。第三，为服务国家外交大局。这话听起来有点遥远，一个村的规划怎么会涉及外交？但是，的确这条很重要！我们相信并且坚信，未来这里将成为人类文明互鉴的"新驿站"。

所以，我们提出的概念是新文化家园。它将成为服务铸牢中华民族共同体意识的建设，服务人类命运共同体实践的最好载体。

二是规划的性质。这是个什么规划呢？不仅仅是一个长城脚下的乡村规划，更加是一个活态博物馆的规划。根据它的性质，我们要在这个规划里，处理好几个关系，比如博物馆与行政村的关系，和村民与博物馆人的关系，因为未来的村民都要变成博物馆人。另外是我们要把握一条主线，那就是铸牢中华民族共同体意识，促进各民族交往交流交融的主线。

三是规划的过程。首先，我们要对村里村外，还有周边的文化进行田野调查。其次，我们用访谈和会议等多种形式自下而上，自上而下地征求村民的意见，征求村两委以及镇里、县里的意见。再次，采取不同的方式，征求各方面专家的意见，如上周我们陪同首都博物馆原馆长韩永去羊儿岭考察，他是我们国家第一批派到美国去学习美国博物馆经验的馆长之一，他对博物馆的建设实践，对博物馆的理论有丰富的经验，他去了以后，一边听我们汇报，一边了解和考察，他对我们的方法很赞赏，对我们的成果也予以肯定，并且提供了很多支持的建议与实施路径。还有一些专家是通过网上给出了意见。最后，邀请村民参与规划，有青年人，包括村里在国外读书的博士和硕士，这次做的版面设计，航拍照片、文案统筹，这些都是村里的年轻人自己做的。村民参与规划很重要。

我们从2021年10月开始就组建了一个规划的班子，有专家学者，有村民代表，有镇里面的领导，有怀来在地专家，组建了一个写作班子，大家反复研讨，反复修订形成了今天的文本。

四是为什么选择羊儿岭？为什么是博物馆？我们一千次地追问，为什么选择羊儿岭？未来的羊儿岭应该是什么样的地方？这是规划中努力回答的问题。我们走过近100个村镇，最后选择了羊儿岭。除了羊儿岭村的明代营城遗址、老宅、老树、老物件外，重要的是羊儿岭村淳朴善良的人、周边的三个文明文化带（人类文明——泥河湾，中华文明——逐鹿文化带，北京文明——永定河与官厅水库）和新社区带来的多元文化并存的特殊气质。

在羊儿岭周边我们可以看到不同的文化符号和现象，比如八达岭孔雀城、英国宫、阿尔卡迪亚、法国波尔多等不同的建筑风格；社区居民带来的各民族文化、城市文化等。它的周围有六个新建商品房社区，共22个小区，入住人口约3万人。再看羊儿岭村的村民中，不少来自其他省份和河北其他地区。这些现象表明这里是一个多元包容的地方。

侯建伟

一是我们采用党建引领的方式，重点打造核心区域建设羊儿岭。二是发展集体经济，要壮大集体经济。村里要有吸引力，有影响力，有文化提升。盘活建材城可以为村里边带来100万左右的收入。三是环境打造，拆违建资金投入民宿改造。四是文化活动，把羊儿岭推向北京，推向中国。下一步就是还要加快建设，落实到资本运营上，迫切希望引入人流和资源，最近和体育康养投资在洽谈。

袁金辉

刚才听到韦老师介绍规划，看到这个规划，很感动，很敬佩博专委的团队。他们是一个志愿者团队。我参与过2021年在中央民族大学的民族艺术赋能乡村振兴研讨会，参加过2022年博物馆助力乡村振兴的研讨会，但是我没有去过羊儿岭。通过韦老师的这个演讲，我有几点想法。第一，在羊儿岭村建博物馆，特别是乡村活态博物馆，这个非常好。刚才看到村子周边有很多楼盘，这里不缺人气，不缺产业，但是缺文化。乡村文化是基础，通过乡村博物馆的建设，调动村民的积极性，调动村民参与建设和管理，从更高的站位，更广的角度助力乡村振兴意义深远。吸引村民参与建设和管理，实现共同富裕。要不然的话，不符合共同富裕的宗旨。

第二，怎么样做好城市与乡村文化的结合？我们避免过度的商业化。缺文化，怎么把文化遗产用活？贵州西江苗寨的成功就是因为有文化。第三，统一思想。统一思想，围绕文化做文章才持久，才是乡村文化的标杆。

石亚洲

我们学校和怀来县关于语言数字化签过战略合作协议，所以对怀来县我们并不陌生。今天这个乡村规划很有操作性，让人耳目一新，有很多亮点。特别是活态博物馆和新文化家园理念很新颖，值得期待！现在很多地方不缺硬件而是缺文化，乡村文化振兴的意义是长远的，需要不断提升，激发村民自我意识，组织村民参与。博专委团队做了很多博物馆、乡村博物馆的设计展陈。但羊儿岭是第一家乡村活态博物馆，很有开创意义。不过，从规划到建设还有许多环节要探讨，建议以协议来稳定与村民的关系、与政府的关系，只有关系固定下来，项目才可以持续。

羊儿岭乡村活态博物馆，经过博专委三年的建设，很有成效，包括运营、设计等项目都落地了。下一步，中央民族大学相关学科将积极参与支持这个活动，同时还可以联系北京高校这个大的阵营来支持羊儿岭的发展！

王建民

我此前就介入过一些文化项目的规划与实践。参与过一些村落文化保护与发展的调查，以及一些博物馆人类学实践的讨论，这几年也多次到东花园镇羊儿岭村进行实地考察和参与村落文化实践活动。刚才韦老师讲到了羊儿岭民众在规划中发挥了重要的作用，未来还希望他们能够发挥更大的作用。在铸牢中华民族共同体意识的事业中，对于每个地方、每个村落来说，怎样能够通过当地民众广泛和深度参与的过程，来建设中华共有精神家园是很有意义、很重要的事。在规划中要更多地考虑村民们的需求，充分考虑羊儿岭独特的在地化历史遗存和历史记忆、周边建设的人文环境和这些居民的需求。让村民们更加留恋乡村，在村子里有更多营生；让住在周边这些社区的居民忙完家里的事就喜欢到羊儿岭来，在羊儿岭历史古迹和文化氛围中除了参观体验，还有购买和消费。通过羊儿岭乡村博物馆的建设，让羊儿岭的历史文化"活"起来，成为可观、可触、可体验的美丽乡村，使羊儿岭的村民和来到羊儿岭的人们都能够有体验文化家园的感受，这个乡村博物馆的独特性就显现出来了。

郝洪捷

文化消费的增长，体育拉动未来的期望。我们积极推动小而精的连墩跑项目。

张业泉

2020年我们成立了一个公司，之前，我们做房地产，生活方式不断地在改变，家园不仅仅是房子，在三亚做了一个爱尚山的项目，我们和永恒长城里合作过，听了羊儿岭的规划，我们很有信心。这两周我们将请清华美院的团队去做规划。

张利

感动于博专委的情怀。羊儿岭规划很有可为。首旅集团的资源很丰富，可以考虑旅游旅行社近期去考察一次，建议做一次推介会扩大宣传力度。

赵金记

一要谨慎开店。开了民宿不一定就能挣大钱。全国范围讲，靠投资雇员工经营的民宿效益普遍不是很好。二要有主题特色。给游客一个留宿的理由，俗语就是有故事听，有东西可看。三要有特色餐饮。充分挖掘地方特色美食，形成餐饮的拳头招牌会吸引顾客慕名而来。四要强化集体管理。村集体组织要统筹配套，管理好整体环境、基础配套、品牌培树、文明经营等，袁家村是很好的案例，可充分借鉴。

刘志非

博专委给我们绘制了一幅羊儿岭发展蓝图，很专业。比如4月23号的读书会，健康跑，还有来羊儿岭找乡愁，这些都非常有创意，不仅仅很有情怀，也很有基础，项目可以落地，可以实施。这个项目可能会成为明星项目，可以作为怀来的第八张名片。

王艳霞

非常荣幸参加这样一个高规格的座谈会，我一直有幸能够陪着也见证着博专委这个团队在羊儿岭村的工作历程，应该说每次的工作和活动接触都让人心生感动和敬佩。特别是今天羊儿岭长城乡村活态博物馆发展概念规划让人眼前一亮，看得懂，看的美，看的有生命力。作为文联我们将一如既往支持和配合博专委在羊儿岭村组织和开展的各项活动，争取把羊儿岭长城乡村活态博物馆的美好蓝图早日实现。

孙文杰

刚刚聆听了羊儿岭长城乡村活态博物馆项目的概念性规划设计，我认为此概念性规划，定位非常好，契合我县产业发展定位，比较符合羊儿岭村实际，具有较强的科学性和可操作性，规划拓展了我们的思路，它的实施对于羊儿岭村、对于东花园镇、对于怀来全县发展意义重大，对于推动乡村振兴、推动全县文旅产业高质高效发展必将发挥积极的关键的引领作用。

首先，非常感谢博专委一直以来对羊儿岭村、对怀来的关注和厚爱，感谢与会专家、学者为项目规划提出那么多中肯且具有建设性的意见建议。希望今后能持续对长城乡村活态博物馆予以高度关注，并提出更多更优更符合本地发展实际的意见和建议，同时积极为我县文旅产业的健康发展把脉问诊、提供指导。

其次，希望企业方要充分吸纳专家们提出的意见建议，进一步扎实开展实地调查研究，不断完善项目规划设计，要深入挖掘本土文化，统筹利用好现有资源，使项目规划更具前瞻性、可操作性。要发挥企业资源优势，吸引更多优质资源加入，不断挖掘拓宽合作的深度与广度，加快促成羊儿岭村文旅康养综合体项目落地见效。

最后，我们要统一思想，聚焦目标，加强协调联动，聚力将羊儿岭长城乡村活态博物馆项目打造成为乡村文旅综合体样板、长城新文化家园样板、乡村振兴示范样板，为加快京张体育文化旅游带建设、促进全县经济社会高质量发展增强动力、注入新活力。乡村振兴大有可为，我们的梦想会实现。

孙国明

从研究会的角度我说两句：我们的工作重点要服务国家民委工作。国家民委现在重点抓文博、考古、外宣这三项工作。这个村认真挖掘，涵盖了这几项。先说文博和考古，如韦老师所说：羊儿岭村的明代营城遗址、老宅、老树、老物件，周边的三个文明文化带和新社区带来的多元文化并存的特殊气质。在羊儿岭周边我们可以看到不同的文化符号和现象，我相信，未来这里将成为人类文明互鉴的新驿站，是文博考古与现实的完美融合。规划建设好，它将成为服务中华民族共同体意识的建设，服务人类命运共同体的建设最好的载体。这也是我从一开始就支持这个项目的原因。再说外宣，我们把这个项目做好，利用良好的地缘优势——距北京近，特别是距北京的大学近，外教留学生可以轻松来，参观、体验中华文化，感受"三交"，是真正的活态，是我们服务外宣、讲好中国故事的重要阵地。

第四节　中国式现代化视域下的博物馆与乡村文明新形态建设研讨会

名称：中国式现代化视域下的博物馆与乡村文明新形态建设论坛
时间：2023年9月16日（周六）下午2：30—6：00
地点：复旦大学邯郸校区光华楼西辅404室
主席：韦荣慧
学术主持：潘守永

2023年9月16—17日，由中国人类学民族学研究会主办、复旦大学承办的"铸牢中华民族共同体意识与推动各民族走向现代化学术研讨会暨中国人类学民族学年会"在复旦大学召开。16日下午，中国人类学民族学研究会博物馆文化专业委员会主办的专题十四"中国式现代化视域下的博物馆与乡村文明新形态建设"分论坛在复旦大学邯郸校区光华楼西辅404室召开。

会议由上海大学教授潘守永主持，分为专题论文报告和圆桌会议两个环节。中国人类学民族学研究会常务理事、博物馆文化专业委员会主任委员韦荣慧和上海市博物馆协会会长、上海博物馆原馆长、复旦大学文史研究院原院长杨志刚分别致辞。专题论文报告环节共有7位学者做学术报告。

韦荣慧

此次专题会议筹备三个多月，收到了多篇高质量论文，来自北京、上海、河北、吉林、贵州等地的乡村博物馆研究者与实践者共聚一堂，线上线下联动交流，研讨议题包括中国式现代化进程中乡村博物馆的建设发展经验、乡村博物馆铸牢中华民族共同体意识的历史经验与时代意义、乡村博物馆促进各民族交流交往交融的路径、博物馆助力民族地区乡村振兴路径、乡村博物馆的当代价值等。中国式现代化是伴随着中华民族伟大复兴的历史进程一步一步走出来并全面深化发展的马克思主义中国化在新时代的重大成果，乡村振兴是新时代中国特色社会主义的重大战略，在乡村振兴的过程中，乡村文明的转型与建设至关重要。博物馆作为人类文明记忆的保存与展示的重要场所，在助力乡村文明现代化进程中，可以发挥其文化传承与发展的重要连接作用。因此本次会议对更好地实现中国式现代化进程中的乡村振兴，聚焦于博物馆与乡村文明新形态建设的关系的研究，具有一定的理论与实践意义。

杨志刚

感谢韦馆长邀请，复旦大学的人类学和博物馆学有很好的传统，博物馆里也收藏着众多的台湾永久居民文物，所以在复旦召开这个会议理由很充分。韦馆长的团队在长城沿线古村落进行的行动，我一直在关注，偶尔也参与了线上的讨论，期待去现场看一看。上海已经没有严格意义的"村落"了，算是城市化最充分的区域，对标本场主题其实也有值得思考和探究的内容。

潘守永

《乡村博物馆与公共文化建设：历时性观察与共时性思考》一文回顾了中国乡村博物馆建设经验，指出目前大部分乡村博物馆面临"低水平"运行困境，提出应基于博物馆与乡村公共文化建设的关系协调公共文化服务与乡村生活的"周期"。乡村博物馆既是资源发掘和转换的文化工具，更是激活文化资源的发动机，同时也是引进外来展览活动的枢纽站。如果说露天博物馆、生态博物馆是博物馆的形式创新和理念创新，那么今天的乡村博物馆兼容了乡村振兴和发展的新使命。

红梅

《乡村博物馆建设中的文化主体性思考与实践》一文以文化主体性为视角介绍并探讨羊儿岭乡村活态博物馆建设和运营经验，认为文化主体性的强化提升了村民文化自觉、自信、自强。乡村博物馆作为文化传承和资源整合的平台，是确保乡村文化主体性的载体。文化主体性是指一种文化在传承、发展和交流过程中的主动性、独立性和自决性。乡村文化主体性表现在对乡村传统和习俗的重视、外来文化的包容和吸收以及乡村文化连续性和可持续发展。文化主体性视域下的乡村博物馆建设涉及对乡村文化自我认同、表达和传承的深度反思，应呈现乡村独特的文化属性和精神价值。需要充分调研和了解乡村文化，强调文化独特性。鼓励村民参与乡村文化建设，树立文化主人翁意识。建立对外交流合作机制，注重乡村文化的创新和发展。通过羊儿岭乡村活态博物馆的建设和运营，展现了文化主体性在乡村振兴中的实践。文化主体性重新定义了乡村博物馆的形态，主体地位的提升强化了村民文化自觉与文化自信，整合式创新模式推动村民文化自强，羊儿岭村完善造血机制，推动经济发展巩固了文化主体性。羊儿岭乡村活态博物馆的成功案例为其他乡村提供了一个富有启示的范本。

林文

《乡村博物馆：振兴乡土教育的社区力量——基于黔东南施洞镇的田野调查》一文提出乡土教育对传承和弘扬本土文化、培养有文化之根的现代人、促进农村地区的经济发展和社会进步具有重要作用，百余年来一直是我国教育改革的关注议题，但始终未能寻得最佳实施方案。过往关于乡土教育的反思与建议集中在教材、课程、师资与政策方面，乡村博物馆往往被限定为学校乡土文化课程体系的短期参观资源，而作为社区特殊资源的位育价值未被充分挖掘。笔者通过在黔东南施洞镇一家民营苗族博物馆的深度参与式观察发现，借助乡土知识的纽带作用，乡村博物馆不仅可成为乡村儿童展示自我的舞台、陪伴成长的公共空间以及传习"非遗"、培育乡土情感的场域，也是理解和推动城乡文化多元共生的重要媒介，亦是构建乡村振兴与乡土教育融通的有益探索。本文并通过对该馆乡土教育的成功经验的分析，探讨作为公共文化空间的乡村博物馆发挥位育功能，推动优秀文化传承，为乡村振兴铸魂赋能，助力乡村振兴的可能路径。

蓝蔚

《基于乡村博物馆的公共性构建：中国式现代化的乡村"再嵌"路径》一文指出，一般认为现代化导致乡村基层治理脱嵌于乡村社会体系，在当今主要表现为村庄空心化、基层治理主体性弱化、群众参与度不高、乡村发展活力减弱等治理失效问题，村庄公共性薄弱，人心凝聚有待加强。中国式现代化的关键是基于我国国情提出超越普遍意义上"西方式"现代化发展范式的现代化道路，相较于剥夺农民、牺牲农村的西方模式，中国式现代化全盘考虑城乡工农关系，致力于推进农业农村现代化，建设宜居宜业和美乡村，将广阔乡村"再嵌"入现代化。本研究基于对全国多地乡村博物馆建设实践的考察，发现乡村博物馆可通过构建公共性的方式助力实现乡村再嵌，主要体现为塑造公共记忆、营造公共空间、整合公共资源、形成公共机制等，以乡村公共文化建设为抓手全面推进乡村振兴。

王海燕

《乡村博物馆铸牢中华民族共同体意识实践与路径探究》一文立足伊通满族自治县博物馆的工作实践，探索和总结博物馆铸牢中华民族共同体意识的经验规律并反思不足，为其他地区乡村博物馆相关工作实践提供借鉴与参考。铸牢中华民族共同体意识是马克思主义民族理论中国化最新成果体现，是习近平中国特色社会主义思想的重要组成部分。目前，对于东北地区的博物馆开展此项研究的比较少见，特别是对于少数民族聚居地的博物馆这样的民族文化传承基地还未进行过专门的研究。在铸牢中华民族共同体意识实践中，破解民族自治区域的文化单一的展示和传承模式，有效整合各民族文化资源优势，营造积极的民族团结氛围，创设崭新的教育模式，有利于形成各民族群众的国家认同、历史认同、政治认同、制度认同、道路认同，为拓展新时代铸牢中华民族共同体意识开辟新的路径，有利于更好地整合和提升中华民族的凝聚力。在围绕铸牢中华民族共同体意识主线，拓展博物馆在加强和改进民族工作体制上新的方法和策略的同时，构建起博物馆开展铸牢中华民族共同体意识实践的新模式，并为之提供经典案例，是对习近平新时代中国特色社会主义思想关于民族共同体理论的创新性探索，也为构建中华民族共同体，铸牢新时代中国特色社会主义思想具有一定的理论意义。

毛若寒

《乡村、民族与文明：乡村博物馆的当代价值图景——以羊儿岭乡村活态博物馆为例》一文，从促进乡村文化振兴、铸牢中华民族共同体意识以及推动中华文明传播力提升三个方面探讨乡村博物馆的当代价值图景。在乡村层面，乡村活态博物馆扮演着当代乡村文化振兴的"灯塔"身份，以"真实"与"记忆"赋能乡村文化振兴与产业发展，成为乡村振兴战略的关键抓手。在民族层面，乡村活态博物馆是构筑基层乡村社会"中华民族共有精神家园"，以及铸牢中华民族共同体意识的重要载体。在文明层面，乡村活态博物馆有望成为彰显"人类文明新形态"特征与优势的"乡村窗口"，有助于体现中华文明的精神特质和突出特性，为中华文明的对外传播提供生动、鲜活的形象载体。

杨红艳

《博物馆在助力民族地区乡村振兴的价值与路径——以贵州省务川自治县为例》一文介绍了在贵州省务川仡佬族苗族自治县砚山镇大桥村担任驻村第一书记期间参与建设当地乡村博物馆的经验。思考了作为专业技术人员，作为博物馆人，如何在偏远基层一线发挥专长和博物馆资源力量，将行政与文化有机结合，为老百姓精神文化需求注入力量。在实践中，发现了存在的实际问题：一是基层老百姓对博物馆的认识和需求欠缺，博物馆覆盖面少、没能发挥出功能作用。比如砚山镇五个村居，仅毛田村有一个陈列室。务川自治县，拥有深厚的仡佬族文化底蕴，但仅有仡佬族民族文化博物馆一个县级博物馆，且专业技术人才配备严重不足，仅一个中级职称。二是没能将有特色的文化资源通过博物馆的形式打造传播，没有形成一个"不离开的乡村博物馆"。并就乡村博物馆如何打造、乡村博物馆如何下沉、如何发挥博物馆在铸牢中华民族共同体意识助力乡村文化振兴的作用和路径等方面进行了交流探讨。

韦荣慧主任对专题报告进行了评议，对此次会议交流论文作出高度评价，鼓励学界同人在乡村博物馆领域持续推进理论研究与实践工作创新。

圆桌会议开始前，与会代表前往复旦大学文物与博物馆学系数字艺术实验室，参观学习柴秋霞教授领衔团队所创作的博物馆数字艺术展示成果。团队展示了为郑州商都遗址博物院"雕画汉韵——寻找汉梦之旅"展览打造的沉浸式艺术展示场景等创新成果，与会代表参与体验互动。圆桌会议环节，与会代表就数字艺术如何赋能乡村博物馆发展展开交流探讨，会议在热烈讨论中结束。

全面推进乡村振兴、实现农业农村现代化是中国式现代化的题中之义，新农村文化体系打造、特色文化呈现是乡村振兴的重要组成部分。博物馆作为人类文明记忆保存与展示的重要场所，在中国式现代化和人类文明新形态丰富发展进程中发挥关键作用。博专委将继续通过更多实践和研讨活动不断推进乡村博物馆领域的理论深化与实践创新。

第五节　乡村活态博物馆论坛

名称：乡村活态博物馆论坛
时间：2023年9月23日（周六）上午9：30 — 12：00
地点：通州区张家湾艺术小镇北京国际设计周永久会址
主持：韦荣慧

2023年首届北京艺术乡村博览会作为北京国际设计周乡村振兴板块的展事活动，于2023年9月21日 — 10月10日在通州区张家湾艺术小镇北京国际设计周永久会址举办。艺术乡村博览会组委会特邀中国人类学民族学研究会博物馆文化专业委员联合北京市农村经济研究中心举办"乡村活态博物馆论坛",参加北京国际设计周的论坛周活动,就"乡村的活态价值"主题展开研讨交流。

乡村活态博物馆是用博物馆理念助力发展乡村新业态、搭建乡村对外交流的桥梁,也是乡村文化主体性的一种生活表达和文化建设路径与方法。本次论坛旨在探讨如何以乡村和村民为中心,发展乡村活态博物馆来保护乡村文化资源,发掘和展示乡村文化,促进乡村文化与现代生活的有机结合,赋予乡村文化新的生命和价值,共同推进乡村振兴和文化传承。此次论坛邀请博物馆、农业农村等领域的专家作主旨演讲,同时邀请相关的村镇领导及村民参与讨论,共同探讨如何在乡村推进中国式现代化,探索乡村活态博物馆的发展之路。

韦荣慧

乡村振兴是新时代中国特色社会主义的重大战略,在乡村振兴的过程中,乡村文明建设是至关重要的。博物馆作为人类文明记忆的保存与展示的场所,在助力乡村文明建设的进程中如何发挥好文化传承与发展这个媒介,特别是乡村文化如何在活态中传承和保护,在活态中利用和展示,有其理论意义,也有实践意义。这次论坛邀请了文博界的来自农村领域研究的专家,来自高校、社区的专家,还有来自乡村基层的代表,今天讨论的话题是乡村,是乡村活态博物馆,参与讨论的是涉及各个方面的专家,所以我们采取圆桌会议式的讨论,由专家、领导和参加论坛的学生们一起互动。

刘曙光

第一个感想,在来到会场之前,我还不知道我们这个论坛是北京国际设计周其中的一个环节。进了这个会场之后,我感到非常亲切,因为我与北京国际设计周有着比较深的渊源——2016年我作为中国文化遗产研究院院长,曾获得北京国际设计周大运河设计金奖,当时我们中国文化遗产研究院主要负责的是中国大运河申遗文本的编制以及大运河遗产保护规则的制定，北京国际设计周颁给我们这么个荣誉。没想到现在北京国际设计周的内容变得如此丰富多彩，且有了自己的永久会址，这可能也是党的十八大以来习总书记及党中央高度重视文化建设的一个体现。

第二个感想，我参加了韦荣慧馆长带领的博专委专家们在河北省怀来县羊儿岭的活动，我意外地发现有一种别样的吸引力，因此中国博物馆协会还把羊儿岭乡村活态博物馆的实践作为长城沿线博物馆、纪念馆和乡村博物馆调研项目的其中一个内容。昨天晚上在居庸关举行的2023北京长城文化节上，我代表我们调研团队发布了《长城沿线博物馆、纪念馆和乡村博物馆调研成果》，我们认为，随着长城文化带和长城国家文化公园建设，长城沿线的省区市对长城价值的发现和长城文化的传播已经提上了议事日程，各地关于长城国家文化公园建设的时间、精力和经费主要用在了旅游设施等硬件建设上，相比之下，对于长城历史文化价值的挖掘以及博物馆化的展示还是比较弱的，从文化展示和展览传播的角度来看也还有许多欠缺之处。比如山海关的展览、嘉峪关的展览以及八达岭的展览，同质化程度非常高，还有许多以长城历史文化为基本内容的博物馆其展览展示水平达不到一般博物馆的要求，更重要的是长城历史文化的宣传与长城沿线村庄民众之间的影响力还不是很大，有一些让人匪夷所思的事情发生。比如上个月，宁夏有两个普通的施工人员，在施工过程中觉得身边的长城挡着他的施工路线了，就顺手把长城的豁口给刨了。长城作为世界文化遗产这么多年，长城国家文化公园的建设宣传得如火如荼，还存在农民顺手、顺便破坏长城的事情发生，这说明在长城沿线的普通百姓当中，长城的历史文化价值还没有深入人心，这方面的工作还需要进一步地完善。从这个角度来说，在长城沿线建设乡村活态博物馆还是非常有意义的。

第三个感想，乡村活态博物馆让我想起20世纪八九十年代，以苏东海先生为代表的一批中国博物馆人抱着美好的愿望在我国西南地区云南贵州做了一批生态博物馆，开展了国际间合作，引入国际博物馆理念。在当时苏东海先生的理念是正确的，我们读一读他的"六字宣言"，他非常强调生态博物馆一定不是一个外来文化植入的东西，而是要保护当地的文化遗址和文化传承，要让当地民众了解自己的文化价值，掌握博物馆的运作模式。理想非常丰满，但现实是随着国际资金的撤出，地方投入严重不足，影响了大家的积极性。另外，欧洲国家兴起的生态博物馆是在后工业时代欧洲全社会生活极大富足、社会文明高度发达的情况下，从环境保护的角度来保持生态。而我们最早一批生态博物馆在初建时要保护的那种生活方式，多多少少阻碍了当地民众致富奔小康的步伐，包括为发展旅游对非物质文化遗产的改造，比如六盘水地区梭戛长角苗所留的辫子，原来没有那么大那么长，但为了表现特色、为了好看，对它进行了改造，违背了当地的自然生态要求，违背了当地的自然文脉发展。现在，第一批生态博物馆纷纷转型、没落了，国家文物局甚至把福州市的三坊七巷也作为生态博物馆的一种形式去改造。在中国的博物馆史上讲生态博物馆是一件复杂的事。

今天谈到文旅融合、乡村振兴，在乡村建设博物馆，一方面要有热情，有文化情怀，另一方面要吸取生态博物馆的前车之鉴。在乡村建设博物馆，与其说是一个博物馆建设的问题，不如说是在文旅融合、乡村振兴基础上，运用博物馆的手段，发挥经济社会发展中文化的力量。如羊儿岭村是一个特例，一方面一批文博人和人类学家有鉴于学术情怀，发现羊儿岭这个原生态的村庄，另一方面有李传涛书记因为贴近了城市人的生活，有一定的市场意识，两方面因素的碰撞，才能将羊儿岭作为乡村活态博物馆的样板打造起来。刚才几位专家都提到了可持续性的问题，这是抓到了问题的根本。一定要把可持续性作为打造乡村活态博物馆的基础，甚至从某种意义上来说，有没有可持续性，能不能坚持下去，是衡量乡村博物馆建设成功与否的唯一标准。从羊儿岭"突围"出去放眼看全国，国家文物局从博物馆角度在吉林省、浙江省开展乡村博物馆的试点工作，我利用出差的机会实地考察了温州的乡村博物馆建设。吉林和浙江的乡村博物馆建设还是有很大区别。浙江省经济社会发展比较好，且生态也较丰富多彩，正在按照他们的计划在全省范围推动，从目前看，乡村博物馆已经初具规模，一个村子里都有五六处有各自特色的博物馆。在浙江省的乡村博物馆建设中，博物馆只是乡村文化机构的一个代称，它是类博物馆的概念，把原来就很有基础的一些酿酒作坊、制瓷窑坊等从展览展示的角度加以精化细化。浙江杭州几个一级博物馆每个成员都要承包几个乡村博物馆建设，委派专家去村里审定方案，设计展陈形式，更像是一个升级版的展览馆。我问了几个乡村博物馆馆长，他会从博物馆的角度给你讲他的历史文化，讲他的祖传技艺。这种或大或小的乡村博物馆建设，确实带动了浙江一些较富裕村庄的文化建设，目前浙江省的做法是比较成功的。当然浙江省从省文旅厅、省文物局来说有大量人才，每个博物馆都有一些政府基本投入，本身底子就比较好，再加上专家支持，所以浙江省的乡村博物馆建设似乎让我们比较有信心。

相比之下，其他地方还需要借鉴浙江省的经验。前两天我在北京文化论坛上谈到北京的博物馆，我认为北京的博物馆基层建设的规划和条件还是不错的，需要进一步把这些博物馆资源统筹和调度起来，与上海的博物馆相比，还有提升的空间。上海有五六个区的区级博物馆都举办了一些现象级、重量级展览，而在北京有多少人知道还有海淀博物馆、门头沟博物馆，好像各个区县都顾不上自己的博物馆建设，那是因为北京的好博物馆太多了，中央部属单位都建了自己的博物馆，各区县都把中央的博物馆当成了自己的博物馆，所以北京区县一级的博物馆好像都很沉寂，不那么活跃。今年暑期，博物馆人都快被观众逼疯了，门票预订不上，但真正一票难求的还是那几个大博物馆，还有相当一批行业博物馆没有人去看，而且还有相当一批人只是去博物馆看热闹。所以在北京普及博物馆文化也是一件任重而道远的事。从这个意义上来说，我们在北京国际设计周举办关于博物馆论坛也是一件很有意义的事，我们作为博物馆人对于乡村博物馆的建设关注得还不够，我们的视线不能像普通大众一样只围着故宫、围着国博、首博这些头部博物馆转，今后还要把更多的视野、更多的时间精力投入基层博物馆、社区博物馆上来。

刘超英

一是非常感谢韦荣慧主任带领博专委的专家们开展乡村博物馆"活态"化的工作，感谢各级领导、专家们对建设乡村活态博物馆的支持和工作。二是博物馆是一个记录社会发展进程的机构，它对推动社会的发展有一定的作用。我们国家是一个有着五千年历史文明的古国，我们有很多历史文化在博物馆里遗存，但随着社会发展进步，我们身边生活里的物证灭失得很快，我们对这些物证存留得不够。我们的乡村博物馆事实上是国家的社会基础，乡村的文化生态、生活习俗、身边物品都是社会发展的重要组成部分。所以乡村活态博物馆的建设有着非常重大的意义。"活态"指的是博物馆要有生命力，而"静态博物馆"指的是展览、文字解说、展品都应该是存在的，但还需要有生命力，是可持续发展的，这才是"活态"的内涵。活态并不应该只是旅游的吹拉弹唱，而是要让乡村所在地的人们在保留乡村文化记忆的同时，得到文化自信和文化自觉，同时还要让生活在这片土地上的人们在传承文化、保留文化的过程中产生幸福感，并使幸福感进一步提升。我认为"活态"应该是这种状态，一定是可持续的，一定是属地村民自发的。这种内在动力不是外界所能给予的，而是需要村民们的参与，这是非常重要的。三是北京提出要打造"博物馆之城"的计划，提出全域博物馆的概念，实际上最大范围是在乡村、在社区，这是"博物馆之城"的基础。目前北京文物局做了一个"类博物馆"试点，就是说一些乡村博物馆、社区博物馆还达不到国务院所制定的博物馆标准，但可以先把它们当成培育单位，目前我们在各个区县已经分两批挂牌了20多家博物馆，得到了各区县的支持。希望大家把所在区域的文化的"点"能够通过挖掘形成"片"，从而实现全域旅游的目标。

最后，感谢所有为推动乡村博物馆建设而工作的同人们的支持。

韩永

我今天非常荣幸能在北京国际设计周的会场参加这次论坛。今天在这里想跟大家聊的话题是"遇见山里红——羊儿岭"的博物馆实践，今天羊儿岭的村支委王艳飞也来到我们论坛现场。中国人类学民族学研究会博物馆文化专业委员会在"新冠"疫情期间受到中国博物馆协会理事长刘曙光和河北省文化厅的支持，在河北省怀来县羊儿岭村作了一个不大不小的实验，名为活态博物馆。关于活态博物馆是我们博物馆学上的一个创新，创新就需要在工作中不断地去深入深化认识，博物馆的活态化应该是每个博物馆追求的方向，"活起来"无疑是新时代博物馆的使命，这是习总书记对我们博物馆提出的要求。羊儿岭地处河北省怀来县，曾经是燕地上谷郡，属妫水河流域，南下可达华北平原，北上直入崇山峻岭、高原大漠，是一个有着数百年历史的村子。村子里有明代的城墙，是一个塞外边城小村，周围都是通渠大道，现在被各类科技园区和城市住宅、商业区紧紧包围着，成为高度现代化城市圈子里的孤岛，但人们依旧按传统的生活方式生活着。这个安静的、过着传统生活的小村子被一群人给打破了，这群人就是韦荣慧馆长带领的博专委的专家们，他们带着理想走进这个小村子，通过与村民的交流沟通，采取了一系列的专业方式，动员发起了故事汇，举办了长城脚下的古村系列调查，于是就有了"遇见山里红"。这是普通村民周桂英的一间房子，她们一家人在博专委的鼓动下，羊儿岭的第一个主题体验馆开张了，一棵山里红树，一个小院，一个展览，一幅村里人书写的展题，20万的投资。这个体验馆已经开了一年了，经营好坏一会由王艳飞自己说。我们期待着乡村振兴这棵小苗能长成那棵山里红一样茁壮茂盛。山里红经营和举办展览不一样，需要更多的条件和耐心，在商业运营中也许它会成功，也许它会陨落，但从此以后这个村子再也回不到以前的模样了，它激活了羊儿岭村百年来一成不变的生活方式和思维模式，活态最根本"活"的是人的认知和改变，从而使生活和命运发生新的可能性，赋予生命以新的向往。或许羊儿岭村的子孙辈和远方的亲戚受到触动而引发各种联谊，总之这一"活化"的羊儿岭的村民不仅看到"山里红"的市场价值，也许在夏夜晴朗的夜还通过"山里红"的树叶和果实看到了星空。

王建民

我今天所讲的内容是乡村博物馆与设计。我们在乡村活态博物馆的建设过程中是有很多各界人士参与的，有艺术家、设计师。乡村的存在状态和发展是当下一个比较大的话题，从国家角度来说也关注了很久。通过不同参与者，在不同地方，基于不同诉求的实践，出现了一些乡村建设和乡村博物馆存在的模式。乡村活态博物馆是在乡村建设和乡村振兴过程中出现的一种新型博物馆形式。一种情况是存在于传统村落中的乡村博物馆。沿长城文化带而建设的乡村活态博物馆目前走在前列，而其他文化带上的乡村没有得到很好的倡导，没有引起充分的重视。另一种情况是以艺术形式存在的乡村博物馆，大部分是空心村落，甚至是基本上已被废弃的村落，艺术家把它们利用起来，变成艺术家小镇，成为带有艺术展陈功能的博物馆。还有一种情况是依托自然景观加以开发的旅游村，通过新添一些相关的旅游设施，也具有博物馆的性质。这是目前乡村博物馆的几种样板。刚才陈主任说的最新联合国确定的世界文化遗产——云南普洱景迈山古茶林，我曾在那里住过几天，就住在当地老人的家中，跟他们到不同的茶园去看过。古树茶到底是什么样的，在座的老年朋友可能对此很感兴趣。我们考察了茶在什么季节采摘，怎么采摘、怎么加工、怎么做生普、怎么做熟普。当地布朗族还会制作烤茶，就是把茶叶放在陶罐里，在火上烤制，烤完后直接把热水倒进去，根据个人口味加些炒米之类的东西。当地布朗族非常喜欢这种加工工艺，早上起来喝一口特别提神。这种关于茶的知识也是农业文化遗产的一部分。在乡村活态博物馆的建设中我们应该塑造什么、怎样展陈呢？怎样让乡村成为当地人自己的乡村呢？让乡村人成为乡村博物馆主导和决定力量，这是今天应该思考的问题。我们更应该着力于乡村建设、乡村发展、乡村治理和村民的关系。刚才陈主任也提到了关于村民的表达。现在谈乡村建设、乡村振兴，村民是失语的，都是有关部门自己决策，投入大量资金，但实际发展的可能性却不是那么高。生态博物馆的概念推广起来之后，获得了国际资金的支持，全国各地建了一大批生态博物馆。我们参观了一些生态博物馆，最初很好，博物馆的展品和展陈形式都很讲究，但基本上是外来的博物馆专家来做的，也雇用当地的村民作保管员和兼职的解说员，但几年后再去考察时，发现怎么好好的场馆漏雨了，再一看里面的展柜损坏了不少，很多展品都没了，这是什么原因呢？国际资金撤了，没有了资金这个博物馆很快就荒了。但有时会发现，旁边那个村搞得很好，这是因为旁边那个村的村民看见原先有国际资金资助的博物馆很好，为了发展旅游，向县里申请了一点资金，自发地建了个博物馆，反而搞得有模有样。这时我们再思考乡村博物馆给我们带来的问题。所以说，我们要让村民树立文化自信是乡村建设、发展、振兴的根本和基础。我们说文化自觉一定是建立在文化自信的基础上的，对自己的文化没有自信而又想实现文化自觉，对外面的文化不加思索，不加选择一股脑儿搬过来，是很难维持长久发展的。所以首先要建立文化自信，当然在项目实施过程中要有村民的位置，从初期参与到主动参加再到成为主导。羊儿岭乡村活态博物馆的建设，从李传涛书记到村委会干部到广大村民的积极参与都很有关系。羊儿岭乡村活态博物馆没有很大的投资，但这件事却做得红红火火，引起了各界的关注，当然这也与博专委的努力有很大关系，我们中央民族大学作为国家民委的对口单位参与了博专委的很多工作。羊儿岭作为一个成功案例，怎样沿长城文化带——首先是北京，然后扩展到整个长城文化带，怎样让村民发挥更大的积极性，是每一个乡村博物馆建设者所需要考虑的。如果没有村民介入，只靠外部投入，往往会从热闹到冷清，从繁盛到萧条。

另外建设、发展、治理乡村博物馆的过程中要充分利用当地资源，包括文化表现形式、背后的概念系统、运营体系、情感表达模式以及当地社会组织、社会关系等资源。设计Design本身就是概念、观念和表达方式，使博物馆的表达如何能够与当地人的表达方式衔接起来，更好地把当地的宇宙观、道德观、价值观及美学逻辑体现出来，这是我们在设计乡村活态博物馆以及其他类型的博物馆里要强调的，在此过程中需要做更多的研究。人类学有一个研究领域——设计人类学，包括dA（design Anthropology），服务于人类学的设计人类学；Da（Design anthropology），服务于设计实践的设计人类学；DA（Design Anthropology），设计和人类学平等发展、超学科融合的人类学（大写首字母代表该领域占主导地位）。这样把人类学与设计联系在一起，整合设计思维和人类学的优势，使得未来的乡村博物馆建设能够更好地利用当地资源，动员当地民众参与其中，使乡村博物馆的事业得到更大发展。

魏翔

我的研究领域是休闲经济，消费经济，最近也关注乡村振兴和博物馆方面的业态，借这次机会汇报乡村消费的分化和乡村博物馆方面的见解。据这两年的跟踪观察，我们关注到网上一些经济学者存在的误判。一是居民不愿意消费。国家统计局最近公布了8月份的社会消费品零售同比增加4.6%，是近7个月增长最快的，整体来看消费意愿是逐步复苏的。而据国家统计局公布的8月份消费倾向数据即居民愿意消费的支出额占可支配收入的比例为68%，这个数据确实比2019年要小，但连续5个月与2019年的数据在缩减，差距已经缩小到2个百分比。所以中国居民消费意愿实质上是在比较快地复苏。二是居民储蓄率下降。2023年居民可支配收入同比增加6.5%，与中国GDP相比，上半年我国GDP增加5.4%，而居民可支配收入增加6.5%，二季度居民可支配收入增加8.4%，而二季度GDP只增加5.3%。所以居民储蓄增量没有变少，那么为什么说居民消费那么低？我们对消费误判的原因是什么？这是因为基尼系数。在2002年我国居民基尼系数为0.39，2009年降为0.28，"新冠"疫情以来基尼系数一直在上升，国家统计局最近公布了2023年上半年的居民基尼系数为0.307，这说明我们不是负消费，不是没钱了，而是因为我们新增收入被均化了，有的人收入增加很多，而大多数人收入没有增加，这才是消费不振背后的原因，只是我们经常把它敲碎了来说。这在城乡之间影响更大。今年我们马上就要迎来中秋国庆这个"超级黄金周"，这个超级黄金周最大的热点就是博物馆，博物馆门票是一票难求。据文化和旅游部公布的2019年至2022年的数据，城市出游的人次量比农村出游的人次量多两倍，而今年城市出游的人次量是农村出游的人次量的4倍，花费上城市也比农村高，2019年城市比农村花费高两倍，而今年城市比农村花费高六倍。这说明农村的消费与城市相比没有进步。我们乡村博物馆的活化能不能在下一步的文旅消费提振中有所展现？我认为文旅消费的提振方向恰恰在乡村和文博深度融合的领域。第一，文化和旅游部和农业农村部都想抓一个业态，就是乡村的公共服务试点，比如说村超、村BA。我参加过村超，CCTV也做了相关的节目报道，这说明这种以博物、群地为主的公共服务事件在促消费和拉动地方经济方面作用很大。第二，乡村博物和乡村博物馆的确需要社会效应，乡村博物馆对一个村、县来说对于提振农村消费、提振文化消费方面与三年前相比可能会倍增。比如我们关注的两个业态。一是老年乡村俱乐部。老年人养老会把运动休闲的需求放到乡村中去，但是我们中国不能照搬西方的东西，中国老年人除了对运动方面的需求外，对静态即文化方面的需求也很重视。如果我们把老年人的运动休闲与乡村文化活化博物方面结合起来，县域经济在开放养老规划的同时是有吸引力的。二是性别经济，比如女性经济、单身经济。现在很多女性退休后的消费热点聚集到乡村从事文化升级和文化融合方面的工作。我们支持乡村博物发挥其社会功能，它的社会功能是能够变现的。

潘守永

活态博物馆这个主题很有意义、很有价值，我从三个方面与大家进行交流。第一，活态博物馆和生态博物馆的关系。过去讨论较多的是生态博物馆，有不同区域生态博物馆的实践。活态博物馆和生态博物馆从理念、方法、构建、目的和目标来看，两者具有一致性，都是为了促进乡村文化主体性的发现，是一种生活表达，对当下的乡村文化建设具有重要意义和价值。从目标、宗旨上看，活态博物馆和生态博物馆是具有一致性的。那为什么使用不同的名字呢？我们讨论历史遗产时说"活态遗产"，不能说"生态遗产"，从这个角度看活态博物馆是"活着的"，在词语的使用上似乎更合理一些。但活态这个词也有一些危险，我们中国人忌讳说生死，"活"对应的是"死"，"活态的"对应的就是"死态的"。事实上我们博物馆的收藏品大都是完成时，不是进行时，就像"死亡"的。第二，活态博物馆和生态博物馆的工作对象和工作目标。生态博物馆关乎的是一种生活方式的方法、工具和态度，我们讨论活态博物馆仅仅讨论一种生活方式还不足以概括，还应该包括生产、生活、生态这"三生"。林耀华先生和与切博克萨罗夫教授合著的《中国的经济文化类型》中可能很好地概括活态博物馆背后的逻辑，它是一种生计方式，是自然、环境、人的哲学。第三，生态博物馆的建设中形成一些理论和看法，彼得·戴维斯用的"地方感"，就是关于特定地方的一种感觉、感受、感观和所形成的世界观，在此基础上，尹凯在与彼得·戴维斯的对话中又增加了"历史感"的纵向的概念。一方水土养一方人，感觉上是一个地方感，内在的逻辑也包括了历史感。我们归属于这个地方，关注于一个历史维度之下的人生态度和自我认同的一个呈现。对中国的地方而言，而是一个具象的社区感。我建议大家思考一下地方感、历史感和社区感，我希望大家针对我这些话题展开讨论，提出有效的交流和意见。

红梅

我的主题是《乡村活态博物馆——用博物馆理念助力乡村振兴的中国智慧》。第一部分是乡村活态博物馆的理论逻辑。首先，我认为，传统村落遗产是乡村活态博物馆的文化基因。中国的传统村落是在自然及社会历史环境交互作用过程中产生和发展的，是依据血缘和地缘建构的，被认为是具有生命机制和情感品格的"活态"文化体。其次，博物馆的社会服务职能拓展是乡村活态博物馆的理论基础。正如刚才各位专家讲到的，各国的博物馆界都在推动博物馆的转型发展，积极寻求与社区的合作，以此来强化其社会服务功能。国际博物馆协会2022年公布的新定义是，博物馆是为社会服务的非营利性常设机构，主要研究、收藏、保护、阐释和展示物质与非物质遗产。同时强调了在社区的参与下，为教育、欣赏、深思和知识共享提供多种体验。最后，是新时代我国乡村博物馆建设的需要。党的十八大以来，全国各地掀起了建设乡村博物馆的热潮。2014年、2015年山东、山西的"乡村文化记忆工程"，2016年吉林省的吉林印记项目，2022年浙江提出"十四五"期间建设1000家乡村博物馆，而北京计划至2035年打造全域活态博物馆。

第二部分是乡村活态博物馆的内涵特征。乡村活态博物馆是一个没有围墙、涵盖整个完整村落的开放博物馆。主要涉及集体记忆、公共文化空间、乡村居民三项重要元素。其特点，首先是"活态"，就是要一直存续，有未来，有持续发展的可能性。承认文化不是一成不变的，一切文化都是在传播的过程中发展的。其次是"以人为本"。确保村民在保护和传承乡村物质文化与非物质文化中的话语权与参与度，从制度设计上，让村民从"形式化参与"转变为"实质性参与"。最后是"体验思维"，表现为乡村活态博物馆为村民和观众提供乡村文化体验平台。观众从被动聆听讲解员的讲解转变为积极主动地参与其中，从而得到更为丰富的情感体验和自我实现。

第三部分给大家分享羊儿岭乡村活态博物馆建设在乡村振兴中的实践。2021年，我们博专委专家团队选择河北省怀来县羊儿岭村，建设"羊儿岭乡村活态博物馆"，探索用博物馆理念落实国家乡村振兴战略。这个方案得到了当地村民和村、镇、县三级政府的大力支持，得到了刘曙光理事长等专家的认可，成为腾博基金资助的首个长城沿线建设的乡村博物馆。一是重新定义了乡村博物馆的形态。羊儿岭乡村博物馆在空间上转变了过去博物馆静态的建筑样式，以乡村整体的时空范围为边界，把整个乡村作为博物馆收藏、展示、教育、研究的空间，是一种动态的、活化的、无围墙的新型博物馆形态，是一个"生活化"的公共文化空间。羊儿岭乡村活态博物馆启动第一个工程——"故事汇"，村民们自下而上，将一处长期闲置的村集体小院改建成集村史村情展览和村民聚集讲故事的公共文化空间。故事汇建成后，大受村民和参观者的欢迎，成为一个生活化的历史与文化载体，提高了文化的触及率。这种人文与空间的高度融合，使乡村活态博物馆不再是一个单纯的展示平台，而是一个文化的交流与互动中心。二是提升了村民的主体地位与文化自信。故事汇的建设提升了村民的主体地位。在村委号召下，村民们不论男女，都自带工具，参与修建工作，经过整整一个月时间齐心合力的努力，完成故事汇的基础设施建设。而举办"遇见山里红——山楂文化主题展"，则是源于村民周桂英家小院里有一棵30年的山楂树，专家组建议将这个院子改建成依托主题展览，创新经营模式的桂英下午茶，改建过程都得到周桂英全体家人的同意后才实施，充分体现了文化主人翁意识。实际上，在整个羊儿岭乡村活态博物馆建设中，村民并不是被动的接受者，而是活跃的参与者，甚至是决策者。他们不仅在物质建设上做出了贡献，更在文化传承和创新上发挥了关键作用。三是以整合式创新，推动村民从文化自信到文化自强。专家团队在调研村里留守妇女的需求后，将苗族刺绣和扎染这两项国家级非遗技艺引入羊儿岭。妇女们通过学习非遗技艺，掌握了一项有用的手工技能，进一步增强了文化自信。她们为此学会了发抖音和朋友圈,"炫耀"自己的手艺。也激发了妇女们的创造力和想象力。她们会结合冬奥会、联合国等国际文化元素,创作出不拘一格的苗绣产品。这些作品不仅展示了村民们的个性和风格,也为乡村文化注入了新的活力。这种整合式创新是博物馆理念、非遗技术与经济模式的叠加,更是对文化传统与现代元素的有机融合。村民们不仅从中获得了物质回报,更在精神层面得到了滋养。四是完善造血机制,推动经济发展巩固文化主体性。通过"故事汇"、乡村音乐会等文化的挖掘和品牌建设,乡土文化被更多人所喜欢。通过乡村山楂特色下午茶等项目将文化与经济完美结合,使乡村的文化得以商业化而不失其魅力。这其中,教育和培训投入是确保文化传承和革新的关键。通过引入苗族刺绣和扎染等非遗项目,使得羊儿岭村民有机会重新认识和尊重自己的传统文化,进入更广阔的市场。不仅为村民带来经济收益,更使他们成为文化传承的主体。同时,利用乡村活态博物馆这个平台,举办"乡村特色产品市集",村民的小米和八棱海棠受到了消费者的喜爱,由此将羊儿岭村的本地资源转化为具有市场竞争力的商品。

总之,羊儿岭乡村活态博物馆这种模式赋予了乡村文化新的生命力,使之在现代化的大背景下仍能保持其独特性和连续性,创新了乡村文明新形态,使乡村更好融入中国式现代化进程,为乡村发展贡献了博物馆的智慧与力量。

陈奕捷

我可能是现场唯一一个来自农业农村部门的,因此我更有责任有义务去做好这方面的工作。我们很难听到乡村村民发出自己的声音,都是由别人在讲他们的故事,都是由别人在帮他们规划,都是由别人在主导他们的发展,别人告诉他们该种什么,该养什么,这是一件让人遗憾的事。既然活态博物馆建在乡村,作为一个从事三农工作的研究人员,我觉得我有责任从三农的角度来谈谈乡村活态博物馆的建设。我有三个观点想跟大家分享。

第一,乡村是博物的。乡村有着丰富的自然人文景观元素,农业文化遗产是乡村博物的一种体现。这两天有个新闻不知道大家有没有关注。第一个新闻是9月17日，中国第57项世界文化遗产诞生了，就是云南普洱景迈山古茶林文化景观。这对于我们从事三农工作的人来说是感到很亲切的，因为这属于农业生产系统。茶在森林中，村在茶林中，耕地和其他生活在茶林外，这是智慧型的山地人居环境，这就是一种设计的智慧，或者叫智慧的设计。天地人，才有了农业。光有天地，那就只有野生动物和野生的狗尾巴草，只有人把这些野生动植物驯化后才诞生了农业，有了农业才有了人类的文明。所以农业就是人和自然连接的产业，而乡村就是农业与人连接的场所。我们今天在北京国际设计周的场地讨论乡村活态博物馆显得格外有意义。第二个新闻是9月22日，农业农村部公布了第7批中国重要农业遗产文化名单，一共有50项，其中北京市有2项，它们是怀柔板栗栽培系统和门头沟京白梨栽培系统。到目前为止，我国一共有19项全球重要农业文化遗产地，有138个中国重要农业文化遗产。那么什么是重要农业文化遗产呢？根据联合国粮农组织的定义和中国农业农村部的定义，农业文化遗产就是人类与所处环境长期协同发展中创造并传承的独特农业生产系统。它有三个要素，一是丰富的农业生物多样性，二是传统的知识与技术体系，三是独特的生态与文化景观，这三个要素就构成了乡村活态博物馆的基本内容。去年夏天，韦荣慧老师带着博专委的专家和我们一起在怀柔区渤海镇燕山板栗的核心产区进行了调研，在有33棵500年以上树龄的明清板栗园（其中最老的一棵有900多年的树龄了，我们还在树下合了影）召开了乡村活态博物馆研讨会。这是非常有意义的一件事。今年怀柔板栗的栽培技术被列为农业文化遗产。

  第二，乡村的博物馆一定是活态的。这是毋庸置疑的。我们平时去博物馆，那些展品都是放在橱窗里的。甚至美国、英国的一些博物馆里的展品都是我们中国的东西。这些展品离开了中国，肯定已经是死了，它都没有根了。甚至把别的国家的墓都搬到他们的博物馆里去，它肯定不是活的，是死的。但是我们乡村的博物馆一定得是活的。我们的农业文化遗产第一个内容就是有丰富的生物多样性，一定得是"活"的东西。这是农业的特点，因为农业的劳动对象是生命体，它和工业是不一样的。我们种的玉米、小麦都是活的，它会生病、会闹脾气，天气冷了热了都会有反应。我们食用的都是他们的果实，事实上是人与自然的一种对话、一种交流。所以农业一定是活的，乡村的生活也一定是活的。习近平总书记在2013年中央农村工作会议上指出，农耕文化是我国农业宝贵的财富，是中华文化的重要组成部分，不仅不能丢，还要发扬光大。2018年9月，他还在中央政治局第8次集体学习时又说，我国农耕文明源远流长，博大精深，是中国优秀传统文化的根。这里讲到了"根"，根一定是活的，有着旺盛的生命力，还能长出枝干，能够开花结果，一定是看得见摸得着、可感知可体验的活体。

第三，希望乡村活态博物馆能够成为北京建设"博物馆之城"的实践，能够成为"博物馆之城"的乡村表达。北京全市面积1.68万平方公里，其实"四九城"只占了不到1%的面积，广阔的空间在北京乡村。除了怀柔的板栗、门头沟的京白梨、平谷四座楼的麻核桃、海淀的京西稻等农业文化遗产，还有三大文化带（长城文化带、运河文化带、西山永定河文化带）大部分都在乡村地区。比如长城文化带，在我们农业工作者眼中不仅仅是那堵墙和那堆石头，而是长城沿线的村庄和村民在村庄里的生产生活，因为这些村庄就是因长城而兴，没有长城就没有这些村庄。许多村民有可能就是古代长城戍边将士的后裔，或是在长城从事边境贸易商人的后代。它是活生生的，因为长城就是这些农民祖祖辈辈生活的地方，长城就是这些村庄的一部分。所以文物局红线一划，说离长城城墙多少米的房子统统拆掉，我们就觉得有点不公平。农民在长城边上与长城共生共存了几百年了，农民拿长城砖去盖猪圈，为什么就不可以呢？这就是人和文物互动的一种关系。长城古代是一种军事防御体系，但真正研究历史你会发现，大部分时间长城沿线不是在打仗的，而是在和平的做生意，茶马互市是汉族和蒙古族在做买卖，是生活的一部分。只有去理解了长城周围的村庄，才能理解什么是化干戈为玉帛，什么叫化垒为夷。长城是中华民族共同体的一个符号，而不是草原民族和农耕民族打仗的分界线。中华民族是一个热爱和平的民族，长城应该是和平的象征而不是战争的象征，只有当人们走进活态博物馆时才能体会到这一点，而不是说把长城砖搬到博物馆玻璃橱窗里去让人们看，看到上面刻的字写着某某督造府监制等，这虽然很重要，但反映的内容不全面。当我们把京郊大地的故事讲清楚，才能把四九城里的事情弄明白，因为北京也是一个因郊区的兴起而生的一个城市。最后我提出一个愿景，希望北京这个"博物馆之城"应该有完善的乡村表达，这个表达就像农业一样，鲜活的、生活的、活态的。

朱利峰

生态博物馆的概念是我在潘守永老师的课上接触到的，毕业后一直在从事乡村振兴的实践工作。乡村振兴作为北京联合大学重要的战略性教学科研工作，也结合了教学和社会服务。去年我们参加了北京农业农村局"百师进百村"项目，我个人也申报了一个北京文化艺术基金项目——长城文化带非遗进乡村人才培养，我以长城文化带为试点，通过文化进行乡村振兴的实践，以非遗为抓手，作了一系列的探索。长城文化带与大运河文化带、西山永定河文化带不一样，它所涉及的北京6个区全部都在乡村，最具有代表性。以此场域为试点，作了一些实践尝试。长城文化带上的非遗项目从民间文学、传统工艺、民俗节庆、传统医药等方面非常全面。刚才陈主任提到乡村振兴主体性的问题，过去的论坛很多都是专家学者坐在一起，自言自语比较多，甚至在村里搞的论坛都没有村民参加，而今天的北京国际设计周的乡村活态博物馆论坛请来了一些乡村干部和村民代表参加，这是与以前的论坛不一样的地方，在学术论坛上是非常重要的一种表现形式，是一个特别大的进步。我在乡村振兴培训班招生的时候，设置了很多种类型的人来参加，除了常规的专家学者、高校老师、研究生，还招收了一些乡镇干部和村民文化代表，因为他们能最直接地提出他们的需求，而这正是我们研究的方向。我的培训班里除了非遗传承人，还有建筑师、策划师、设计师，最重要的还有4个村的第一书记、两个乡镇文化专员、两个村级旅游公司的企业负责人。有了这些综合性人才的参与，才使我的文化艺术基金项目做得非常有特色。现在我们的结业成果展在学校博物馆内展出，欢迎各位有时间的话去看看。通过这个项目的实践，掌握了非遗赋能乡村振兴的模式，如非遗+设计，非遗+新媒体，非遗+科普，非遗+民宿，非遗+演艺，非遗+策展，非遗+文创，还有红色文化+非遗，教育研学+非遗。总之，不管是"非遗+"还是"+非遗"的角度，我们设置了乡村活态博物馆这样一个最重要的模式，我们邀请了陈奕捷主任和徐人杰老师到我们培训班讲课，给学员们很大的启发。

我觉得乡村博物馆，包括博物馆的活态化和活态化的博物馆这两个角度，涉及对乡村博物馆广义和狭义的理解。刚才红梅老师提到，北京要打造全域的博物馆，不同于博物馆传统的静态展示模式，在传统博物馆的基础上，活态博物馆增加了很多活态化的展示内容和方式，现在全国要打造20个国家级非遗馆，现在很多地区都行动起来在争取成为这20个国家级非遗馆之一，这对我们活态化的场景提出了新的要求。我们知道，非遗的传承方式就是活态的。活态化的乡村博物馆是以活态博物馆的理念来打造每一个乡村博物馆。在实践工作中我们发现，乡村博物馆的非遗工坊、非遗体验馆、非遗传习所都可以成为乡村活态博物馆的展示的新场景。我们以乡村博物馆的活态化作为乡村文化振兴的关键点来进行实践。在"百师进百村"项目实践工作过程中，我们始终如一地贯彻这一理念。比如各村的乡史村情陈列馆，通常展示的是一些传统农具，再现一些过去的生活场景，因此乡村活态博物馆有着非常现实的基础。这些农具和生产生活场景都属于乡村的物质文化遗存，它们在营建和制造过程中是由活态的传统技艺而实现的，这些传统手工技艺的活态呈现是讲好乡村历史文化故事的关键所在，它能让我们更加全面地理解我们的文化遗存，也为乡村文化注入更多可参与可互动的、沉浸式的体验内容，这些体验内容能调动当地村民的参与热情，通过村民和游客互动所产生的体验环节使村民有所收益，让村民享受到文化旅游所带来的红利。北京的长城有两个特别典型的例子，古北水镇和八达岭长城。八达岭长城在五一期间就是一个"人墙"，而八达岭长城脚下有一个村叫岔道村，有着500多年的历史，保存着很好的建筑风貌，但是没有游客。我们怎样让农村的人享受到旅游红利呢？我们可以在乡村建设博物馆，这是一种自我造血的方式，让农民们享受到乡村旅游所带来的红利。

关于乡村活态博物馆，我想提三个小建议。一是关于人才培养，二是造血模式，三是区域文化的正确表达，这三方面可能是从事博物馆领域的工作人员所需要思考的方面。目前我所实践的是人才培养方面。

王海燕

作为基层博物馆的工作人员，在长期的工作生活过程中我深刻体会到乡村振兴与我们博物馆之间的连带责任关系。特别是今天我有幸深入了解各位专家，以及博物馆建设实践者们建设乡村博物馆的经验，我最赞同红梅教授和王建民教授的看法。乡村振兴首先要了解乡村的现状，然后再把乡村活态博物馆的理论在当地落地生根、开花结果，这是乡村振兴最重要、最急切的话题。我们期待着政策的引领，也期待着专家团队做我们的后盾，根据我们的现状，引领我们在非遗项目丰富成果的基础上，建设乡村活态博物馆。羊儿岭乡村活态博物馆就是最直接的成果，羊儿岭的村支委和村民最具有说服力，更希望在各位领导、专家的助力之下，不断延伸、扩展，对乡村振兴起到积极的推进作用。

王海江

羊儿岭是我们怀来县的其中一个村。我们张家口在北京有一个流动党委，在北京有8000多名流动党员，100多个党支部，我在北京东城区任这个流动党委的党委书记。谈到乡村振兴，我们从100多个党支部派了100名优秀党员直接到张家口十几个县区到村里担任第一书记。我很早就开始关注海棠果，当时村里的老百姓只会对它进行粗加工，把海棠果晒成干泡水喝。2003年我们投资建了个饮料厂，做成蒸馏的海棠果汁，应用非遗的酿造工艺做成了一种健康的果汁。我意识到要靠文化和科技的扶贫才能让乡村的老百姓感受到科技给我们带来的红利。后来我们在文旅开发方面进行策划延伸，做了些能实际落地的事。战斗英雄董存瑞是我们怀来的，我们把董存瑞故乡草庙子国光苹果开发成苹果汁，运用北京NFC的榨汁技术把苹果做成天然无污染的健康饮品苹果汁，反响很好，成为中国第一款红罐饮料。如何通过党建引领家乡呢？我们知道怀来是葡萄酒之乡，我们开发了红色庄园葡萄酒。我们认为很多产品不能靠卖产品，而是要让企业家走进怀来，感受当地文化，融入当地文体。如何融入呢？我们送你一亩葡萄园，做好本地化的服务，通过酒窖的储存，做成一个社群。乡村活态博物馆不能是孤立的，要有造血功能，把视觉化的东西展现出来之后，激活老百姓，通过文化理解、产品拉动，由企业和文旅带动进来，形成一个闭环，这样才能让活态博物馆真正"活"起来。怀来距离北京很近，具有天然优势，完全可以复制出类似羊儿岭这样的村子。我走过的村子比较多，怀来有个八宝山煤矿也坐落在村里，一切是个静态公园，但还保存有过去煤矿里上万人的食堂宿舍办公楼等，如果能让它"活"起来，植入像北京798那样的工业化博物馆，也能带动周边村子的乡村振兴。

蓝蔚

乡村博物馆是根植于乡村的，需要与乡村振兴、三农事业的发展紧密结合的。我认为乡村活态博物馆是一个重要的接触地带，也是进行公共空间扩展的一个场域。根据我目前的调查，乡村文化的主体性是我们需要重点关注的内容。乡村振兴关键在人，博物馆在注入文化的过程中也带来乡村其他发展的动能，真正做到建设和美乡村，使农民就近就业的目标。当然这只是其中一个目标。未来乡村活态博物馆更多方向还要期待与各位老师进行更多交流。

李传涛

羊儿岭村很荣幸能成为乡村活态博物馆建设的试点，从2021年"羊儿岭故事汇"到"乡村有约"——羊儿岭文化体验活动，到2022年的"遇见山里红"展，再到今年的读懂长城，理解乡村，在中国博物馆协会和中国人类学民族学研究会博物馆文化专业委员会各位老师、专家的精心组织策划以及各级政府的大力支持下，圆满成功地开展了多次活动，取得了一定的成效，也受到了社会各界的关注，大大提高了羊儿岭的知名度，也使村民增强了自信心、积极性、主动性和凝聚力。

第六节　活态博物馆助力乡村振兴与中华文明传播的重要价值

通过长城周边羊儿岭乡村活态博物馆的实践探索，我们认为，乡村活态博物馆扮演着乡村社会"共有精神家园"的角色，乡村活态博物馆还扮演着当代乡村文化振兴的"灯塔"身份，以"真实"与"记忆"赋能乡村文化振兴与产业发展，成为乡村振兴战略的关键抓手。乡村活态博物馆也有望成为彰显"人类文明新形态"特征与优势的"乡村窗口"，有助于体现中华文明的精神特质和突出特性，为中华文明的对外传播提供一个生动、鲜活的形象载体。

一、乡村活态博物馆是乡村文明建设的重要载体

"家园"是一个富有情感和寓意的词汇，它不仅指代一个具体的居住地，也指代一个精神和文化的空间。家园是人们对自己的根源、归属、认同和价值的一种表达，它包含了人们对自己的历史、文化、生活和未来的一种情感和理想。通过长城周边村落的调研与实践，我们认为乡村活态博物馆也许正是一种体现和营造乡村共有精神家园的文化实践，它将中华民族共同体的理论和理念呈现为日常生活中可感可察的生活体验，它将乡村村民对于中华民族的静态的、抽象的认知转化为活态的、动态的文化实践，形成包容的、共建的、交流的文化机制。正是这些特质，让乡村活态博物馆成为基层乡村文明建设的重要载体。

（一）乡村活态博物馆是有效表征和阐释中华民族共有精神家园

乡村活态博物馆就是这样一种具体而生动的形式，他能够真实、形象、富有感染力地展示中华民族共同体形成发展的历史脉络和文化底蕴，

第三章　博物馆助力乡村振兴的理论探索

增强农民对中华民族共同体的认知和理解。

乡村活态博物馆通过收藏、展示、传播乡村活态文化中的各种"物"，如农耕工具、民俗器物、民间艺术等，依靠"物"的实景呈现，构建"中华民族共同体"的实物表述体系，用直观具体、形象生动、多样丰富的方式，向乡村基层村民等展示中华民族共同体形成发展的历史脉络，了解和感知中华民族的精神品质和文化底蕴。乡村活态博物馆通过解读、诠释、弘扬乡村活态文化中的各种"记忆"，如传统技艺、民间信仰、地方志等，可以让历史"发声"，让事实说话，用真实可信、生动感人、鲜活有力的方式，向基层乡村村民展示中华民族共同体形成发展的历史过程，可以让基层乡村村民等了解、感知中华民族多元融合的文化特色和文化创新。乡村活态博物馆通过融合、创新、发展乡村文化中的各种"故事"，可以让基层乡村村民身临其境地感受中华民族共同体的形成和发展过程，了解和感知中华民族共同体的价值理念和精神追求，如爱国主义、集体主义、奋斗精神等。

羊儿岭和镇罗营两地的"故事汇"，"遇见山里红——山楂文化主题展览"等实践有力地体现出乡村活态博物馆对于中华民族共有精神家园的强大表征能力。"故事汇"以长城脚下的乡村中真实有据的历史遗迹为基础，联动生态、生活、生产和文化传承的鲜活现实场景，村民们讲述的故事本质是长城内外多民族交往交流交融的历史，这唤醒了当地村民的集体记忆，思考与寻找自己与村落之间的联系，以及自己与长城、与中华文化之间的关系。"遇见山里红"以乡村民居中的活态生命体——山楂树为核心，通过山楂历史、山楂树文化，以及村民的真实生活和生命体验等个体叙事和乡村叙事，关联山楂文化所见证的长城周边历史等国家叙事。这些方式通过对基层村民喜欢听、听得懂、愿意听的"在地故事"的挖掘、梳理、淬炼、提升、演绎、展示和讲述，将中华民族共同体意识所蕴含的精神密码、道德律令和价值追求具象化和可视化，让基层群众能够直观地感知和感悟到自己作为中华民族大家庭一员的身份认同和情感归属。同时，它也通过对"在地生活"和"在地记忆"的记录、展示、参与和体验，将中华民族共同体意识所要求的社会责任、道德规范和行为准则具体化和可操作化，让乡村基层村民能够认识到自己作为中华民族大家庭一员的自豪感并回馈社会。

（二）乡村活态博物馆是增强乡村村民凝聚力和向心力的新时代共有精神家园

羊儿岭乡村活态博物馆充分协调政府、社会组织、市场主体、村民等各方力量，形成了上下联动、内外合作的有效的运行机制。以"长城内外市集"的实践为例：政府通过政策扶持、资金投入、项目支持等方式，为"长城内外市集"的建设和运营提供保障和指导；社会组织通过专业技术、培训教育、文化交流等方式，为"长城内外市集"的品质和水平提供帮助和提升；市场主体通过产品开发、服务提供、营销推广等方式，为"长城内外市集"的经济效益和社会效益提供支持和保证；村民通过参与"长城内外市集"的各项活动，如搜集、整理、展示、讲解、表演、体验等，能够更好地了解自己的历史文化遗产，更好地表达自己的文化需求和意愿，更好地享受自己的文化成果和福利，如展示自己的土特产和手工制品，与周边社区居民进行物品交换和交易等。这样不仅能够调动各方面的积极性和主动性，增强各方面的责任感和参与感，实现多方利益共享，也能够优化资源配置、提高决策效率、增强执行力度，从而促进基层乡村发展。此外，乡村活态博物馆也注重以人为本，注重与村民的互动关系，确保村民在乡村文化遗产保护与传承中的主体地位。

乡村活态博物馆通过各种形式和方式，让村民参与到乡村文化的搜集、整理、展示、讲解、表演、体验等过程中，让村民成为乡村文化的传承者和创造者。这样不仅能够提升农民的文化自信和自豪感，也能够提高农民的社会认同感和政治参与度。"故事汇""长城谣""遇见山里红""长城内外市集"等各种活态博物馆实践都显示出，村民是乡村活态博物馆建设和运营的主要力量，通过参与乡村活态博物馆的各项活动，如搜集、整理、展示、讲解、表演、体验等，能够更好地了解自己的历史文化遗产，更好地表达自己的文化需求和意愿，更好地享受自己的文化成果和福利。例如，在"故事汇"中，村民们通过讲述自己或者祖辈们亲身经历或者耳闻目睹的故事，将自己作为历史见证者和参与者呈现出来，在分享故事的过程中，也分享了自己对于历史、文化、生活和未来的看法和感受，在听取他人故事的过程中，也听取了他人对于这些问题的不同观点和感受，在交流互动中，也增进了彼此之间的理解和尊重。在"长城内外市集"中，村民们通过展示自己的土特产和手工制品，将自己作为生产者和创造者呈现出来，在交换或者交易物品的过程中，也交换自己对于物品背后的故事和价值的认识。

综上所述，通过实践证明，乡村活态博物馆是中华民族共同体意识建设落实到乡村基层的重要载体。推进乡村活态博物馆的建设，将有利于乡村基层社会治理的提升，引导村民更好地了解自己的历史与文化，增强文化自觉与主人翁意识，增进对于中华民族共同体的体悟和感知。

二、乡村活态博物馆是乡村振兴战略的关键抓手

乡村振兴，文化振兴先行。博物馆是乡村文化振兴的一盏灯塔，乡村活态博物馆可以为乡村振兴注入"真实"与"记忆"的发展动能，为乡村产业发展提供素材和灵感、标准和保障以及模式和渠道，通过融合、创新、发展乡村文化资源，保护和传承乡村文化遗产，弘扬和创新乡村文化精神，助力乡村振兴与发展。

（一）乡村振兴、文化先行

乡村振兴战略是新时代中国特色社会主义的重大战略，是实现中华民族伟大复兴的重要内容。文化是人类社会发展的基础和动力。文化决定了一个社会的价值观、思维方式、行为规范、发展方向等。乡村文化是指在农业生产方式和农业生活方式影响下形成并传承至今的具有农耕特色和地域特色的物质文化和非物质文化，是中华民族传统文化的重要组成部分，也是农民生存和发展的重要支撑。文化是乡村发展的灵魂。乡村文化承载着中华民族的历史记忆和文化基因，孕育着中华民族的精神追求和价值理想，展现着中华民族的风土人情和生活方式。没有了文化，乡村就失去了自身的特色和魅力，就失去了发展的动力和方向。只有通过文化振兴，才能激发乡村发展创新活力，才能提升乡村发展的质量和水平。文化是乡村

社会共同体建设的纽带。乡村社会共同体是基层乡村社会秩序及和谐的重要载体，为之提供共同的价值认同、行动目标等，增进乡村社会共同体内部各群体之间的交流沟通和相互理解，形成更强大的社会生活凝聚力和向心力。因此，推动乡村振兴，必须要尊重和保护乡村文化，让乡村文化成为乡村发展的根基和灵魂。

乡村文化振兴的重要体现是乡村活态文化的保护传承与发展。乡村活态文化是指在乡村社会中具有生命力、创造力、影响力的文化现象和文化形式，它包括乡村的物质文化、制度文化、行为文化、精神文化等各个层面，反映了乡村社会的历史变迁和现实需求，体现了乡村社会的生存方式和价值取向，影响着乡村社会的发展方向和发展模式。没有了活态文化，乡村文化就失去了生命力、创造力和影响力。保护传承与发展乡村活态文化是指在尊重和继承乡村活态文化的历史性和连续性的基础上，根据时代变化和社会需求，对乡村活态文化进行创新性的改造和提升，使之具有更强的现代性和多样性。这既可以保持乡村活态文化的真实性和完整性，也可以赋予乡村活态文化新的生命力和价值。保护传承与发展乡村活态文化可以有效地提升乡村文化的品质和水平，增强乡村文化的竞争力和吸引力。要达到这样的目标，需要采取多种形式和方式，将乡村活态文化整合和调动到乡村发展、治理、社会共同体建设等各个领域和方面，使之成为推动乡村振兴战略实施的重要途径和手段。

（二）博物馆是乡村文化振兴的一盏"灯塔"

乡村文化振兴是乡村振兴战略的重要内容和目标，而博物馆则是乡村文化振兴的关键抓手。博物馆作为收藏、研究、展示、教育和传播自然与人类的物质及非物质遗产的公共文化机构，能够有效地保护和传承乡村文化遗产与乡村活态文化，展示和推广乡村文化特色，促进乡村社会共同体建设。通过长城周边村落的乡村博物馆调研，特别是羊儿岭乡村活态博物馆的实践，我们认为，博物馆可以被视为乡村文化振兴的一盏"灯塔"，博物馆可以通过其专业能力，特别是通过其"真实"与"记忆"的力量，照亮那些因为历史原因或现实困境而被遗忘或被边缘化的乡村文化遗产和文化特色，为它们重新焕发生机和活力提供新的可能。

在博物馆介入乡村振兴的过程中,"真实"与"记忆"是两个关键词。它们是博物馆的特征和优势,为乡村活态博物馆的功能发挥奠定了根基。在乡村活态博物馆的语境下,"真实"指的是对于乡村本身和所承载的历史、文化、生态等方面的尊重和保护,不断挖掘和利用乡村的内在价值和潜在资源,不盲目追求外来的模式和标准,不牺牲乡村的特色和品质,不断提升乡村的吸引力和竞争力。"记忆"指的是对于乡村过去的经历和故事的记录和传播,不断梳理和总结乡村的发展历程和经验教训,不遗忘乡村的根源和底蕴,不断弘扬和创新乡村的精神和文化,不断增强乡村的认同感和自豪感。通过"真实"与"记忆"的发展动能,可以为乡村振兴提供坚实的精神动力,从而使坐落于乡村的博物馆仿如一盏灯塔,照着乡村发展的前行之路。

首先,博物馆以"真实性"为核心,对乡村活态文化进行充分而系统的保护,以及科学而专业的研究,使之得到有特色的呈现。博物馆是基于"物"的文化机构,它的收藏、展示和传播都要求遵循"物"的真实性,即"物"体现为真实存在,具有真实来源,富有真实意义。博物馆也是基于"记忆"的文化机构,它以收藏、展示和表述人类的社会文化记忆为使命,通过对集体记忆的保存和诠释,构建当代人群的历史认同和文化认同。乡村活态文化不仅包括农民生产生活中使用的各种工具、器具、设施等物质文化,也包括农民表达情感、社会交往、精神娱乐的各种歌谣、舞蹈、戏剧等非物质文化;不仅包括农民对自然环境和社会历史的认知和记忆,也包括农民对自身身份和价值的认同和期待。对此,乡村活态博物馆能够通过专业的收藏方法和技术,对乡村活态文化中的各种"物"进行科学的鉴定、分类、登记、保护等工作,使之得到有效的保存和管理。同时,也能够通过专业的展示方法和技术,对乡村活态文化中的各种"记忆"进行科学的梳理、记录、整理、呈现等工作,使之得到有效的表述和讨论。通过这种方式,博物馆能够将乡村活态文化中的各种"故事"传达给更多的人,凭借其真实性引起更多的关注和反响,激发更多的共鸣和感动。

**其次,来自博物馆的"真实"和"记忆"的能量,还能够为乡村产业

发展提供素材和灵感、标准和保障以及模式和渠道。乡村活态博物馆收藏、展示、传播丰富而独特的乡村文化资源，如农耕工具、民俗器物、民间艺术、传统技艺、民间信仰等，这些都是乡村产业发展的重要素材和灵感。乡村活态博物馆能够将这些乡村文化资源与现代科技、设计、营销等相结合，创造出具有乡村特色和市场竞争力的产品和服务，如农耕体验、民俗体验、艺术体验、信仰体验等，为乡村产业提供新的增长点和动力源。乡村活态博物馆能够将这种"真实性"的标准和要求应用到乡村产业发展中，提升乡村产品和服务的内涵品质和外在形象，如保证产品的原料来源、加工工艺、包装设计等符合乡村文化的特点和要求，保证服务的内容流程、人员素质、客户反馈等符合乡村文化的风格和期待，为乡村产业提供新的品牌认知和信任基础。通过这样的方式，博物馆能够将乡村活态文化与乡村产业发展紧密结合起来，实现乡村文化与经济的双赢和共生。

羊儿岭乡村活态博物馆就是这么一个典型而鲜活的案例。它秉持着"真实性"，对羊儿岭及周边地区的乡村本身和所承载的历史、文化、生态等方面进行了有益的保护，并不断挖掘和诠释乡村的内在价值和潜在资源，探索活态文化的传承与发展。它践行着"记忆性"，对羊儿岭及周边地区的乡村过去的经历和故事进行了记录和传播，不断梳理和总结乡村的发展历程和经验教训，不遗忘乡村的根源和底蕴，不断弘扬和创新乡村的精神和文化，不断增强乡村的认同感和自豪感。它展演着"故事性"，对羊儿岭及周边地区的活态文化进行生动而有趣的讲述，使之得到广泛而有影响的传播，从而对乡村博物馆在新形势下的使命更新和功能升级进行了有意义的探索。

三、乡村活态博物馆是提升中华文明传播力的鲜活窗口

从"文明"的格局看乡村文化和乡村活态博物馆，我们认为，乡村文化是中华文明的重要组成部分，集中体现了中华民族的历史沉淀、文化特色、精神追求等，也反映了中华民族的价值理念、生活方式、社会风尚等，而乡村活态博物馆是体现当代中华文明的鲜活窗口。它不仅展示了乡

村文明是人类文明的光荣传统，也展现出乡村文明是人类对美好生活的向往和追求，以及中华文明的文化多样性与蓬勃生命力。乡村活态博物馆的"乡村文明展示与传承"，为中华文明传播力贡献了众多鲜活的、生动的窗口，成为中华文明国际传播的重要渠道。

（一）乡村活态博物馆是保护与传承作为"人类光荣传统"的乡村文明的创新模式

乡村文明是人类文明的源头、支撑和光荣传统，而乡村活态博物馆则成为展示和传承乡村文明的重要组织形式和行为。乡村文明是人类文明的源头和基础。人类社会从原始社会向农业社会转变，标志着人类进入了有史以来最长久、最广泛、最深刻的一次历史变革。农业社会以乡村为主要空间形态，以农耕为主要生产方式，以农业文化为主要精神内涵。在这个过程中，人类创造了丰富而多彩的乡村文明，如农业技术、农业制度、农业艺术、农业哲学等。这些乡村文明为人类提供了物质生存和精神滋养，为人类社会发展奠定了坚实而持久的基础。随着科技进步和工业革命，人类社会从农业社会向工业社会转变，标志着人类进入了又一次历史变革。这些工业文明为人类提供了物质丰富和精神创新，为人类社会发展开辟了崭新而广阔的空间。但是，在这个过程中，也出现了一些问题和危机，如环境污染、资源枯竭、社会分化、文化异化等。这些问题和危机对人类的生存和发展构成了严重的威胁和挑战。在这种情况下，乡村文明以其独特的价值和魅力，为人类提供了支撑和延续。乡村文明以其对自然的尊重和保护，为人类提供了生态平衡和可持续发展的支撑；以其对传统的继承和创新，为人类提供了文化多样和文明交流的支撑；以其对生活的热爱和享受，为人类提供了精神富足和幸福感的支撑。

以羊儿岭为代表的乡村活态博物馆是一种动态的、活化的、无围墙的新型博物馆形态，具有开放性、动态性、流动性等特点。它不仅保护和传承乡村的自然和文化遗产，也展示乡村的生产生活、节日表演、民俗特色、场景活动等，实现了文化的活态化保护和传承。它还通过教育培训、文化挖掘、经济转型、公共服务等机制，提升了村民自我发展的能力，力图促进乡村经济社会发展和可持续发展繁荣。

这种新时代博物馆形态新探索，体现了人类文明多样性和包容性，它不是对西方博物馆模式的简单模仿，而是贴近中国乡村的实际情况和需求，更好地反映中国乡村的特色和风格，更好地服务于中国乡村的发展。乡村博物馆不仅保留了传统博物馆和生态博物馆的功能和职能，还增加了创新创造、体验参与、活化保护、活化利用、社会服务等功能和职能。它不仅关注乡村的自然生态和人文生态，还关注了乡村的社会生态和文化生态。它不仅展示乡村的历史文化遗产，还推动乡村的现代文化创新。乡村活态博物馆的方式，可以有效地展示和传播乡村文明的价值和魅力，让更多的人了解和认同乡村文明。这或许是中国博物馆人对世界文明传承和发展的探索和思考。

（二）乡村活态博物馆是展示中华文化多样性、促进中华文明传播力提升的理想载体

文化多样性是人类社会的基本特征和宝贵财富，是人类文明发展的重要动力和条件。习近平总书记指出："文明因交流而多彩，文明因互鉴而丰富。各国人民应该相互尊重、平等对话，推动不同文明、不同社会制度和发展道路之间的交流互鉴，共同构建人类命运共同体。"在新时代，我们要积极推动中华文明与世界各国文明交流互鉴，让中华文明更好地走向世界，为人类和平与发展做出贡献。以羊儿岭为代表的乡村活态博物馆实践说明，作为一种新型的乡村文化建设模式，不仅可以有效地展示和传承乡村的文化多样性，也可以有效地促进和提升中华文明的传播力和影响力，是展示中华文化多样性、促进中华文明传播力提升的理想载体。

乡村活态博物馆可以有效地展示和传承乡村文化遗产，彰显乡村的文化多样性，体现中华文明的丰富性和广泛性。乡村的文化多样性主要表现在不同民族、不同信仰、不同风俗等方面。这些差异和多样性既是中华文明内部的丰富性和广泛性，也是中华文明与世界各国各民族文明长期交流互鉴、相互影响、相互促进的结果。乡村活态博物馆通过全方位、活态化地呈现和反映乡村的文化多样性，让人们能够更好地了解和认识不同的乡村文化，更好地欣赏和尊重不同的乡村文化。羊儿岭村在建设"长城乡村活态博物馆"的过程中，充分展示了该村的长城文化、苗族刺绣和蜡染等不同文化元素，举办"长城内外特色产品市集""乡村有约"文化节等活动。它不仅尊重和保护了乡村自身的历史文化传统和发展道路，也尊重和保护了其他民族的历史文化传统。

乡村活态博物馆可以有效地促进和提升中华文明的传播力和影响力。中华文明是人类历史上最悠久、最持续、最具影响力的文明之一，是中华民族的根和魂，是中华民族共同体的精神纽带。在新时代，我们要积极推动中华文明与世界各国文明交流互鉴，让中华文明更好地走向世界，为人类和平与发展作出贡献。乡村活态博物馆通过展示和传播乡村活态文化中的各种"物""记忆""故事"等，以及通过组织各种学术研讨会、座谈会、讲座、文化交流实践等方式，可以有效地展示和传播中华民族在地文化和共同文化，让人们能够更好地了解和认识中华民族的历史、生活、风俗、信仰、艺术等方面，更好地欣赏和尊重中华民族的特色、风采、贡献等方面，更好地沟通和协作与中华民族的关系、合作、发展等方面。羊儿岭在建设"乡村活态博物馆"的过程中，通过展示和传播该村的长城文化、民俗风情、农耕文化等在地文化，展现当代中华民族在长城沿线的历史、生活、风俗、信仰、艺术等，让人们能够更形象、鲜活地了解和认识长城为什么是中华民族重要象征和中华民族精神的重要标志，用让世界"看懂和听懂"的语言，向世界传递着中华民族共同体坚不可摧的凝聚力和"天人合一"的文化精神，向世界展示中华民族的团结、和谐和进步。如果能探索和建设更多类似这样的活态博物馆，或许能为中国在国际舞台上展示真实、立体、全面的中国，讲好中国当代故事，塑造好中国国际形象，促进不同文明之间的民心相通提供更多有益的案例。

乡村活态博物馆展示中华文明对美好生活的向往和追求。中华文明是一个以人民为中心，始终把人民对美好生活的向往作为奋斗目标的文明。中华文明在历史上不仅为中国人民创造了物质富足和精神富足的美好生活，也为全人类创造了幸福、自由、平等、博爱的美好生活。中华文明在当代不仅为中国人民实现了全面建成小康社会和全面建设社会主义现代化国家的美好生活。

综上所述，乡村活态博物馆是展示文化多样性、促进中华文明传播力提升的理想载体，它真实、立体地展示了中华文明的重要构成——乡村文明的当代面貌，展示了中国共产党领导下中国人民对美好生活的向往与追求。鉴于此，乡村活态博物馆的探索，不仅可以为推动乡村振兴战略提供助力，也能为新时代提升中华文明传播力影响力打开一扇鲜活的文化窗口。

第四章　乡村博物馆建设专家面面观

第一节　乡村遗产与博物馆

生态博物馆与乡村遗产保护及乡村振兴

乡村遗产是一个文明时代的缩影。大部分的人类社会都是在经过农业革命包括由其引发的畜牧革命之后，才实现食物自给、人口增长并逐步步入文明社会。但在快速工业化与后工业化过程中，作为农耕文明载体的乡村的凋敝已经无可挽回，纯正的农耕乡村正变得日益稀缺，成为渐行渐远的模糊记忆，数千年间积累的乡村遗产迅速解体、消失，保护甚至抢救已经刻不容缓。

中国乡村遗产具有特别的重要性——中国是最早进入农业社会的地区之一，形成了最庞大、持续的农耕文明体系，也因此而形成了最丰富、系统也最具代表性的乡村遗产，因此各类中国乡村遗产堪称是宝贵的农业文明时代的活化石之一。

但是，中国的乡村遗产相对来说保存难度大，观赏性差。这与中国乡村遗产的主要代表——乡村建筑的土木结构等特色有关，它们相对于某些农耕文明的砖石为主的建筑寿命更短，也与中国文化观念和文化传统的有机更新存在方式以及当下快速工业化的发展步伐有关。但是，这不是妨碍我们有效保存和合理利用乡村遗产所包含的丰富的纵向的历史与横向的人文多样性的原因，反而对保护的紧迫性和利用的创新性提出了具有相当难度的新要求。

生态博物馆应该是保护和利用乡村遗产、助推新时期乡村振兴的有效工具之一。在自然环境优美、人文遗产资源相对富集的乡村，建设乡村生态博物馆是可予考虑的兼具保护与发展的选项之一。

博物馆是保用人类遗产尤其可移动性遗产的有效工具，生态博物馆是博物馆发展史上影响深远的一次革命，是新博物馆运动的启蒙者和重要代表。它由法国博物馆学家里维埃（Georges Henri Rivière）和戴瓦兰（Hugues de Varine）于1971年在巴黎召开的第九届国际博物馆协会大会上首次提出并率先在法国展开实践探索，而其出现与20世纪60年代法国的学生运动、社会思潮变化、世界范围的去殖民化运动、世居民族与少数族裔文化权利觉醒与表达，以及轰轰烈烈的环境保护的兴起等密切相关。1972年联合国教科文组织授意国际博物馆协会以"博物馆与社会的关系"为题在智利圣地亚哥组织召开博物馆圆桌会议，对博物馆界应对社会变革的探索进行理论反思和概括，其议题之一就是"博物馆在今天拉丁美洲的角色"。会议认为应该扩展博物馆的包容性和参与性，希望博物馆能够参与解决具体的社会问题，提出了从规划师、建筑师到每位市民均可以为平台讨论、交换知识及想法的"整合性博物馆"概念，并通过了"圣地亚哥宣言"。这次会议产生了广泛且深远的影响，促成了国际博协在1974年第十届大会上将"服务社会及其发展"的制度性表述写进新的博物馆定义中，成为一个具有里程碑意义的新定义，并引发生态博物馆、社区博物馆、邻里博物馆等多种类型的整合型博物馆的产生和探索。

其中，生态博物馆一改传统博物馆将藏品收进库房、经过博物馆化处理之后在展厅中进行展示以向公众传播其历史、科学、艺术与文化等信息和价值的做法，而是将博物馆移出围墙之外，置身于社区及其环境场域之中，把一个地域和社区中的自然与人文遗产进行整体性、在地化、活态化的保存和展示，将保与用、藏与展、自我存续与开放服务等功能诉求融为一体，探索历史现在与未来的贯通性发展的新路径。生态博物馆的这种在地性、社区性、有机关联性以及活态性、在现场和在脉络中等特征，使得它相对于传统博物馆对藏品的去脉络化与再脉络化保存和展示以及社会服务方式，具有遗产信息和公众参与体验甚至互动等多方面的优势，从而从更多维度反映和完善了遗产与人的关系。

党的十九大报告中提出了新发展阶段的乡村振兴战略。乡村振兴当然不是乡村复古，农耕文明作为一种优势性的文明形态已经"无可奈何花落去"，乡村振兴的核心是要以工业、信息产业、服务业等新经济反哺农业，以现代文明兼容历史文明成果，解决农业、农村、农民的三农问题，使他们也能够搭上发展的时代快车，共享发展的成果。社会主义新农村也不只是农业或者传统小农经济的农村，而应是多样化发展的生态文明的有机组成部分。

人类文明形态的进化一直具有反向兼容的特性，在采猎—农牧—工商—信息—生态文明的迭代发展中，后一业态超越却并不必然取消前一业态，而是在更高的科技与生产力水平和更为广阔的发展空间中为之创造一种镶嵌式与整合式的发展进路。中国作为唯一没有中断的连续发展的超级复合型文明体系，在快速工业化与迈向信息化、生态化文明新阶段时，更应该自觉选择具有重要历史与生态价值的农耕文明遗产加以保护和创造性利用，助推创新性发展。

在更具兼容性、可持续性的生态文明中，关键是要着力处理好生态—业态—心态的三态关系。作为人类生存状态的业态的反向兼容、丰富多样与高效合理，必须建立在包括自然与人文生态环境系统的支持与承受基础之上，建立在科学、理性的系统性全面认知价值观念支撑的良好心态的匹配之下。在新时期国家"五位一体""四个全面"总体布局和发展战略中，生态文明建设对经济建设、政治建设、文化建设、社会建设应具有统领性作用。

生态博物馆是西方后工业时代的博物馆发展新探索，在不同文化和社会背景的建设与运营过程中也暴露出不少需要克服的问题，其中最突出的是以保护与发展的矛盾为焦点的满足多方面利益需求的协调性和持续性方面的难题，包括围绕当地民众的发展权利和文化权利等方面的深层问题。因此，中国乡村振兴中的生态博物馆探索应在尊重遗产保用的基本原则、坚持守正创新、坚持中国特色的协调性优势前提下，注重维护利益相关方尤其是当地社区居民的物质性和非物质性遗产权益，坚持不打折扣地强化对乡村遗产的系统梳理与科学保护，不断完善价值挖掘和阐释，并在此基础上不断探索开放兼容的新型遗产展示、共享和利用方式，尤其是注重遗产的乡土性及其脉络化延展与语境化迁移，鼓励创新型利用和创造性转化，突出乡村遗产的活态性特征，以形成以原真性为前提的信息叠加、信息链延展和跨文明形态传播互鉴的优势。

尤其需要强调的是，生态博物馆建设应充分体现遗产保护与利用的二真性——遗产本体原真性和文化信息实真性——在严格的真实性基础上生发可持续发展的生态知识和价值观体系，以及可持续发展的共识与生态博物馆必需的协调性与持续性。就遗产与人的关系来说，在乡村振兴与生态博物馆建设运营中应该探索合理的实践主体，解决好谁之遗产？谁有文化阐释权？处理好多样性保护与发展中专家的文化代理人与乡土的文化主人的关系，发挥生态博物馆的可持续保护与发展的对话平台作用，实现自然与人文遗产价值最大化，逐步形成中国特色的生态博物馆的建设主体与本体论，破解以往生态博物馆建设和运营中的后工业社会概念、理论与前现代社会之间的张力，以及保护落后与满足乡村自身发展需求之间的矛盾。

博物馆文化本身就是基于传统却面向未来的一种新型文化，它兼顾历史现实与未来，演奏海纳百川的复合型物人关系奏鸣曲。生态博物馆的理论与方法可以为乡村遗产保用和乡村振兴发挥积极有效的作用，是将数千年积累的优秀乡土文明成果带入未来的生态文明的有效手段之一。期待在新时期的乡村振兴和乡村遗产保用与传承实践中，能够探索符合中国国情的生态博物馆的中国之路和多样性方案。

曹兵武（中国文化遗产研究院研究馆员）

新时期民族生态博物馆的可持续发展

广西有着悠久、多元的历史和民族文化。从先秦时期起，广西的西瓯、骆越等族群就开启了与周边民族交流、交往、交融的历史。秦汉至三国两晋南北朝时期，大量中原移民南下定居广西，带来民族的大发展、大繁荣，奠定了广西多民族聚居的基本格局。明代以后，广西各少数民族逐渐形成、稳固，壮、汉、瑶、苗、侗、水、仫佬、仡佬、彝、毛南、回、京等12个世居民族在八桂大地上创造了光辉灿烂的民族文化，成为世界文化遗产的重要组成部分。

进入20世纪以后，伴随着经济全球化和世界经济一体化趋势的增强以及中国式现代化进程的加快和市场经济的不断发展，外来文化对广西各少数民族地区原生态民族文化的冲击不断加剧。一些珍贵的民族文化遗产，如各少数民族的织锦技艺、刺绣技艺、竹编技艺、雕刻技艺等民间工艺，以及各种无形的文化遗产，如民族语言、艺术、风俗、节庆文化等，都面临着严重的传承和发展危机。

在此关键节点上，民族生态博物馆在广西本土应运而生。民族生态博物馆主要致力于保护民族地区的传统文化遗产，守护人们的精神家园。从20世纪90年代末起，广西按照"政府引导、专家指导、居民参与"的思路，启动了民族生态博物馆建设。从2004年到2011年，广西相继建成了：南丹县里湖白裤瑶生态博物馆、三江侗族生态博物馆、靖西县旧州壮族生态博物馆、贺州市客家生态博物馆、那坡县达文黑衣壮生态博物馆、融水苗族自治县苗族生态博物馆、桂北灵川县灵田乡长岗岭村汉族生态博物馆、东兴京族三岛生态博物馆、龙胜龙脊壮族生态博物馆、金秀瑶族自治县瑶族生态博物馆10家民族生态博物馆，并以广西民族博物馆为工作站和研究基地，形成了"1+10工程"。

经历了近20年的发展，"1+10工程"民族生态博物馆建设取得了显著的成效，被认为是中国"第二代"生态博物馆，走出了"广西模式"的生态博物馆实践之路，有效地促进了民族文化的保护与传承，留住了民族的精神命脉，同时也为脱贫攻坚、区域经济发展和乡村振兴做出了重要贡献。进入新的历史时期，在乡村振兴背景下，民族生态博物馆如何更好地发挥作用，走好可持续发展之路，是新的时代命题。

一、生态博物馆理念和实践的产生

一般认为，"博物馆是为社会服务的非营利性常设机构，它研究、收藏、保护、阐释和展示物质与非物质遗产。向公众开放，具有可及性和包容性，博物馆促进多样性和可持续性。博物馆以符合道德且专业的方式进行运营和交流，并在社区的参与下，为教育、欣赏、深思和知识共享提供多种体验。"根据所在区域及藏品的不同，博物馆也被认为存在传统博物馆和生态博物馆之分。传统博物馆的藏品，大多是从各地出土或征集、购买而来，这些文化遗产共同的特点就是脱离了它们原来的所有者和原生环境。且传统博物馆的文化遗产展示是以静态的实物展示为主，各种技术手段为辅。而生态博物馆与此相反，它致力于将文化遗产保留在所属的社区、村落和自然、生态、文化环境中，进行原地、原状、动态的保护、保存与展示，是现代文明社会中人类生态意识觉醒的见证和实践。

20世纪60年代末，为了增强乡村地区的文化活力，促进经济发展，法国率先建设生态博物馆。当时"国际博物馆协会（ICOM）首届会长——法国人乔治·亨利·里维埃（Georges Henri Rivière）在1971年国际博协第九次大会上正式提出了生态博物馆的概念"。里维埃认为"生态博物馆是一个进化的定义，是由所在地人民和公共权利机构共同设想、共同修建、共同经营管理的一种工具……其主要功能是：（一）用于所在地居民立足现在、借鉴过去、掌握未来以及向参观者充分展示自身文化艺术，张扬文化多元主义和人权价值观；（二）'实验室'作用，为外界了解和研究当地居民的过去和现在服务；（三）'资源保护中心'，用以保存自然和人的文化遗存。"可见，生态博物馆依托于文化遗产的原生环境，促使了静态物的展示和动态的使用过程及文化背景的有机结合，既跨越时空，又联系当下。"国际博物馆协会（ICOM）给出的权威定义是这样的：生态博物馆是一个文化机构，这个机构以一种永久的方式，在一块特定的土地上，伴随着人们的参与，保证研究、保护与陈列的功能，强调自然与文化遗产的整体，以展现其代表的某个区域及继承下来的生活方式。这里，生态博物馆是文化保护的工具，是地方民众参与社区发展与规划未来的平台，是获取经济收益的资源和媒介。"

"到20世纪末，法国已建成约100处生态博物馆，有些甚至横跨了数个地方行政区域，面积十分广阔。同时，生态博物馆也作为一种思潮扩展到了加拿大、瑞典、芬兰等国，在世界范围内产生了重要影响。"

我国"从1985年引入生态博物馆的理念，《中国博物馆》杂志承担传播推广这个概念、理念的任务。经过十年的酝酿，1995年我国开始在贵州启动生态博物馆建设项目。"1998年，我国第一家生态博物馆——贵州梭戛苗族生态博物馆建成开放，引起广泛关注，为全国生态博物馆的建设和发展起了带头示范作用。此后，贵州镇山布依族生态博物馆、隆里汉族生态博物馆、堂安侗族生态博物馆等相继建成开放，开启了生态博物馆理论在中国的实践，贵州生态博物馆群也被认为是"中国第一代生态博物馆"。1999年起，广西开始探索具有广西特色的生态博物馆发展道路。此后，广西"1+10"生态博物馆群的建设，被认为是"中国第二代生态博物馆"。2007年后，中国的东部发达地区也开始进行生态博物馆实践。浙江省湖州市安吉县、福州三坊七巷社区、安徽省黄山市屯溪老街社区、浙江丽水市松阳县等地都相继建成了一批县域生态博物馆、社区生态博物馆，这些生态博物馆也被称为"中国第三代生态博物馆"。

二、广西"1+10工程"生态博物馆建设、发展历程及成效

从1998年起，广西开始探索生态博物馆的建设。广西第一座生态博物馆——广西南丹里湖白裤瑶生态博物馆展示中心于2003年12月3日举行奠基仪式，2004年11月26日建成开放。南丹里湖白裤瑶生态博物馆展示中心的建设，标志了广西民族生态博物馆群建设的正式开启，也标志着中国第一座瑶族生态博物馆的诞生。

白裤瑶是瑶族的一个支系，因男子穿齐膝白裤而得名。在广西，白裤

瑶主要聚居在南丹县八圩、里湖等瑶族乡。白裤瑶被联合国科教文组织认定为民族文化保留最完整的一个民族，被称为"人类文明的活化石"。广西南丹县里湖乡怀里村白裤瑶有着悠久的历史、丰富而灿烂的传统文化和民族文化，他们的服饰文化、礼仪文化、制度文化、铜鼓文化、丧葬文化、建筑文化等独特而富有魅力。且怀里村地理位置偏远，长期处在较为封闭和经济落后的状态。广西选择怀里村作为第一个生态博物馆建设点，既考虑了怀里白裤瑶文化的完整性、原生性和民族特色，同时也是希望能通过民族生态博物馆的建设，在保护和传承民族优秀文化的同时，促进当地经济社会的发展。南丹里湖白裤瑶生态博物馆展示中心的建设，得到了社会广泛关注，也获得了极高的评价。展示中心强调"展示"的意义，苏东海先生对此也给予了高度肯定，他也认为："如果一个村寨拥有独特的文化不向外界展示，没有外界的欣赏，怎么能实现文化多样化的价值呢？事实上越是能为外界所欣赏的文化越有生命力。外界的赞叹是激励文化传承的重要动力。"

在南丹里湖白裤瑶生态博物馆展示中心成功经验基础上，2004年底，广西文化厅以位于三江侗族自治县县城的三江侗族博物馆为基础，建设三江侗族生态博物馆展示中心与资料搜集中心。一方面对三江侗族博物馆内的基本陈列"三江侗族文化展"进行更新和提升改造；另一方面首次尝试了"'馆村结合''馆村互动'的方式，将三江侗族自治县境内苗江15公里流域范围内的高定、独洞、座龙、岜团等村寨列入生态博物馆保护范围。保护区范围内，有风雨桥13座，鼓楼26座"，以及数量庞大的独具特色的侗族传统民居建筑。此外，这里的侗族文化极富魅力，民族风情淳朴浓郁，织绣文化多彩绚丽……是进行旅游资源开发的最佳区域。而越是旅游开放，民族文化遗产的保护愈发重要。生态博物馆就是在旅游开发的时代背景和趋势下，引导民族地区的居民以文化自信的态度保护和传承民族文化，并以此带动旅游业和经济社会的协调发展。这种以展示中心和资料搜集中心为基础、带动异地保护范围的模式，是我国生态博物馆建设的独特先例，具有一定的开创性意义，被称为"三江模式"。

2005年8月，旧州壮族生态博物馆展示中心竣工开放，这是广西的第三家民族生态博物馆。该馆位于广西百色市靖西县新靖镇，其保护区包含旧州街、西南街、大街、东内巷、东外巷、上安马、下安马、巴诺等街（村）。该馆展示与信息资料中心位于靖西县新靖镇旧州街内，占地1330平方米，建筑面积700平方米，内设基本陈列《旧州岁月》。壮族是广西的主体民族，人口数量最多，壮族传统文化也别具魅力。位于广西百色靖西市的旧州古镇，是壮族文化保存较为完好的地区。壮族传统的建筑文化，织锦文化，刺绣文化，民歌、壮剧、木雕等文化以及土司文化遗存等，都可以在这里寻到踪影，不仅文化种类丰富，而且具有典型性和完整性。和前文所提的南丹白裤瑶生态博物馆及三江侗族生态博物馆不同，旧州壮族生态博物馆所在区域的交通极为便利，是受外来文化冲击较为严重的地区。壮族生态博物馆的建成，有效地激发了当地民众保护和传承民族文化的自觉和自信，直接带动了织锦、绣球等民族文化产业的高速发展，增加了当地旅游业的文化因素，具有重要的现实意义。

2007年4月，贺州客家生态博物馆建成并对外开放。客家生态博物馆以白花村的陈家围屋为基础，建设展示与信息资料中心，展示的基本陈列为《贺州客家人》。客家围屋生态博物馆保护区范围涵盖贺州市莲塘镇的白花村和仁冲村。保护区内完好保存着白花陈家围、仁冲江家三房老围、仁冲江家三房新围、白花江家二房围和白花老围等客家围屋群。客家围屋是客家文化的象征和代表，不仅具有聚族而居、安全防卫、防风抗震、冬暖夏凉的功能，而且具有丰富的文化内涵。其建筑本体的格局、精雕细琢的装饰、古朴典雅的家具等，无不述说着客家人的历史传统、精神追求与审美特色。而在围屋内外，人们的生活、劳作习俗，饮食习惯，服饰文化、丧葬文化、节日文化等，都是客家文化的具体表现。客家生态博物馆的建设促进了客家文化的研究、保护和利用，并对增进客家族群的凝聚力和文化自信心，促进区域及海内外文化的交流与发展具有重要意义。

2008年9月，那坡黑衣壮生态博物馆建成开放。该生态博物馆位于广西百色市那坡县龙合乡共合村，其保护范围涵盖达文、达近、达后、马独、果桃等五个自然屯。那坡黑衣壮生态博物馆的展示中心与信息资料中心设在达文屯，占地面积1730平方米，建筑面积964平方米，中心设有基本陈列《大山里的黑衣壮》。黑衣壮是壮族的一个支系，自称为"敏"（亦称"布壮"），总人口5万多人。黑衣壮以黑为美，以黑色作为穿着和支系的标记。黑衣壮是至今保持壮族特色最为完整、最为显著，也是最为古老的族群之一，是壮族传统文化的活化石。黑衣壮保持着千百年来的生产生活方式，沿袭着古老的民族文化。他们的服饰文化、银饰文化、山歌文化、节日文化、丧葬文化、干栏建筑文化、族内婚制度、男耕女织自然经济文化等极具特色。黑衣壮生态博物馆的建成，促进了地方原生态文化保护、传承和发展，推动了当地居民生活水平的改善。

2009年5月，灵川长岗岭商道古村生态博物馆建成开放。该生态博物馆位于广西桂林市灵川县灵田乡上长岗岭村。该馆由展示与信息资料中心和长岗岭村明清古建筑两部分组成，其展示与信息资料中心建筑面积1800平方米，包括五福堂、莫氏宗祠、伙铺后一进、卫守府前两进等，其中五福堂建筑面积约800平方米，中心设有基本陈列《商道古风》。长岗岭商道古村，原叫瑶山岭，建村历史已达600多年，村中的莫、陈、刘三姓为明朝时汉族迁入。由于地处"湘桂古商道"的要冲之地，这一村落在历史上长期处于人员、经贸往来的必经之地，十分繁荣，曾有"小南京"之称。也正由于长期的经济文化交流、交汇与碰撞，无论是建筑文化，还是人们的生活习俗，这里各方面所表现出来的汉越文化交融极为突出。现存的中原汉族文化遗存也非常丰富和典型。在这里建设商道古村生态博物馆，开展南北文化交流、融合、变迁的研究，具有重要学术意义。此外，长岗岭村集历史、自然与人文于一体，具有较高的旅游开发潜力，且交通方便，可以作为独特的类型以丰富"大桂林旅游圈"的文化内涵。

2009年7月，东兴京族生态博物馆建成开放。该生态博物馆位于广西东兴市江平镇，其保护范围涵盖巫头、万尾、山心等三个村寨。京族生态博物馆展示与信息资料中心设在万尾村，占地面积17067平方米，建筑面积2838平方米，中心设有基本陈列《大海是故乡——广西东兴京族文化展》。京族是广西特有的少数民族，主要分布在东兴市北部湾的巫头、万尾、山心（称为"京族三岛"）一带。京族还是一个跨境民族，明清时期陆续迁入广西。由于东兴和越南社会主义共和国接壤，京族与越南的主体民族——越族有着相似的语言系统和风俗习惯。京族文化兼具民族文化、边关文化和海洋文化的特点。同时，京族的节日文化、服饰文化、独弦琴文化、婚恋文化、渔猎文化、干栏式建筑文化等也极具特色。建立京族生态博物馆，可以更好地搜集、研究、展示京族文化，为研究跨境民族的文化变迁，推动中越民族文化研究的合作，以及增强中国与东盟各国的文化交流做出贡献。

2009年11月，融水安太苗族生态博物馆建成开放。该馆位于广西柳州市融水苗族自治县安太乡，其保护范围涵盖小桑、元宝、培秀等三个村寨。该馆的展示与信息资料中心设在小桑村下屯，占地面积1600平方米，建筑面积594平方米，中心设有基本陈列《广西融水苗族》。苗族是广西极富特色的少数民族之一，苗族所生活的大苗山，生态环境优美，梯田风光壮观秀丽，民族风情淳朴，苗族文化内涵极为丰富深厚。独具特色的苗族吊脚楼、芦笙坡会、百鸟衣、斗马、"埋岩""坐妹"、打油茶、酸鱼等民族文化表象绚丽多彩。融水安太苗族生态博物馆的建立，是对苗族自然生态环境、人文环境以及文化遗产的动态保护。

2010年11月，龙胜龙脊壮族生态博物馆建成开放。该馆位于广西桂林市龙胜各族自治县和平乡龙脊村，其保护范围涵盖廖家寨、侯家寨、平段寨和平寨等四个村寨。该馆的展示与信息资料中心设在龙脊村平寨，占地面积283平方米，建筑面积601平方米，馆内有设基本陈列《龙脊神韵，壮家风情》。除了展示中心和信息资料中心，这里还建立了专门的民族文化传习中心。村民可以在此进行文化技艺的传习、表演展示、召开集体会议以及休闲娱乐。使生态博物馆真正融入当地百姓的生活中。龙胜各族自治县境内的龙脊梯田是一处闻名中外的旅游胜地，被誉为"梯田世界之冠"。居住在这里的居民主要是壮族，保留着独特的壮族传统文化，山地稻作农业文化极具特色，民族建筑保存完好，服饰文化、山歌文化、饮食文化等也极富魅力。在龙脊建设壮族生态博物馆，对于探索在旅游发展中如何做好民族文化保护与传承工作具有重要的意义，也为当地文化旅游业发展注入了活力，增加了风景名胜区的文化品位，打造了民族文化的品牌。

2011年5月，金秀县瑶族博物馆建成开放。该馆位于广西来宾市金秀瑶族自治县六巷乡古陈村，保护范围包括了上古陈村和下古陈村。该馆的展示与信息资料中心设在下古陈村，占地面积800平方米，建筑面积467平方米，中心常设基本陈列《瑶山秘境——金秀坳瑶文化陈列》。金秀是广西的瑶族自治县之一，这里有盘瑶、花蓝瑶、坳瑶、茶山瑶、山子瑶等五个支系，瑶族文化特色鲜明。费孝通先生认为金秀具有成为中国瑶族研究中心的优越条件，提出"世界研究瑶族在中国，中国研究瑶族在金秀"的观点。金秀瑶族生态博物馆为收集和整理瑶族历史文化资料，研究瑶族社会变迁和民族特色提供了重要平台。

至此，广西的10家民族生态博物馆全部建成开放，这些生态博物馆都由展示中心和村寨的原状保护两部分组成，设置了专门的管理机构。

各生态博物馆的展示中心以研究为基础，以"展示"为重点内容，其建筑空间是集民族文物收藏保管、民族文化展示、机构人员办公、研究工作站办公及人员住宿，以及为游客观众开放的旅游服务、盥洗服务、展销服务于一体的综合性建筑。展示中心在选址、设计上，皆巧妙地融入当地原生的自然生态和人文环境，既和谐一致，又相得益彰。

村寨的原状保护要求在保护区范围内，对有形和无形的文化遗产进行原状性和完整性保护。居民的房屋建筑由其所属居民继续使用，不改变建筑功能，尽量保持传统风貌。但对于危旧建筑及时进行保护性修缮和内部设施的改善，也体现了生态博物馆建设归于居民追求更高水平生活的尊重和维护。无形文化遗产的保护主要是非物质文化的保护，包括礼仪习俗、传统技艺、文体艺术等，被列入村寨原状保护的内容之中。

管理机构的设置在不同阶段也有所不同。在建馆阶段，各级政府发挥了重要的组织和协调作用，提供了必要的资金、政策和人员支持，成立了专门负责的领导小组。广西民族博物馆的专业人员及相关领域的专家则组成建设实施小组。领导小组和建设实施小组确保了生态博物馆建设的政策资金到位以及科学选址、合理规划设计以及陈列布展等工作。生态博物馆展示中心及相关建设项目结束后，组织机构的管理职能逐渐向村落居民转移，这个阶段建立了管理委员会和成立咨询研究小组。管理委员会主要负责生态博物馆的日常运行和管理维护等工作，由当地政府解决运营过程中的费用以及人员的编制、工资等问题，人员构成以当地居民为主。从建馆阶段到运行阶段，专家在其中起到咨询、指导作用。同时，专家也引导当地政府和居民参与到生态博物馆建设和实施运行的过程中，唤起他们作为民族文化主人翁的意识。并通过传授、培训等方式，引导当地居民保护、传承、抢救和记录民族文化遗产。

同时，在"1+10工程"中，广西民族博物馆在其中处于"龙头"地位，起着"1"的作用。10家生态博物馆则作为广西民族博物馆的工作站和研究基地，与广西民族博物馆构成了一个长期、稳定的联合体。广西民族博物馆在项目指导、展示提升、人员培训、经费资助等方面对各家生态博物馆给予具体支持。

广西民族生态博物馆的建设经过近二十年的发展历程，有效地促进了广西优秀民族文化的保护与传承。不仅抢救了一批濒临消失的民族文物，修缮了大量民族建筑，还建立了文化遗产信息资料库，采用影像记录、文字记录等方式，对少数民族的传统节日、仪式活动、民间技艺等进行记录和整理。同时，还建立了非物质文化遗产传承保护机制。由于完好的保护，各生态博物馆保护区内的乡村旅游、民族风情旅游不断兴起，给民族地区带来了切实的经济效益。

三、民族生态博物馆的可持续发展

进入新的历史时期，人们对美好生活的需求日益增长，其中就包括最重要的精神文化需求。生态博物馆的建设，既是向外满足游客的文化需求，也是向内满足本地居民的精神需求。当下，我们国家在经历了脱贫攻坚之后，进入乡村振兴阶段。如何利用现有生态博物馆的基础和优势，走好可持续发展之路，是当下亟待思考的议题。

（一）持续的社会参与和社会合作

生态博物馆的可持续发展，离不开当地政府、民众的积极投入和参与，也离不开社会机构及相关单位的支持与合作。要充分调动起这些力量群体的积极性。处在生态博物馆保护区范围内生活的居民，是直接参与群体，是主体力量。在建设和运行生态博物馆的过程中，要充分尊重和满足居民的发展需求和意愿，尊重当地人的生活习惯和文化追求。同时也要发挥居民的能动性和创造精神，引导他们的积极性，通过文化自信、文化自觉，会聚贤德，留住人才，有人的乡村才有活力，才有发展的动力。此外，生态博物馆还可以与其他社会机构、博物馆、学校、科研单位等开展合作项目，共同研究和分享相关的知识和经验，探索产业发展新模式。通过社会参与合作，更好地发挥生态博物馆的功能，推动可持续发展的形成。生态博物馆也应向其他博物馆学习，坚持开门办馆的理念，在研究、展示、宣传教育、人才培养、文化创意等方面，加强交流合作，提升社会的关注度和影响力

（二）持续的文化与经济效益的双重实现

生态博物馆不仅仅要致力于传统文化遗产的保护和传承工作，也要重视文化和经济效益的双重实现。在生态博物馆的运行发展中，既要重视非遗技艺的传承，也要带动相关产业的发展。村民在其中获得可见的利益，可以激发他们进行文化遗产保护的自觉性和能动性。这一利益，不仅指经济收入而言，也涉及围绕生态博物馆建设所带来的公共道路、公共设施、饮水卫生等各方面的改善。此外，要重视旅游的可持续开发，确保游客在游览过程中获得良好的参观体验。旅游开发将带来餐饮住宿收入，农产品、手工艺品的销售收入等，销售收入反过来又刺激传统技艺的传承和发展，这是一个双向奔赴的过程。在发展过程中，可以通过生态博物馆构建非遗研习基地、乡村文化空间等，以"非遗+文创""非遗+产品""非遗+演艺"等多种形式，增加游客参观旅行的文化内涵，满足游客的文化需求，进一步推动乡村经济发展。同时，可以通过联合、联盟等合作方式，实现"生态博物馆+乡村农户+公司企业+市场"的产业发展模式，使多方获得共赢，为可持续发展打下基础。

（三）持续的科技赋能，拓宽展示的领域和链接外部的渠道

近年来数字媒体技术不断进步，生态博物馆也难以置身其影响之外。从积极的层面来看，数字媒体技术可以为生态博物馆的可持续发展提供新

的发展机遇。首先是在展示的领域上，数字科技中的虚拟现实技术、人工智能等手段，实现生态博物馆展示中"科技手段+展陈艺术"的结合，拓宽了展示的领域和内容深度。可以将生态博物馆保护区范围的历史、人文故事以更生动、更直观、更立体的方式展示给观众，帮助观众更好地了解当地的自然生态、社会变迁和人文历史，更好地传递生态博物馆以及社会可持续发展的理念。其次是在连接外部的渠道上，数字媒体技术可以实现线上观展和线上教育，使生态博物馆的传播范围更广，可以有效地推动民族地区文化遗产数字资源的转化和宣传。生态博物馆也可以利用自身的机构和人员优势，搭建融媒体传播平台，传播生态博物馆保护区范围内的民族文化、服饰文化、节庆文化、美食文化等，可以进一步地吸引更多外地观众的关注，并前来旅游。而且，利用"互联网+"优势，还可以发展生态博物馆保护区内的电商经济，促进农产品、民族手工艺品的线上销售，从而实现更多渠道的传播和更广泛的营销，为可持续发展创造更多动能。

吴伟峰（广西博物馆研究馆员）

乡村博物馆与公共文化建设：历时性观察与共时性思考

2017—2019年我有幸承担了麻国庆教授主持的国家社会科学基金重大项目"中国岭南传统村落保护与利用研究"（编号17ZDA165）的子项目"传统村落、乡村遗产与乡村博物馆研究"。现在项目已经结项，课题组成员仅发表了少量论文，综合性的论述一直没有正式发表过。现在利用"长城沿线古村落传承保护"项目之机，将"乡村博物馆与公共文化建设"的主要部分，做一个概述性的论述，以求教于大家。

一、拟解决的主要问题

乡村社会需要历史、文化与乡土记忆来修复社会和人的心灵，缺乏文化建设的乡村社会是难以持续的，文化也是创新的源泉。文化遗产保护是乡村文化建设的重要组成部分。我国的文化遗产保护有两个系统：一个是由国家文物局主持的，各级文博系统所执行的对物质文化遗产的博物馆式保护；另一个是由文化和旅游部所主持的，各级文化系统所执行的非物质文化遗产的活态保护。随着世界越来越开放，我国的文化遗产保护越来越与国际接轨，越来越受国外的理念和经验的影响，使得这两个文化保护的系统几乎在共同的道路上行走。

乡村博物馆、生态博物馆、乡土记忆馆与文化中心建设在推动地方文化发展、加强文化遗传保护的同时，也为地方的旅游经济发展、民族地区脱贫提供了行之有效的途径。例如，目前多个省份已经将生态博物馆看作当前博物馆和文化遗产保护的先进理念，以其建设为优先发展的方向，加强了对相关问题的研究。但与此同时，随着实践的深入和拓展，这些公共文化建设遭遇的矛盾和尴尬也越来越多，面临着生存和可持续发展的问题，引起了学界的关注和反思。

第一，乡村博物馆、生态博物馆等建设带来的旅游开发及其负面效应。在旅游的强力冲击下，这类博物馆已演变成了一种在今日中国最为常见的普遍存在的民俗旅游村。当地文化加速变异，正在与外来文化趋同，不同质的文化趋向于同质化，特色文化难觅踪影，这些博物馆的开发不但不能挽救当地的文化，反而加速了文化的同质化的形成。

第二，乡土文化建设相关群体的利益背离。在乡土文化建设中村民、专家、政府的目标缺乏交集，以至于无法整合各人群力量来有效实践相关的理念。当地群众对自己文化和生活方式的认识、参与生态博物馆的目的，与文化保护和建设这一最终目标不一致，当地居民对现代生活的急迫追求与民族文化自觉能力不足存在矛盾。

第三，乡村博物馆、生态博物馆这些形式保护与建设当地居民文化的能力到底有多大仍旧是个疑问。从保护的成效来看，由于目前各类乡村博物馆、生态博物馆或是处于初级阶段，或是无法正常运作，文化建设工作并未深入有效地开展，取得的成果也十分有限，因此人们对这些建设方式的有效性产生不信任感。从保护的范围来看，乡村博物馆、生态博物馆尽管突破了传统博物馆的馆舍概念，但它涵盖的社区相对于整个地区的公共文化而言仍然只是一小部分，乡村博物馆、生态博物馆等如果仅局限于此区域内，则有出现"文化孤岛"的可能。

在城市化所伴随的乡村边缘化进程中，乡土记忆如何保存？乡村传统文化与未来发展应是怎样的关系？中国的乡村博物馆、生态博物馆、乡土记忆馆与文化中心等公共文化设施的建设，有哪些经验、教训，又产生了哪些模式？这些问题都需要系统研究和总结。

一般乡村的生活安排，有自己的周期和规律。传统农村的节奏大致可以和二十四节气对应起来，这与博物馆的开放安排和"生命周期"是不同的，农忙时期无人"伺候"博物馆开放和服务，村民也不需要博物馆来调剂生活。这是一个很严肃的话题，就是乡村的博物馆如何与农民生活在时间和节奏上相适应。

二、我们研究了什么，获得了哪些基本认识？

在当代中国，从20世纪80年代开始建设村寨露天博物馆（如贵州民族村寨），到90年代建设民俗博物馆建设（如山西丁村），到1998年贵州省梭戛乡建成运营的第一座生态博物馆，再到21世纪各地创办的乡土记忆馆、文化中心等。

自梭戛生态博物馆运营以来，距今将近20年，生态博物馆的建设发展方兴未艾，随后，贵州建立了多座生态博物馆，包括镇山布依族生态博物馆、隆里古城生态博物馆、堂安侗族生态博物馆。随着贵州生态博物馆建设的广泛开展，中国其他省份也以贵州为经验建立了一批生态博物馆。如内蒙古的敖伦苏木草原文化生态博物馆、云南西双版纳的布朗族生态博物馆以及广西的白裤瑶生态博物馆。此外，还有不少民族村寨、民族生态园、历史文化名村名镇等也属于这种性质。这些生态博物馆在建设中各自都遇到了不同的问题，有些找到了解决方法，有些尚在建设与探索的路上。

如今，在乡村文化建设、公共文化服务体系建设方面，已经逐步开创出一系列符合中国实际的道路（做法），这些都需要进行实践的总结、理论的概括以及适度的系统提升。

1. 乡村博物馆、生态博物馆、乡土记忆馆的建设历程与实践总结

乡村博物馆的研究历史可以追溯到北欧19世纪90年代建立的斯堪森民俗博物馆（Skansen），这是第一家露天（open-air）博物馆，也翻译为"户外"博物馆。它将城市化过程中，散落在各地的乡土民居，集中起来复原展示，成为乡村博物馆的开端。20世纪60年代后期，法国出现了生态博物馆（ecomuseum）的概念，20世纪70年代出现了由雨果·戴瓦兰和里维埃建立的世界第一座生态博物馆，就是将村落或厂矿作为一个整体原址、原地保护，将人文生态与自然生态作为一个整体保护，把文化保护与发展统合起来，实现一种"博物馆式"的生活方式。人们对于博物馆的理解发生了根本性改变。不同的国家有不同的转变背景：第一，前殖民地国家的解放和独立，这些国家大多数在非洲，会产生强烈的民族意识，要求彻底摆脱殖民统治者的文化影响，回归自身的民族文化。第二，在北美洲，面对白人、拉丁美洲裔和印第安后裔的有色人种为争取作为公民的平等权利而做斗争，同时开始寻觅他们的根。人们对少数民族的文化遗产重新开始感兴趣，出版了有色人种的寻根书籍，他们的文化珍宝也开始展出。第三，在拉丁美洲国家，由印第安民族和混血种族主导发起了要求政治与社会权利、自由与民主、反对军事独裁的革命斗争运动，通过民族学、考古学研究和文学作品，重新发现殖民以前的民族历史。第四，由知识和政治精英发起广义的社会、文化、教育、经济等根本性问题的全面论证，引发了学生运动，由此鼓励想象与创造，并回归传统价值。20世纪70年代，人类社会从工业社会向信息社会过渡，而工业文明带来的高速发展，造成了能源危机、空气污染、生态破坏等。人们开始改变对世界的看法，意识到自然资源的有限、环境保护的重要。人们开始保护大自然的多样性，重新认识小地方的社会文化价值。同时，社会主要思潮认为，民族依靠文化认同维系。看不见的文化需要看得见的文化遗产体现。族群与文化遗产紧密联系，他们有权生存在由文化遗产构成的环境中；文化遗产也应留在本土，一方面族群的人们和子孙都可以享受和利用，另一方面这些文化遗产与其周边环境的联系，传承着知识和记忆，有助于对历史的了解。

在此背景下，欧美的新博物馆理念开始兴起。它改变了以往传统的经营方式，不再局限于物的搜集、维护和展示，而是扩展至国家乃至国际的网络中，博物馆开始介入地方环境与社会发展之间。在新博物馆的理念中，人是核心。以博物馆为媒介，人与人、人与环境交织成一个时空互动的网络，且认为生态博物馆是当地人自发、主动参与到当地文化遗产保存、阐释与再现的过程。因此，新博物馆的概念，基本上涵括了生态博物馆、社区博物馆的框架。

迄今，全世界已经建成了大约400座生态博物馆，其中法国、意大利、巴西、日本、韩国合计有300多座。中国自1997年起在挪威的协助下选择贵州的民族村寨建立4座生态博物馆（梭嘎苗族、镇山布依族、隆里汉族、堂安侗族），后续有自主建立怎雷水族、雷山苗族（上马路）、地扪侗族、西江千户苗寨等民族村寨型生态博物馆10余座，与此前建立的户外博物馆和民族主题馆（如节日文化博物馆等），构成了今日贵州民族村寨文化的核心文化景观，已经成为贵州民族文化旅游的核心资源。后续发展中，广西提出了民族生态博物馆的"1+10模式"，即在广西民族博物馆建设中，从中国与东盟关系战略高度，确立民族文化的地位与定位问题，建设了10个生态博物馆即南丹白裤瑶、龙胜龙脊壮族、靖西旧州壮族、金秀瑶族、三江侗族、融水苗族、贺州客家、灵川古村落和东兴京族等。民族村寨丰富的云南采用的是民族文化生态村的概念，实际上理念思路方法和生态博物馆是一致的，云南共建设了25个民族文化生态村。文化部主持的非物质文化遗产保护中，提出了"民族文化生态试验区"（后改为民族文化生态区），是在更大范围内保护传承民族文化，借用生态博物馆的理念。

第三代生态博物馆建设，扩展到东中部地区，以浙江安吉生态博物馆群建设为代表，出现了一个立足乡村的特色博物馆群，这些博物馆主要依托传统村落，关注乡村乡土文化的整体性，注重培育民间的技艺，发现民间的智慧，如安吉白茶博物馆、竹文化博物馆、山民文化博物馆、农耕文化博物馆等，均取得良好社会文化和经济效益。

在传统村落保护与利用中，除了生态博物馆外，近年来主要使用乡村博物馆、乡土记忆馆或乡愁馆的名号，如江西的乡村记忆馆已经超过100个，山东的乡土记忆馆已有60多个，它们因地制宜，利用老旧的礼堂、仓库或废弃的学校，建设"类博物馆"，作为文化和历史工具，如松阳的百村计划——抢救老屋项目中，利用博物馆激发出一系列新的乡村活力，如红糖工坊、大木山茶园等，把乡村文化做到了极致，结合民宿的打造，乡村文化体验成为具有时尚性的消费品。

2. 乡村文化中心建设与文化自觉

近年来，相对于农村经济的快速发展，农村文化建设却相对滞后，突出表现为现代化转型过程中农民文化生活的"贫困"和农村公共文化建设的"滞后"。社会主义新农村建设，涉及经济、政治、文化、社会等诸多领域，加强农村公共文化建设是新农村建设的题中应有之意，也是新农村建设的基本任务。持续推进新农村公共文化建设，需要突破传统公共物品供给体制的锁闭状态，实现政府引导、农民参与、市场运作之间的良性互动，实现由政府主导模式向参与式治理模式的逐步转变。

农村文化的"羸弱"固然与农村地理位置、经济基础、历史传统、生活方式等因素相关，但小农经济土壤孕育的文化传统中的消极因素却成为农民脱离贫困的内在障碍。文化传统有着强大的辐射力与遗传力，常常表现为一种内控自制惯性运动，影响着社会生活的各个方面，正如班费尔德所说："穷人基本不能依靠自己的力量去利用机会摆脱贫困之命运，因为他们早已内化了那些与大社会格格不入的一整套价值观念。"改革开放以来，市场经济的快速发展对农村文化的发展有着一定的促进作用，农民的文化心态和价值观念开始发展转变，民主意识和法制观念也开始觉醒。但由于农村文化教育落后，农民整体的文化素质低下，广大农民缺乏市场经济观念，缺乏对公共事务的关注与参与。

文化自觉是借用费孝通先生的观点，指生活在一定文化历史圈子的人，要对自己的文化有自知之明，并对其发展历程和未来有充分的认识。自党的十六大以来，政府报告多次提出公共文化服务与新农村文化建设的重要命题，恰好体现了高度的文化自觉。解决好"三农"问题，在大力发展农村经济的同时，要重视加强农村文化建设，实现经济建设与文化建设的统筹兼顾，努力推动农村社会的文明进步与和谐发展。

一直以来，不管在保护文化遗产领域，还是非物质文化遗产领域，乃至现在的乡村文化和传统村落，都在奉行以国家为行动主体的保护原则，依靠制定相关法律、法规和政策进行约束，由国家财政进行经费投入。这种保护方式虽然贡献极大，但是相对于被保护对象来说，只能说是外部力量，在保护乡村文化和传统村落方面这一点就尤为明显。在广州市番禺区，有村民告诉调查者表示他们不愿意国家文物部门将他们居住的建筑评为"文保单位"，这样会影响他们拆除后营造新建筑。

显然，村民目前还并未认识到他们现在所居住的建筑对于文化绵延、村落发展的重要性，这就是文化"不自觉"的表现。因此政府在这里更应该发挥引导的力量，使得番禺区的民众尤其是居住于传统村落中的村民认知到其村落所绵延文化的价值与珠三角其他地区文化的价值的差异，最终觉察到自身的村落文化特色。而民众也能将文化自觉提升到实践自觉的新高度，把自身也纳入保护自身文化的行动主体中去；在这一过程中也要满足利益相关者的需求，在保护乡村文化和传统村落的过程中尽量减少削弱他们已经获得或者潜在获得的利益的程度。

日本也在20世纪70年代出现了类似西方生态博物馆的社区。他们同样感受到能源危机和生态破坏，而且还感受到现代化过程中自己国家民族性的逐步丧失。工业化过程中，年轻人离开农村到城市读书或工作，农村只剩老人和小孩，许多传统产业不断消失，文化习俗也逐渐远去。于是，日本提出"重振地方文化""活用文化资源"等口号，目的是将文化传统活态地保留在社区中，以恢复日本传统文化的生机，在此基础上再造农村新生活。在此背景下，日本人开始地方文化的整体营造，通过建设地方博物馆，调动当地人的积极性，共同保护和再现自己的传统文化。这不仅有来自民间的力量和学者的推动，更重要的是政府的支持和保障。日本的文化保护行动虽然与西方生态博物馆产生的背景不尽相同，名称也不一样，但内容和形式大致类似，同是强调将文化遗产活态地保护在原有的自然和文化环境中，只有当地人才是真正的拥有者。

在日本的影响下，韩国及我国台湾省也产生了将文化遗产活态保护以发展地方经济的现象。韩国与日本一样，将文化遗产称为文化财，其文物保护法称为文化财保护法。台湾省将文化遗产称为文化资产，其保护法称为文化资产保护法。它们的文化财和文化资产概念基本等于文化遗产，但偏重性不同，后者更着重于历史性的文化遗留物，而前者则类似于文化资源概念，强调的是活态性和可再利用性。

而台湾自有其特殊性。20世纪90年代以来台湾政治形态发生变化，国民党作为执政党受到严重挑战，在本土派实力全面抬头的情况下，文化政策与建设的方向也被赋予了新的考量，开始强调政策应自下而上形成。台湾的文化资产保存政策，一方面趋于经由社区民众的参与形成地方民众的文化认同为出发点进行估计保存，另一方面要考量到地方文化的保存与经济发展的冲突，故而提出将地方文化特色加以产业化的策略，通过活化文化遗产成为地方文化产业的资源，倡导经济诱因与地方生机。

在总结岭南地区公共文化建设的成绩基础上，借鉴国内外先进地区（如日本及我国台湾等地）的经验，对目前传统村落重建中公共文化服务体系的建构与村民参与到文化建设中的自主治理与文化自觉提出建议。

3.生态博物馆与日常的表达艺术

生态博物馆本是欧洲后工业时代的社会运动之一。欧洲的生态博物馆主要强调民族依靠文化认同维系，看不见的文化需要看得见的文化遗产体现；族群与文化遗产紧密联系，他们有权生存在由文化遗产构成的环境中；文化遗产也应留在当地，一方面当地与其子孙都能享受和利用，另一方面这些文化遗产与其周边环境紧密联系，传承知识和记忆有助于保存文化的多样性。

如何让民族村寨的文化遗产在保护中发展，在发展中合理利用，在利用中让当地人受惠，是目前一个很重要的研究课题。而当今中国的文化遗产面临着很大危机，更迫使我们必须加快推进这方面的研究。建立生态博物馆，一方面是对如何保护村寨的文化遗产进行探索，另一方面也是将这份文化遗产合理地对外展示。在梭戛生态博物馆建设的经验基础上，政府和学者提出一个管理原则，又称"六枝原则"：村民是其文化的拥有者，有权认同与解释其文化；文化的含义与价值必须与人联系起来，并应予以加强；生态博物馆的核心是公众参与，必须以民主方式管理；当旅游和文化保护发生冲突时，应优先保护文化，不应出售文物，但鼓励以传统工艺制造纪念品出售；长远和历史性规划永远是最重要的，损害长久文化的短期经济行为必须被制止；对文化遗产进行整体保护，其中传统工艺技术和物质文化资料是核心；观众有义务以尊重的态度遵守一定的行为规则；生态博物馆没有固定的模式，因文化及社会的不同条件而千差万别；促进社会经济发展，改善居民生活。以上原则是挪威和中国的学者共同协商建立的，其主要观点有三个：第一，当地民众是文化的主人，必须参与管理；第二，当旅游与文化保护起冲突时，必须把文化保护放在第一位；第三，在不损害传统文化价值的基础上，必须提高当地居民的生活水平。

在民间和地方政府层面，全国很多地方尤其是少数民族地区，二十几年前或是自发或是受欧洲、日本影响，建立了民族文化村、民俗文化村、文化生态园、民间艺术村等。这些村落在不同名称下对当地文化资源开展发掘和保护，与日本用传统文化振兴地方经济的理念类似，但更多的是以保护之名，行旅游之实，并不具备日本对文化的深层思考，也没有台湾地区对文化认同的反思，更不是欧洲对人类文化多样性保护的考虑。由于缺乏正确的导向，很多地方对当地传统的文化资源存在过度、盲目开发的情况，对文化造成极大破坏。

整体而言，生态博物馆对传统博物馆与文化遗产的关系做出了新的回答，生态博物馆意在调整文化遗产的保护对象与保护方式，博物馆不再是一个封闭的陈列馆，而是要成为当地一个具有文化辐射作用的中心。生态博物馆建设应该是以发展为目标进行的整体性活态保护，既要注重博物馆对村落物质与非物质文化遗产保护的完真性，也要通过博物馆让村落满足个人的发展需求。尤其是非物质文化遗产要与人的生活结合在一起。在发展中既要引入新技术开展丰富的文化展演活动，也要通过对诸如民间宗教、民俗节日等的支持创造民族内部的文化生活和价值体系，使生态博物馆成为传统文化生活与市场主导的现代经济生活融合的契机。

目前，生态博物馆建设存在一些困境：第一，生态博物馆建设目的存在矛盾。理论上，生态博物馆建设目的是挖掘、保护和保存民族文化遗产，保持原生性和本土性。但在实际过程中，经济效益往往处于第一位，群众和政府往往把生态博物馆的经济目的放在第一位，文化遗产保护处于从属地位，有的时候甚至出现破坏文化遗产和文化遗产造假现象出现。相应地，文保专家和人类学专家处于缺位状态。第二，生态博物馆的展示手段仍存在局限。就现今的生态博物馆而言，仍然未脱离传统博物馆的窠臼，多是以物为中心，在凸显民族地区文化特色、保护和传承民族地区非物质文化遗产等方面存在缺陷，并且，该类型的博物馆往往过于强调单一民族、单一地区的物质文化，而忽略了我国在民族文化上所独有的"多元一体化"面貌，未能从宏观角度表现某一区域乃至全国范围内民族地区文化在各具特色的基础上又存在相互交流、融合、影响的情况。这往往是由于博物馆的设计和研究者不能兼备人类学、民族学、考古学和博物馆学的知识。

最近十几年来，由于现代化进程的加速，民族地区的民族特色正在逐渐消失，呈现同质化的趋势。如何成功保存民族地区的文化遗产和保护文化生态的多样性，是一个亟须面对的问题。长期以来，关于民族博物馆藏品的征集标准一直困扰着国家文物行政部门和馆藏单位。一些对保存民族文化具有重要价值的物品，由于年代的原因不能称为文物，得不到有效保护，另有一大类歌曲、舞蹈、技艺等非物质文化遗产也被民族博物馆舍弃。民族生态博物馆应重新厘定民族博物馆的馆藏标准，使大量反映民族地区各民族风貌的文物遗产得到集中保护，保持各民族的历史记忆，为研究民族地区文化做出重大贡献。

地区发展不平衡是我国长期面临的问题，这种不平衡中民族地区文化发展相对落后则是不争的事实。然而，我国现行的文化政策中，在促进民族地区文化发展的同时也造成了地方文化多样性的消失。面对这种情况，民族生态博物馆在注重民族文化生态多样性的保存，让民族地区群众在跟上世界文化潮流的同时，也将让人感受本民族文化特色。生态博物馆应走上规范科学的建设道路，推动民族地区社会安定和民族团结，将产生难以估量的间接经济效益。同时，博物馆的建设也将形成城市新的旅游点，博物馆门票、餐饮、娱乐、纪念品销售收入数量也是巨大的，解决城市过剩劳动力就业问题。同时，博物馆建设还将带动社区餐饮业、交通和其他配套服务业的发展。

目前，乡民生活中的文化正在逐渐变成一种稀缺的艺术形态。在当前实施非物质文化遗产保护工程的背景下各种身份、职业、组织的"他者"也通过他们对此类文化的表述开展了民间艺术和民间手工艺的保护工作。2001年5月，联合国教科文组织宣布了首批"人类口头和非物质遗产代表作"，19项代表作获得通过，中国昆曲艺术入选。而在此期间，我国政府和学术界也紧随世界形势的变化，开展了大量地抢救保护非物质文化遗产的工作，并得到了国际社会的认可。总体看来，政府、学者在文化遗产的抢救方面倾注了很多心血。在此语境下，部分民俗生活中的文化，特别是一些在生活中濒于失传的文化，也被列入了非物质文化遗产保护范畴之内。

但是，我们仍要看到，文化有着变迁和发展的过程，即使部分民间艺术被纳入非物质文化遗产的保护范畴，然而，这种保护远远不如自身生命力的延续那样更具有长远发展的动力。这些纳入"他者"保护视野的可观察文化的第一个层面——所包含的伦理文化和精神文化以及所具备的社会功能，应该归入非物质文化的范畴中。伦理文化是一种道德与制度的规范，而精神文化一方面要表达主体的感情，另一方面又依赖于这些表述的创造而安慰自己，包括艺术、音乐、文学、戏剧以及宗教信仰等。文化的文法是存在于潜意识中的，是在同一文化个体中内化的逻辑，是流淌在"自者"血液里的东西。但是一旦文化语境发生了变化，这种潜在的东西也会不知不觉地从"自者"的生活中消失。所以对于关注生活中的艺术的"他者"来说，对这种艺术的保护应该包括文化的表达（如美术、音乐、文学，以及像视觉、听觉、味觉所表达出来的文化信息等）和文化的文法（如感觉、心性、历史记忆、无意识的文化认同、无意识的生活结构和集团的无意识的社会结构等）。这样，我们才能让生活中的艺术回归于日常生活，使之在社会中不但具备文化自身的功能，还能发挥社会的诸多功能和作用。以生态博物馆的形式，发掘地方社会既有的文化艺术资源，尊重自然肌理与历史文脉的基础上，以当地人为主体的生活世界的营造和创新。以此为根基的乡土文化表达不仅实现了地方文化的活态性保护和创新再生产，同时赋予了文化符号的内生活力，成为维系当地居民的文化认同和历史认同的重要力量。

4.文化再生产与文化持有者的运动

在社会学与人类学的领域中，对于现实条件下诸多社会和文化传统的延续与再生的讨论，往往借鉴布尔迪厄的再生产理论，将再生产的模型建构在场域转换的基础上。传统村落的整体性中应当包括"自然"与"社会"的双重属性。但是，在现代文化创意实践的语境中，文化遗产往往不再被当作一个整体，而是通过不断地放大其自然属性中的某一部分，将诸多具象化的文化事象表述为一种形象、一种文化符号乃至一种生活方式。因此，在当前文化创意盛行的社会语境下，探讨诸多的文化资源如何被解构、被重新整合，又以怎样的方式与手段进行新的文化生产与再生产，进而获得完全脱离于传统生命轨迹的形象与身份，就是一个十分有意思的课题。

对文化持有者而言，文化生产实践过程中有许多代代相传的惯习与禁忌，这既来源于传承人在文化实践中的经验积累，也来源于历代先辈对所身处的社会文化的认知。克利福德·格尔茨以"一个人必须有到溪流中游泳的经验激情，随后他才能有这种幻觉经验"的说法来比喻"文化持有者的内部眼界"。只有生活在某一社会文化内部的人，才能够切实体会到它文化的束缚力。柳田国男也曾感慨："如今古老的'规矩'都还原原本本地保留着，并且如同过去那样忠实地执行着的地方也不少，让人为之感叹竟然会如此墨守成规。"

在当今社会，文化创意产业明显成为最常用的传统文化复兴的手段。与传统村落遵循传统的生产模式不同，文化创意产业的生产过程中涉及文化持有者、生产者、策划者、导演和消费者等一系列的社会角色。可以说，文化创意产业的生产者是一个群体，文化生产的过程与产品都是多方协商、博弈和妥协的结果。目前看来，在文化创意产业中，策划者比文化持有者占据更加优势的地位，更加熟悉资本运作手段，也更加了解市场与消费者——策划者而非持有者决定了新文化生产的目标与方向；而文化持有者往往囿于文化发展的常规。确实，从产业发展的角度考虑，必须要对文化创意产品有清晰的市场定位，否则就会出现"宋人资章甫而适诸越，越人断发文身，无所用之"的笑话。另外，文化创意产业中的意义生产大多与传承人的初衷并不一致，往往切断了地方性文化逻辑的内在关联，消费者只能从文化产品中感受到一些似是而非的传统味道。比如，当前文化旅游的兴盛，越来越多的历史和"异文化"通过场景"再现"，我们看到的诸如桂林的《印象刘三姐》、开封的《大宋东京梦华》、三亚的《三亚千古情》等大型实景演出，甚至连贵州梭戛生态博物馆等都成了人们文化旅游的选择之一。而在西方，"城堡和庄园越来越多地上演'第一人称'历史，作为吸引游客的手段。"

本项目想要将传统村落的文化再生产置于文化创意产业与文化持有者的深入参与的实践中，用生计改善带来传统文化的复兴，必然会对地方文化逻辑产生冲击乃至造成文化断裂，所以我们还需要抱有生态观去对待文化资源的生产与消费，科学对待文化的前后台发展策略，对前台的文化产品舞台化与后台的日常生活场记区别对待。

潘守永（上海大学教授）

和美乡村建设背景下的乡村博物馆之路

党的二十大报告中提出要"全面推进乡村振兴"，强调"建设宜居宜业和美乡村"。这是以习近平同志为核心的党中央统筹国内国际两个大局、坚持以中国式现代化全面推进中华民族伟大复兴，对正确处理好城乡关系而做出的重大战略部署。我们党历来高度重视乡村建设工作，党的十六届五中全会提出"生产发展、生活宽裕、乡风文明、村容整洁、管理民主"的社会主义新农村建设目标，党的十九大提出"产业兴旺、生态宜居、乡风文明、治理有效、生活富裕"的实施乡村振兴战略总要求，党的十九届五中全会提出实施乡村建设行动，"建设宜居宜业美丽乡村"。党的二十大进一步提出"建设宜居宜业和美乡村",这充分体现了我们党对乡村建设规律一以贯之的深刻把握,也充分反映了亿万农民对建设美丽家园、过上美好生活的良好愿景和热切期盼。"和美乡村"和"美丽乡村",虽然一字之差,但内涵和外延都发生了变化,这要求我们在乡村振兴和农村现代化建设中,不仅要建设美丽的乡村环境,还要和谐的农村社会。

一、和美乡村需要加强农村文化建设

建设宜居宜业和美乡村,涉及农业农村农民、生产生活生态各个方面,既包括乡村物质文明建设,也涵盖农村精神文明各个领域。这就要求全面推进乡村振兴,不仅注重农村社会经济发展和农民物质生活的改善,而且还要更加重视农村精神文明建设和乡村社会的良好治理。

农村是我国文明的发源地,是乡土文化的根。优秀的农村传统文化是我国农耕文明曾经长期领先世界的重要因素,也是当下乡村振兴的重要内容和载体。但一度受市场经济和城市化浪潮的冲击,一方面一些农村地区部分优秀传统文化逐渐衰落,一些特色传统村落逐步凋零;另一方面,乡村社会传统的互帮互助、尊老爱幼、善良淳朴等优良习俗没有很好地传承下来,相反一些陈规陋习在农村愈演愈烈,道德滑坡现象比较严重,阻碍了乡村文化振兴和乡村文明复兴。以农村的红白喜事为例,一些农村地区的彩礼、嫁妆以及婚宴的攀比之风盛行,大大加重了农民群众的负担;一些农村地区厚葬薄养,葬礼互相攀比,出现娱乐守灵、庸俗低俗现象甚至大搞封建迷信,严重影响乡风文明建设和社会风气好转。

大力推进宜居宜业和美乡村建设,必须坚持农村物质文明和精神文明一起抓。一方面,要大力加强农村文化设施建设,通过建设文化广场、文化中心、乡村戏台、非遗传习场所等公共文化设施,不断提升农村文化建设硬实力。另一方面,要在农村地区广泛开展精神文明创建活动,持续推进农村移风易俗,进一步改善农民精神风貌,提高乡村社会文明程度。

二、乡村博物馆是传承乡村文化的重要载体

曾几何时，人们提起博物馆，总觉得很"高大上"，是大城市才有的标准配置。而如今，随着农村经济社会发展的快速发展和乡村振兴的全面深入推进，一座座带有浓厚乡土气息的乡村博物馆在中华乡村大地悄然兴起，成为记载乡村历史、展示乡村文化、提升文化自信的重要平台，也成为农业农村现代化的显著表征和独特风景。放眼全国，新时期我国乡村博物馆主要是在留下来的宗祠、名人故居以及"村史馆"等基础上改造而成，同时充分吸取了城市博物馆和国外乡村博物馆的功能和特色，以民俗博物馆、非遗展览馆、生态陈列馆、古村落博物馆、名人故居等多元形态展示出来。

乡村博物馆发源于农村，成长于乡村，将散落在田间地头的遗珠捡拾起来，让几近被遗忘的乡土文化得到了重视，将平常百姓家的物件陈列展柜，让悠久的农耕文明浓缩于馆藏物品，并重新焕发出勃勃生机。以全国乡村博物馆建设试点浙江省为例，2022年浙江省政府把建设乡村博物馆列入十大民生实事，并颁布了《浙江省乡村博物馆建设指南（试行）》，按照这个《指南》"十四五"期间浙江全省将建设乡村博物馆1000家。与此同时，全国各地都将乡村博物馆建设作为乡村文化振兴的重要任务。

乡村文化设施建设是传承中华传统文化和普及现代文化的重要载体，也是农民增强获得感和幸福感的重要体现。乡村博物馆作为乡村文化建设的重要载体，不仅反映当地的民俗习惯、风俗文化，也记录了乡村的奋斗历程和发展经验，承载着一个时代的乡愁记忆。与纯粹的城市文物类、综合类或主题类博物馆不同，乡村博物馆既承载着本土文化保护与传承的使命，又肩负乡村公共文化与产业融合等职能。然而，随着乡村博物馆建设进入快速升温期，虽然各地成功实践案例层出不穷，但也暴露出极端化、形式化、同质化等错误认识和共性问题。比如，定位不准，片面追求"高大上"；相互攀比，扩大规模"撑面子"；目光短浅，只生不养"难维系"；千篇一律，展品展示"同质化"等。

三、大力发展乡村博物馆推进和美农村建设

党的二十大报告指出："全面建设社会主义现代化国家，最艰巨最繁重的任务仍然在农村。"大力加强农村文化建设，以乡村文化振兴推进全面实施乡村振兴，是当下推进和美农村建设的主要任务。乡村博物馆作为乡村地区的一种新型公共文化空间，在推动乡村文化活态传承和乡村文化振兴方面发挥着重要作用，一定要统筹谋划，因地制宜，高起点、高标准做好乡村博物馆建设工作，从而推动和美农村建设。

一是要统筹有序推进乡村博物馆建设。乡村博物馆是新时期全面推进乡村文化振兴的重要载体，但并不是所有的乡村都适宜建立博物馆，也不是村村都要建博物馆。乡村博物馆建设必须与乡村规划相衔接，与当地的经济社会发展相适应，与本土的整体风貌及周边环境相融合。因此，在乡村博物馆建设的规划建设中，要在充分考虑当地财力、物力、人力以及资源禀赋等条件的情况下，将乡村博物馆建设与村庄发展规划、文旅发展规划、文物保护规划以及农业发展规划等结合起来，针对不同类型的乡村，做到"一馆一策"，充分发挥乡村博物馆在乡村文化展示、保护、传承、宣传教育等方面的重要作用。

二是要精准定位乡村博物馆功能特色。我国幅员辽阔，各地农村千差万别，每个村都有自己独特的自然环境、历史文化和生产生活，有些古村落人文历史丰富，有些名人村历代名人辈出，有些特色村农林牧渔很有代表性。乡村博物馆建设就要针对不同类型的乡村，结合当地历史文化和民俗文化特色，做到因村制宜，突出"一村一品"，如非遗项目较多的乡村，可建设乡村非遗展示馆，旅游资源丰富的村可依托乡村民宿打造乡村民俗体验馆等。切忌贪大求全，没有特色；也不能相互攀比，一味追求规模和数量；还要避免千篇一律，真正做到体现特色。

三是要注重提炼乡村精神讲好乡村故事。乡村博物院立足于乡村，乡村中有丰富的乡村资源，积淀着厚重的乡土文化，承载着乡村一代又一代村民的奋斗历程。因此，乡村博物馆的建设，一方面要注重挖掘本地乡愁记忆、本土文化，特别是要通过"物"的陈列，来诠释特定地域的人们在

特定时空条件下的精神状态和生活方式，通过城乡巨变的展示来记录时代变迁的历史进程，体会历代农民持续奋斗的进取精神。另外，乡村博物馆还要注重用"感同身受"的方式讲好乡村故事，让老物件开口说话，让旧时光温暖人心，努力让特定历史时期特定故事承载的特定精神品质，直抵参观者心灵，让人们在新兴文化空间中实现以文化人。

四是要加强乡村博物馆的运营管理工作。随着各地乡村博物馆建设的数量不断增加，展品不丰富、设施设备不齐全、人员配备不够、运行模式单一等实际问题就逐渐在运营中显露出来。为此，要推动乡村博物馆的标准化建设、规范化运行，调动政府部门、市场主体、社会组织、村民等多主体参与乡村博物馆建设运行管理的积极性和创造性，通过产业化运营和市场化运作，特别是让乡村博物馆融入乡村旅游路线，努力实现乡村博物馆经济效益和社会效益的有机统一。

总之，乡村博物馆既要依村而生，也要因村而异，努力做到"土"得有文化底蕴、"土"得有地方特色、"土"得有时代新意。不仅要留住乡愁记忆，更要助力乡村振兴，以不断满足群众精神文化需求，为和美乡村建设贡献博物馆力量。

袁金辉（中共中央党校、国家行政学院研究员，博士生导师）

第二节 村寨博物馆的探索与实践

他山之石：上马路，一个苗族村寨的探索与实践

达地乡，地处贵州省雷山县南端，距县城86公里，是雷山县唯一的民族乡，是雷山、榕江、丹寨、三都四县交界处，山高水深、交通闭塞。上马路苗寨，是达地乡乌达村的一个村民小组，千百年来，勤劳勇敢的苗族同胞在这里日出而作，日落而归，过着传统的农耕生活。从2009年4月开始，在中国民族博物馆的带领下，上马路村民开始恢复民族服装和传统

的民族节日，硬化了村寨里的道路，整治村容村貌，村民捐出自己的房屋来作为博物馆，举行了第一次"招龙节"；2009年9月，联合国千年发展项目对上马路博物馆的情况进行了考察，对村民进行了文化遗产的培训；2009年11月，雷山县达地乡上马路作为雷山苗年的分会场之一，举行了庆祝丰收的仪式"农嘎禾"；2009年12月，上马路的村民被邀请到北京参加中国民族博物馆年会，并在北京音乐厅表演了自己的民族节目；2010年4月，上马路举行第二次"招龙节"，来自北京、贵阳、凯里、从江的一百多位专家、学者、记者到上马路参加"招龙节"；2010年5月，联合国千年发展项目将上马路确定为示范案例……在短短两年的时间里，上马路逐渐被外界所了解，被外界所关注，由一个普通的苗族村寨变成了一个民族文化保护、村寨博物馆建设的试点，文化遗产保护的新探索。

一、一个特色文化中的非典型村落

上马路苗寨所处的雷山县，位于贵州省黔东南苗族侗族自治州西南部，距省城贵阳180公里，州府凯里42公里。雷山因雷公山而得名，素有"苗疆圣地"之称，被誉为"中国苗族文化中心"，提起雷山，大家首先想到的就是中国民间艺术之乡——郎德上寨和世界最大的苗寨——西江千户苗寨，这也是贵州最早进行村寨文化保护的地方，而上马路，则是一个来雷山也显得很陌生的名字。同样，羊儿岭也有着类似的情况，所属的怀来县，鸡鸣驿古城、董存瑞纪念馆、新保安城、长城、桑干葡萄酒庄等闻名于外，即便是提到长城，大家所想到的也是镇边城、庙港样边长城。相类似的情况，使上马路这个十年前的案例，对今天羊儿岭来说，依然具有很大的参考意义。

上马路苗寨所属的达地水族乡，是雷山县唯一的民族乡，地处雷山县南端雷山、榕江、丹寨、三都四县交界处，距县城86公里。在达地水族自治乡，居住有苗、水、侗、瑶等民族，保留着浓厚的民族风情，特别是水族的"瓜年节"和苗族的白鸟衣闻名于世。上马路苗寨在行政划分上属于达地水族自治乡乌达村的一个村民组，30户苗族散居在坡地上。雷山拥有丰富的苗族文化资源，几乎每一个村寨都拥有自己的特色，然而上马路这样一个水族自治乡下面的普通苗寨，在项目组进入之前，和周围其他的村寨相比并没有什么特别之处。对此，韦荣慧馆长及其专家团队专门给村民讲什么是文化遗产，还对上马路的村民进行了课程教育式的培训，通过这些方式，将外面流行的关于文化遗产的概念引入上马路苗寨，让村民们逐渐了解到整个的村寨、犀牛龙和蛙公的传说、服装和银饰、生产劳动工具、歌舞都是上马路苗寨的文化遗产，都是应该保护的。于是村民们把村子中的道路进行了硬化，建设了上马路苗寨博物馆，在里面展示自己的历史、村寨变化、外界对他们的支持和村民的一些文物；对博物馆旁的环境进行了美化，把三块水田改成了水池，把寨子下面的水车抬上来放到水池中，把石磨也放到了水池边上。

在上马路，一直流传着犀牛龙的传说。从2009年起，上马路逐渐恢复了招龙节，并在每一年的谷雨时节举行招龙节。通过恢复传统节日，上马路苗寨村民们加强了对自己身份的认同，同时也通过这种方式记住自己的传统文化，并将传统文化发展传承下去。上马路的变化，也深深吸引了周边的其他村寨。同样来自达地乡的乌达村也吉村民小组在看到上马路取得的成绩后，也在村长杨秀标的带领下效仿上马路进行文化遗产的保护，对也吉水寨保存下来的水书进行了保护，全寨23户人家每户集资3000元，两棵树建起了《也吉水寨水书博物馆》。

上马路苗寨为何能被选择为民族村寨保护新的试点？实际上是专家团队基于对郎德上寨与西江千户苗寨保护开发的反思，希望在雷山再找一个村寨进行民族村寨保护新的探索。贵州生态博物馆发展的经验与韦馆长团队在西江的探索使大家觉得村民对于自己文化保护的热情是村寨文化保护中最为关键的。2003年韦馆长及其团队开始策划西江千户苗寨的保护开发，今日西江的发展总体来说是成功的，村民是最大的受益者。当然西江在发展中也存在一些问题，比如大家认为西江千户苗寨开发过度，商业化气息太浓等。因此，韦馆长团队的专家们在承担小黄侗族大歌博物馆之后，选择上马路是希望在一个规模较小的、普通的民族村寨中探索出新的发展模式。

二、遗产概念引入后的文化自觉

上马路苗寨在联合国千年发展目标项目组进入之前，和周围其他的村寨相比并没有什么特别之处。如果说郎德苗寨有名是因为苗族十二道拦门酒，西江千户苗寨是因为规模宏大的苗族建筑的话，那上马路苗寨确实是没有什么吸引人的，在这里并没有什么物质的民族遗产保存下来。许多雷山的本地人都从来没有听说过上马路，只有说到达地乡上马路时他们才知道一个大概的位置，然后大多数人的回答都是那里是离雷山县城最远的地方。

生态博物馆的理念最初是在法国兴起，20世纪80年代由中国学者引入并在90年代在贵州首先进行实践。上马路苗寨博物馆虽然在名字上并没有叫生态博物馆，但韦馆长还是设想按照生态博物馆的理念来建设上马路苗寨。借鉴其他民族村寨在保护和开发的经验。韦馆长认为要使上马路苗寨的保护能够按照生态博物馆的理念发展下去，最为主要的就是要提高村民的文化自觉，让他们自己行动起来保护自己的文化，这样才能使上马路苗寨按照生态博物馆的理念持续发展下去。

对此韦馆长专门给村民讲什么是文化遗产，她还对上马路的村民进行了课程教育式的培训，通过这些方式，她将外面流行的关于文化遗产的概念引入上马路苗寨。她告诉上马路村民，整个的村寨、犀牛龙和蛙公的传说、服装和银饰、生产劳动工具、歌舞都是上马路苗寨的文化遗产，都是应该保护的，村民们发现，原来这些他们日常生活中的东西在外面的专家看来居然是遗产，是应该保护的东西。他们以往并没有觉得这些东西有什么特别的，更别提要对它们进行保护和传承。

在韦馆长给村民们做完培训和宣传之后，村民们对于什么是文化遗产有了初步的理解，他们知道了原来自己村寨中的这些东西都是文化遗产，而文化遗产是需要保护的。保护好自己村寨的民族文化遗产，能够吸引外界对上马路的关注。于是村民们在韦馆长的指导下首先把村子中的道路进行了硬化，然后把村民捐献出来的房子建成上马路苗寨博物馆，在里面展示自己的历史、村寨变化、外界对他们的支持和村民的一些文物。

无论村寨博物馆还是生态博物馆，其理念都是希望通过自然与文化两种遗产的复合以及自我创建、自我管理的方式，帮助当地人民运用自己的权利在自己文化遗产的基础上创造自己的未来，通过强调当地人的文化个性，提高他们的文化自豪感，使他们成为社区保护与发展的最大受益者。

三、本地文化的复兴和再现

招龙节是苗族的传统节日，但在当时的上马路苗寨已经多年没有举行过，只有年长的村民对以前举行的招龙节保存有一些印象。经过专家团队和村民集体会议共同商讨的，决定恢复上马路的招龙节。他们认为，随着经济的发展，上马路苗寨的同胞有愿望也有能力恢复自己的节日（招龙节）祭祀和追思自己的祖先。"招龙节"的恢复与重构，绝不是为了旅游开发而过，不是为游客作秀（表演）。而是为了让本民族尤其是我们的子孙后代通过节日的载体，了解我们是谁、我们从哪里来，即我们祖先悲壮的迁徙历史，以进一步加强苗族同胞的民族意识和振奋民族精神；通过祭祀和追思自己的祖先，教育子孙后代不忘记感恩，尊重和保护我们祖先留下来的绿色生态环境，感谢养育我们的山山水水、感谢那口永不枯竭的龙水井；善待和弘扬祖先为我们留下的文化遗产；启示大家共同努力构建一个遵纪守法、团结和谐和快乐的社会。对外来的游客，通过参加招龙节这种动态的方式，更进一步了解苗族和苗族的风俗。

恢复后的首届招龙节于2009年4月18—20日举行。从负责人员、活动内容、注意事项都有详细的计划安排，上马路苗寨的村民为招龙节的举行做了充足的准备，每一位上马路苗寨的村民都能够参与到招龙节的活动中，招龙节成为上马路苗寨的一项集体活动，也成为上马路苗寨除了博物馆之外能够给外来的宾客展现自己村寨文化特色的一项重要活动。通过恢复传统节日，使得上马路苗寨村民们加强自己身份的认同，更加团结，同时也通过这种方式记住自己的传统文化，并将传统文化发展传承下去。

从上马路苗寨的案例来看，专家学者、村民和当地政府是文化遗产保护过程中的三个主要力量。专家学者将文化遗产保护的理念带给村民，并指导村民按照他们的设想进行文化遗产保护的新探索和尝试；村民作为文化遗产保护的主体，是专家学者文化遗产保护探索的执行者和实践者，也是这些探索所带来利益的直接受益者；当地政府则是村民及村寨的管理者，也是村寨文化遗产保护开发的间接受益者。三方面的力量在文化遗产保护过程中，是你中有我、我中有你的共同体。

上马路苗寨被确定为雷山苗年的分会场，让村民们认为这是政府对于他们在文化遗产保护方面工作的认可，县里面的领导和达地水族乡的乡长、书记都在活动当天亲临上马路参加苗年节，这也让上马路的村民们感到骄傲和自豪。虽然离雷山县城路途遥远，但是仍然有很多的游客和记者在活动当天一大早就赶到了上马路参加村民们的苗年节。他们在参加完上马路苗年节之后的宣传，让更多的人知道了上马路苗寨正在进行中的文化遗产保护。

当地政府是村寨文化保护的间接受益者，村寨在他们管理之下，他们当然是希望这些村寨能够早日脱离贫困，过上好日子，村寨文化遗产的保护能够使被保护的村寨文化得到保护，经济得到发展，这是地方政府愿意看到的，这也是他们的职责所在。然而，当地政府在对文化遗产保护开发的投入和支持上却不是那么慷慨，主要的原因还是当地政府力量的欠缺。像上马路这样地处偏远，贫困的民族村寨，雷山还有很多，县级政府的财政预算和统筹开发能力毕竟是有限的，对于这些大大小小的村寨，政府只能从中选取地理位置与自然条件优越的代表，然后进行大力开发。此后，随着专家们的逐渐退出，政府对上马路苗寨的关注和投入也逐渐减少，村民在遇到文化遗产保护方面的资金短缺问题时，只能通过电话联系韦馆长的方式，申请支持和帮助。

四、反思

生态博物馆的概念在20世纪80年代就引入中国，1997年在贵州省六盘水市的梭戛，中—挪合作建设的中国第一个生态博物馆开始建设。按照生态博物馆的理念，这样的博物馆需要村民意识到自己文化的价值之后由他们自己参与到其中进行保护，在这个过程中，村民应该是主体，对自己文化的发展和保护拥有话语权。专家的作用是帮助村民按照他们自己的理想来保护好自己的文化，他们应该是这个过程中的配角。但是村民作为文化主人话语权缺失造成的结果就是专家将自己关于遗产的概念植入当地，村民们按照专家的想法来保护专家们所谓的遗产，而不是按照村民自己的想法来保护自己的遗产。此后，生态博物馆在中国的发展遇到了一些挫折和困难，有的学者认为是因为它的理念对于中国西部的民族地区来讲太先进了。生态博物馆的理念兴起于法国，主要的实践也是在西欧、北欧等经济发达地区，当地的居民在衣食无忧、生活富裕之后自觉行动起来，利用生态博物馆这种新的博物馆形式来保护自己的文化。但是对于中国，尤其是西部民族地区的村寨来说，他们首先需要解决的是衣食之忧，当他们的温饱都还没有能够解决的时候就要求他们能够有自发的意识来保护自己的文化确实存在困难。

　　时至今日，生态博物馆已经由最初西部民族地区的探索，逐渐延伸拓展到东部地区，而且与西部民族地区喜忧参半的发展维持情况不同，生态博物馆的探索发展在东部地区呈现出更为蓬勃的生机。长期从事生态博物馆研究的潘守永教授认为，东部地区生态（社区）博物馆建设的背景、社会资源以及社会经济基础与西部地区存在较大的差距，改革的红利在这里（东部）得到最大释放，人口资源因素、社会动员能力以及对于生态博物馆的需求，更与前述西部地区明显有别。这些地方早就解决了"温饱"问题，已经或者即将进入"富裕阶段"，社会总体财富的占有比率、社会如何再分配等议题是更广义的社会背景和基础。

　　如今，生态博物馆的理念在紧邻北京的羊儿岭继续得到探索和实践，昔日指导村民保护的专家们同时也是参与保护的"新村民"，有上马路苗寨等村落的案例为鉴，羊儿岭未来的保护发展令人期待。

杨明刚（中央礼品文物管理中心 副研究馆员）

侗族大歌博物馆：传承与创新的文化之旅

  侗族大歌是一种多声部、无指挥、无伴奏的古老的少数民族复调音乐，它是侗族人民在长期的生产生活中创造和发展起来的一种独特的文化形式，以其优美的旋律、丰富的内容和独特的表现方式，展示了侗族人民对自然、社会和生活的感悟和理解，也体现了侗族人民对和谐、友爱和幸福的追求和向往。侗族大歌是中国非物质文化遗产代表性项目之一，也是世界口头和非物质遗产代表作之一，它是中华民族文化宝库中的一颗璀璨明珠。

  小黄村是贵州省从江县高增乡下辖的一个行政村，全村742户，3340余人，全是侗族。小黄村是侗族大歌的发源地之一，也是"中国民间艺术之乡"和"中国侗歌之乡"。小黄村拥有多个不同性别、不同年龄层次的歌队，各有其独特的演唱风格和成就。从20世纪50年代起，小黄村侗族大歌就多次参加全国、全省的调演、汇演、大赛获得诸多奖项，享有盛誉。

  为了保护和传承这一珍贵的民族文化遗产，小黄村于2009年建立了侗族大歌博物馆，这是一个以侗族大歌为主题的村级专题类博物馆。2010年，小黄村侗族大歌博物馆被选为联合国机构在中国开展的第一个少数民族文化领域的联合项目——"中国文化与发展伙伴关系"项目的试点博物馆之一。该项目旨在通过文化为切入点，促进少数民族地区的可持续发展，增强少数民族对自身文化资源保护和利用的能力和意识。小黄村侗族大歌博物馆作为项目试点博物馆，在中国民族博物馆等专家学者的指导和帮助下，进行了场馆改造、藏品征集、展览设计、人员培训等工作，使博物馆得到了全面提升。

  本文将介绍小黄村侗族大歌博物馆的建设过程和展览内容，以及博物馆对于保护和发展侗族文化遗产的贡献和启示。本文旨在通过一个具体案例，展示少数民族文化遗产保护与发展工作中传承与创新相结合的理念和实践，探索少数民族文化自觉与能力提升的途径和方法。

一、博物馆的建设过程

小黄村侗族大歌博物馆是由国家民族事务委员会拨款，从江县民族宗教事务局负责建设。博物馆为三层木质结构建筑，采用木隔墙和木质楼地面，建筑面积423平方米，东西12米，南北12米。博物馆位于小黄村的中心位置，紧邻侗族鼓楼和侗族吊脚楼，与周围的自然环境和人文景观相协调。为了使博物馆在内部设施和外部环境都能够符合博物馆的要求，从江县民宗局与文化广电旅游局在原基础上，联合进行了大量的改建与整改工作，具体包括：博物馆内部线路、水管的铺设；博物馆内部结构的施工改造；博物馆内部及周边环境的整治。

为了制定科学合理的展览大纲，中国民族博物馆成立了专门的专家小组就小黄村侗族大歌博物馆的展览进行讨论，其专家组成员包括中国文物报、中央民族大学、国家民委等单位和部门的文化遗产与博物馆研究方面的专家学者。结合小黄村侗族大歌博物馆的规模、馆藏情况以及小黄村的人文环境、人员文化程度等，并通过综合小黄村村民的意见，专家组在经过多次论证并不断对展览大纲进行补充、修改和完善后，最终确定了以侗族大歌为主线的博物馆展览大纲。

作为以侗族大歌为主题的村级专题类博物馆，小黄村侗族大歌博物馆在藏品征集方面主要围绕该馆的性质、特点而进行，为了丰富和完善博物馆的藏品资源，项目组对小黄村侗族大歌及其相关文化遗产进行了深入细致的调查和征集工作。具体包括以下内容：

农业生产工具：犁、耙、折禾刀、镰、锄等。

生活用具：蓑衣、斗笠、桶、锅、鼎、火钳、油灯、烟斗、饭卤、坛、罐、碗、竹筷等。

与大歌有关的实物：各种乐器、歌班制度、歌队队牌标志、歌师戏师名录资料等。

服饰：男女童装、盛装、便装、中老年装、冬装、夏装等。

饰物：银饰、包、香袋、烟袋、花带、披肩、鞋垫、头巾、木梳等。

图片：表现小黄村民族风情的摄影作品，记录小黄侗族大歌获奖和演唱的摄影作品等。

视频影像：介绍小黄村的影像专辑，征集小黄参赛获奖的影像专辑，制作小黄歌师教歌、歌队唱侗族大歌的资料专辑等。

同时，为了加强对藏品的保管及研究利用，在中国民族博物馆的指导下，小黄村侗族大歌博物馆建立了较为规范的藏品档案，其档案内容主要包括藏品序号、名称、单位、数量、编号、用途、年代、类别和备注九项，并对藏品进行了逐一的拍照工作。

为了提高博物馆工作人员的管理和业务水平，项目组还对小黄村村干部、村民和讲解员进行了多次培训。培训内容包括博物馆和文化遗产的相关概念和意义，博物馆的管理和运营知识，博物馆的展览设计和讲解技巧等。培训方式包括集中授课、现场指导和交流讨论等。培训效果表现在村干部和村民对博物馆建设和文化遗产保护有了更深入的理解和认同，讲解员对博物馆展览内容有了更清晰的把握和表达，博物馆工作人员对博物馆的管理和运营有了更规范的操作和方法。

二、博物馆的展览内容

小黄村侗族大歌博物馆以侗族大歌为主线，展示了小黄村及周边地区侗族人民的自然生态、农耕文化、生活方式、民俗活动和民族服饰等方面的文化遗产。博物馆共分为三层展厅，每层展厅都有一个主题，并按照不同的板块进行展示。

一层展厅的主题是"饭养身，歌养心"，主要介绍小黄村的自然生态及农耕文化。这一层展厅分为三个板块，分别是"青山绿水美如画""稻鱼鸭复合系统"和"小黄播秧节"。第一个板块展示了小黄村优美的自然风光，包括山川河流、田园风光、植被动物等。第二个板块展示了小黄村特有的稻鱼鸭复合系统，即在水稻田里养殖鱼类和鸭类，形成一种生态平衡和互利共赢的农业模式。第三个板块展示了小黄村最重要的农业节日——播秧节，即每年农历五月初五，全村男女老少都穿上节日盛装，唱着侗族大歌，一起到田里插秧，欢度丰收。这一层展厅还设有一个试听室，用以播放小黄侗族大歌的音频和视频资料，让观众感受侗族大歌的韵律和情感。

二层展厅的主题是"歌唱的生活"，主要介绍小黄村的大歌文化。这一层展厅分为四个板块，分别是"侗家无字传歌声""抱在怀里，泡在歌里""家有儿女初长成"和"行歌坐月"。第一个板块展示了侗族大歌的历史和特点，以及小黄村侗族大歌的发展和成就。第二个板块展示了侗族大歌在婚恋中的作用和意义，以及小黄村的婚俗风情。第三个板块展示了侗族大歌在教育中的作用和意义，以及小黄村的教育现状。第四个板块展示了侗族大歌在娱乐中的作用和意义，以及小黄村的娱乐活动。这一层展厅采用了场景再现、文物陈列、图片展示等方式，让观众感受侗族大歌在小黄村人民生活中的重要地位和作用。

三层展厅的主题是"此曲只应天上有"，主要介绍小黄村的民俗活动和民族服饰。这一层展厅分为四个板块，分别是"为也——吃相思""小黄传歌节""桑嘎——歌师傅"和"小黄民俗"。第一个板块展示了小黄村最具特色的民俗活动之一——为也，即每年农历八月十五，在鼓楼广场举行的一种集会形式，男女青年通过吃相思豆来表达爱意。第二个板块展示了小黄村最重要的文化节日之一——传歌节，即每年农历十月初八，在鼓楼广场举行的一种传承和竞技形式，各个歌队通过唱侗族大歌来比拼技艺和风采。第三个板块展示了小黄村最尊敬的文化人物之一——桑嘎，即侗族大歌的创作者、传播者和教育者，他是侗族文化的守护者和传承者。第四个板块展示了小黄村其他方面的民俗风情，包括建筑、饮食、信仰、艺术等。这一层展厅还展示了小黄村不同年龄、不同场合、不同季节的民族服饰，让观众欣赏侗族服饰的美丽和多样。

三、博物馆的文化价值

小黄村侗族大歌博物馆是一个传承与创新相结合的文化之旅，它不仅展示了侗族大歌及其相关文化遗产，也展示了侗族大歌及其相关文化遗产的丰富多彩，也体现了村民对自身文化的认识和自信。小黄村侗族大歌博物馆对于保护和传承侗族大歌这一非物质文化遗产有着重要的作用和意义，具体表现在以下几个方面：

首先，记录和保存了侗族大歌的历史和现状，以及小黄村侗族大歌的发展和成就。博物馆通过搜集、整理、编目、陈列、展示了大量的与侗族大歌相关的文物、图片、视频、资料等，为侗族大歌的研究和传播提供了珍贵的实物和影像资料，为侗族大歌的保护和传承留下了宝贵的历史见证。

其次，展示和传播了侗族大歌的艺术魅力和民族特色，以及小黄村侗族大歌的风采和成就。博物馆通过展览设计、讲解方式、文化活动等，让观众从多个角度和层面感受到侗族大歌的美妙和深刻，了解到侗族大歌在小黄村人民生活中的重要地位和作用，欣赏到小黄村侗族大歌在全国乃至全世界舞台上的精彩表现。

此外，激发和增强了村民对自己文化遗产的自豪感和认同感，以及对小黄村侗族大歌的传承意识和责任感。博物馆通过培训、交流、参与等方式，让村民对自己文化遗产有了更深入的理解和认识，对自己文化遗产有了更强烈的归属感和自信心，对自己文化遗产有了更积极的态度和行动。

小黄村侗族大歌博物馆也对于促进和创新侗族大歌这一民族文化资源有着重要的作用和意义，具体表现在以下几个方面：

首先，开展了与其他地区、其他民族、其他国家的文化交流与合作，拓展了侗族大歌的影响力和知名度，以及小黄村侗族大歌的视野和格局。博物馆通过参与"中国文化与发展伙伴关系"项目等平台，与中国民族博物馆等专业机构建立了良好的合作关系，与联合国教科文组织等国际组织建立了友好的交流渠道，与美国等国家进行了多次"多彩中华"——中国民族服饰展演活动，将侗族大歌唱响大洋彼岸，得到了国内外各界的高度评价。

其次，探索了与当地社会经济发展相结合的方式和途径，提高了侗族大歌的利用价值和效益，以及小黄村侗族大歌的活力和创新性。博物馆通过将侗族大歌与农业生产、生态旅游、教育培训等相结合，为村民创造了更多的就业机会和收入来源，为游客提供了更多的文化体验和服务项目，为学生提供了更多的学习资源和教育内容，为侗族大歌注入了新的生命力和活力。

此外，培养和培育了一批优秀的侗族大歌传承人和创作人，提高了侗族大歌的艺术水平和创造力，以及小黄村侗族大歌的质量和水准。博物馆通过组织和参与各种歌唱比赛、演出活动、教学培训等，为村民提供了展示和锻炼自己的平台和机会，为侗族大歌的传承和发展培养了一批有实力、有潜力、有责任感的人才，为侗族大歌的创新和发展提供了人才保障。小黄村侗族大歌博物馆不仅是一个展示侗族大歌文化遗产的场所，也是一个培养侗族大歌人才的基地。博物馆通过组织各种培训、交流、演出等活动，让村民们学习和掌握侗族大歌的知识和技能，提高他们对自身文化的认识和自信，激发他们对自身文化的热爱和责任。博物馆还通过选拔和培养优秀的歌师、戏师、讲解员等，使他们成为侗族大歌的传播者和教育者，使他能够将侗族大歌传承给下一代，也能够将侗族大歌推广给更广泛的群众。博物馆还通过鼓励和支持村民们创作和演唱新颖的侗族大歌，使他们成为侗族大歌的创作者和创新者，使他们能够为侗族大歌注入新的元素和活力，使之与时俱进，不断发展。

李游（中国国家博物馆副研究馆员）
胡彦龙（中国民族博物馆员）

第三节　长城脚下的乡村活态博物馆观察与思考

长城：中国的南与北

一、长城的修筑及其变化

长城作为攻防的方式（或手段），它出现在包括古代中国在内的世界各处，虽然并非普及每个地方。作为大型攻防工程，它更多也更典型地表现在大型定居王朝譬如秦汉、罗马帝国之列。单就中国而言，充分的证据表明它被用在战国时期诸侯国之间的攻防战略之中。这是因为伴随周天子威望下降，诸侯国的势力开始变强，它们相互竞争、建立霸权采纳诸多手段，长城就是一种应对的办法。最终由秦国战胜东方六国而收尾，构建了一个大型王朝，规模性的兼并战争随之减少，但长城并未因此而退出战场。

事实上，它更成为秦朝重视的工程而被刻意地强化了。人们熟知的"万里长城"就是突出的表征。为什么如此呢？原因再明白不过：这个时代对秦朝构成威胁的外部力量，是蒙古草原崛起的匈奴（势力），它以规模性的骑兵及其蕴藏的强悍攻击力而著称，他们南下对秦朝造成的危害，超过了以往的任何政敌。不过关于匈奴之崛起，至少当今的学术研究告诉我们：它未尝不是秦朝的崛起奔向草原南缘激发游牧人聚结的结果，也就是说匈奴之兴是它对遭受南部势力挤压（抑或拓展）的一个回应。虽然仍旧存有争议，但用双方的互动解释那个时代亚欧大陆东缘南北之关联，应当是一个有说服力的选择。随后的事实表明，长城的修筑主要是定居王朝用以保卫自身的一种方式，这在秦汉和后来的明朝表现得最为典型，也就是说长城作为工程，通常是这些王朝防御北部游牧势力进攻采用的手段。

这里要特别申明：长城不是这群人对付那群人的手段，也不是汉系族群对待游牧人群的方法，它与人群之间不存在直接关联。它是军事攻防的手段，这个手段的决策者是政权；秦以后的长城之出场，表现的是定居王朝（政权）用以保护定居社会免遭游牧力量的攻击，它是政权之间的事情，这才是长城出场的因由及其性质。那么，它是怎么表现南北的这种关系的呢？

二、长城与王朝的关系

这里涉及的长城主要是秦以后的现象，它表现的是南北政权诸多关联的某种方式。

众所周知，亚欧大陆在现代之前的历史上，分布着南部的定居王朝和北部的游牧政权，它们成为公元前数百年至20世纪初叶之间人类国家政权的主导模式。定居和游牧取决于政权依托的生计方式：前者以男耕女织、从土地获取生活资源为鹄的；后者则依托草原的放牧获得生存的条件，不同的生计方式决定了国家政权这个上层建筑的差别。以中国为例，定居王朝通常采用皇权决策的中央集权式政体，草原政权则由单于、可汗为代表的制衡性的邦联政治所组合。这两种类型的王朝贯通亚欧大陆的东西之间而呈南北对峙，亚洲东部的中国这片地带，从秦汉到明清，伴随着匈奴到蒙古和满洲（族）的互动，成为那个时代的一个主轴。

就经济生活与文化习俗而言，定居政权依托特定的地缘能够塑造规模不等的大小王朝，它们都固定在特定地区，政权之间受限于地理和自然等条件，彼此之间规模性的往来不多，通常由使臣带动官方的交往，商人促进经济贸易互通有无，僧侣传播信仰。与此对应的游牧社会，他们的生态环境和经济生活乃至文化习俗，具有高度的相似和重合，因而他们的联系趋于频繁，尤其是军事力量崛起之后，贯通草原之东西乃稀松平常，成为这类政权交往的主导模式。然而游牧政权经济的"单一"，在冀望定居社会的财富之中，驱使他们南向发展，也贯通在这些政权的建设之内。就东亚区域而言，更典型地表现为南北两种大型政治体多方面的互动，譬如征战压制、经济互补、贸易交流、使者连接、文化宗教的传播，彼此处于频繁的沟通之中。正是在这种背景下，中原的定居王朝与草原的游牧政权，在诸种形式中双方的关系通过长城的修废而表现出下面的交往方式：

第一，长城的构筑。

秦朝是第一个修筑长城的大型王朝。它在征服东方六国、稳定中原耕作地区的基础上，于北部派军进入农耕与草原的交接地带，试图再度发展。但在这里遭到了匈奴的阻隔。与南向拓展步伐不同的是，骑兵主导的匈奴势力将秦朝的北向开拓阻挡在草原的南缘，他们的袭扰则迫使秦构筑长城与军队戍守予以因应，横贯东西万里之遥的长城就此出场。它表明中国历史从诸侯分立的政治走向了南北各自一统而又相互对峙的道路。直到汉武帝进军草原，他们打破的平衡为东汉与匈奴的非均衡乃至后者的趋于消解，创造了机缘。汉武帝之前的南北，就处在鼎峙之中，这种情况下长城的构筑，就有益于定居王朝耕地的保护和社会的安宁。

与此相应，长城的修造再度成为后来明朝的选项，乃出自它面临的形势：元朝被推翻后，其残余势力被迫回退草原，朱棣主掌下的明廷一度进军北上再创一统之格局，无奈功亏一篑，铩羽而归。明朝尚不具备征服之力，草原那边却恢复状态集结力量，调转头来南下骚扰，随之带给明朝以巨大威胁。同样出于自保之需，长城就成为有明一朝倾心尽力打造的对象，耗费了它的财力、物力和人力，以至坚固的城墙挺拔至今，展现出明朝抗衡蒙古势力的决心。

由此可见，当南北对峙且规模性的王朝彼此不能相互替代之时，处理双方关系的手段虽然多种多样，但长城的修筑之不可或缺，其要因就在于定居王朝的土地与社会乃是它生存的基础，不可不保。另外，它之不计代价地砌筑长城，也是北部力量超强及其攻击压力的展露。这就是我们据此理解长城出场的因由。

第二，长城的废弃。

与此相反的场景，就是长城不再成为攻防的阻隔。这通常表现为长城东西南北兼纳的大型王朝之建构。前期的唐朝就是一个典型事例。它统合中原和包括草原在内的广袤四方，以唐太宗"皇帝"与"天可汗"为一体的标识，构筑了胡汉众多族群组合的大型王朝。在这个一统化的结构内，保护定居社会的长城就失去了攻防作用，功能不再，这就是唐朝放弃长城修筑的理由。

从草原出发的蒙古势力，在忽必烈主掌下迸发中原而形塑的元朝，更兼有长城内外的幅员和超越的人群构成，长城在此同样失去了它的基本功能。取代明朝再度跨越式的构造，清朝更以长城为核心联络东西南北，耕作·草原、平原·高山的大型多族群为特征，中国古典王朝的成熟为形象而伫立东亚。由此可知，长城的军事工程表达的阻隔游牧势力的进攻，在南北一统化王朝的构架中，它的作用之丧失，就是彼此抟合为一的结果。在这里，长城不再具备出场的必要了。

三、长城意涵及其转化

固体的长城在一统化王朝失去功能，中国的一统化王朝经过元清的铸造而结局，长城的最终结果就是"固体"的丧失，然而它的精神内涵却在固体的消解之中而激发，催生它的重要因素，就是民族国家的建构。

源自1648年《威斯特伐利亚和约》的民族—国家这种政治体，它以民族群体与国家政权紧密捆绑一起，发出超越以往任何政治体的能量，在欧洲相继建立起来，并扩展至世界，但这以它与各地旧有政权相互角逐、较量和碰撞为形式逐步实现的，显然充满了张力。具体表现在东方的中国，则以19世纪40年代初的中英鸦片战争为标志，中国在与国外势力的激烈交织中逐渐走上了这条新型国家的建构道路。长城意涵的转折和升华亦伴此而为，具体可以这样做解：

第一，所谓与以往有别的新型国家，它刻意强化特定民族与特定国家之间的密切联系，将二者紧紧地捆绑在一起，它既能激发出民族主义热情，又能将这种热情转换为国家强大的支撑力量。国家借此打造以夯实自身，就获得了空前的发展，进而在与其他对手的较量中走向成功。在这一建构的过程中，精神信仰及其凝聚的力量成为铸造的核心要素。近代以来的中国，不论是国家政治的走向还是社会的改造，都以"振兴中华"为旗号，释放出了超越以往的激情，通过士大夫睁眼看世界的宣传造势、洋务派的近代化建设、戊戌变法的政治追求，乃至革命党的民国建置、五四运动的文化改造、抗战的中华民族是一家、中华人民共和国的成立与建设等，都将中国的族群与国家紧密地结合为一，以"中华民族共同体"与国家相契合的方式，走上了这条被定名为"现代化"的道路。正是多族群共处一个国家之内，这个中华国家又囊括中原·草原在内的广阔地域，长城悬隔的那种"对峙"就被替换，它的"攻防"遽尔就被超越的广泛"联结"所取代，这就是精神升华的具体展现。

第二，如果说长城的精神升华直接源自民族国家替换王朝国家的建构，那么，长城的意涵也会在新型国家契合中迸发的凝聚力而被有意识地塑造，这就是上文所说的与民族主义的结合。长城内涵一旦注入民族主义的理念之中，就会随着这种精神与国家的结合从而转化为国家的建设力量。这同样伴随着近现代中国构建的全部过程。当国家处于摆脱"帝、封、官"三座大山的旧民主主义革命进程之时，长城作为中国走向独立的象征、中华民族自主的符号就得以明确地凸显；当中国从独立走向自强的进程之际，长城又转化成为国家建设、人民团结的标识；20世纪80年代中国转向经济建设的轨道之后，长城则成为连接世界的中华文明之符号。这种依托形势不断转换的意涵，赋予长城的精神以多方面阐发之根由，使它能够脱离固体的限制，跟随人们的意愿做出调整，当然这并非随意猜想，而是与民族的主干精神相向而行。这方面的意涵之所以特别丰富和鲜明，究根追底，还是民族国家这种模式的催生所为。

李鸿宾（中央民族大学历史文化学院教授）

长城的死与生

你曾亲临依山傍海的明代山海关、戈壁大漠中的汉代玉门关，饱览长城壮景，也听过孟姜女哭倒长城、杨家将镇守三关的故事。但如果细想，你可能会发现，自己很难将壮美的长城与那些精彩的故事联系在一起。

中国长城全长超过20000公里，它的每一座烽火台，每一段墙体，每一座关隘，都有属于自己的精彩。你踏足长城，抚摸着斑驳的一砖一瓦，却听不到它们诉说自己的过往；你聆听引人入胜的民间传说，好奇孟姜女哭倒的是哪一段长城，杨六郎镇守的又是哪三座关隘，却找不到答案。

相信很多人都有过上述这些困惑，这也正是当前长城活化利用、活态保护的一个尴尬现实。

多年来，学界热衷于探讨长城精神和长城文化。长城的巨大社会影响吸引着广大公众前来"朝圣"，而大众的关注点，更多集中在它的"美"。

长城固然很美，但美只是它的若干价值之一。我们应当记住，长城的精神、文化和历史都依托于长城本身而存在。长城是看得见、摸得着的，它的第一身份，不是一个景观、一个故事或者一个符号，而是一项文化遗产，或者一处不可移动的文物。

联合国教科文组织《保护世界文化和自然遗产公约》对文化遗产的定义是："从历史、艺术或科学角度看具有突出的普遍价值的建筑物、碑雕和碑画、具有考古性质成份或结构、铭文、窟洞以及联合体；从历史、艺术或科学角度看在建筑式样、分布均匀或与环境景色结合方面具有突出的普遍价值的单立或连接的建筑群；从历史、审美、人种学或人类学角度看具有突出的普遍价值的人类工程或自然与人联合工程以及考古地址等地方。"

《中华人民共和国文物保护法》也规定，不可移动文物包括两类：一是"具有历史、艺术、科学价值的古文化遗址、古墓葬、古建筑、石窟寺和石刻、壁画"；二是"与重大历史事件、革命运动或者著名人物有关的以及具有重要纪念意义、教育意义或者史料价值的近代现代重要史迹、实物、代表性建筑"。

从1961年起，长城各点段开始分批次列入全国重点文物保护单位名单；1987年，长城更是成为中国第一批列入联合国教科文组织《世界遗产名录》的世界文化遗产。

长城具有文物或文化遗产的身份，正是因为长城本身具有历史、艺术、科学等多重价值，并且能够通过重大历史事件或人物表现这些价值。

文物是"死"的，但是它们之所以有价值，是因为它们曾经"活"过，并且能够将它们曾经"活"的经验惠及当代，传延后世，而这一过程也让它们获得了新生，"活起来"。

这里我们从三个维度对长城的"活化"加以说明。

第一，长城"活过"的证明在于它的故事。而这些故事分为两类，一是真实的历史，二是传说故事。孟姜女和杨家将就属于后者，它们虽也起源于历史，但已经过历代的演绎，变得面目全非。这就是我们无法将这些故事与具体的长城点段一一对应的原因。我们并不否定古人的想象力与创造力，但当我们去深究，却发现2500年的长城史，可能比传说来得更加精彩和跌宕起伏。只是很少有人把它们找出来、讲出来。

第二，让长城"活起来"的价值，需要透过它的一砖一瓦进行直观呈现。长城不应当只是你走过的一个地方，除了记住山间的红叶，我们还应当记住一些和长城有关的事情。比如古人运用了怎样的技术来建造长城，它的选址、布局、工程管理体现了怎样的智慧与科学，长城上发生过怎样的战斗，长城守军如何训练，使用何种武器，他们怎样生活，那些将军和士兵来自何方，他们各自有着怎样的人生。看多了宏大的历史叙事后，恰恰是这些个体和细节更令我们感动与产生共鸣，这些故事需要有人发掘，更重要的是通过长城建筑和出土文物加以证明，让人相信和易解。然而且不说我们在长城上看不到这些故事，在今天的各个长城开放景区，我们甚至很难找到一副地图，告诉我们这段长城在本行政区或者全国长城中的方位。

第三，当代长城的"活"不在于它历史功能的沿用，而在于它能够融入当代生活。长城早已不是国防工程，但长城脚下生活着的亿万人民，让它换发着勃勃生机，充满了人间烟火气。人们以长城为家，他们中相当的一部分是曾经的长城守军后裔。古与今，就这样自然而然地联系在一起。长城本身已经成为一座原生态的博物馆，岁月带走金戈铁马，却留下了迷人的乡愁。这种长城与人的和谐共生，同样是我们要保护和展示的。

我们以河北省怀来县的羊儿岭堡为例，来体验长城的"死"与"生"。羊儿岭是华北平原上一座默默无闻的小村庄，但在它外围矗立至今的四方残垣告诉我们，它的身世并不像它看上去那样普通。

数百年前，它曾是大明长城宣府镇南山路的一座要塞。这里曾是联络宣府镇（今张家口及北京西部长城）与蓟州镇（今北京东部及河北东部长城）、拱卫大明京畿与皇陵的战略要地。若非有历史文献的零星线索与考古工作的些许证明，这座古堡的荣耀或许早已湮没无闻。

村前数百岁的老树孤独而倔强地挺立，让我们尽情发挥想象力，去复原它被栽下时的场景，栽树者也许是一位士兵，或一位将军，那棵树是否还有一位"兄弟"？树前也许曾有一座香火旺盛的庙宇。守城的士兵们在这里寄托他们对家乡的怀思，祭奠为国捐躯的战友……

羊儿岭流传着穆桂英的传说。穆桂英本是虚构的人物，而古堡的位置也已在当时的辽国腹地。这个故事多半形成于元明时期，或是对故国的感时伤怀，或是对新朝的效忠明志，或许与羊儿岭堡和明长城的修建存在直接联系。

专业的长城保护利用团队在村里开辟了小型展馆，让我们有幸读到羊儿岭的些许过去。虽然展陈仍然比较简单，但足以激发到访游人的好奇心与想象力，以及本地居民的认同感与自豪感。而村民们的日常生活，让我们看到作为家园的羊儿岭依然活着。走进村庄，我们看到新建的砖瓦房和小院虽然其貌不扬，但现代生活设施一应俱全。有的小院已经改造成精致的民宿，供应可口的饭菜、自家栽种的果蔬。在政府的带领下，村民们走上脱贫致富的康庄大道，他们脸上挂着从容的微笑，对未来充满希望。尽管作为前线和疆场的羊儿岭已逝去，而羊儿岭家园依然活着。

羊儿岭是中国长城活化利用的一个缩影。它有不俗的前世，但迷雾重重；它有奇妙的传说，但天马行空；它有动人的当下，但略输根脉。

羊儿岭的前世今生，本是完整的一生，现在却是看似阴阳相隔的两个世代。换句话说，长城目前并不是羊儿岭人生活的一部分。与此同时，长城活化利用的突破在羊儿岭也成为可能。这里有巨大的文物和文化资源发掘潜力，原生态的社区环境，我们需要做的就是把潜力变为实力，让飘在天上的故事从长城的残垣断壁中自然流露，让古今融为一体。相信在专业力量的关注下，假以时日，随着更多史料与考古证据的发现与梳理，羊儿岭的长城故事会越来越精彩。

张依萌（中国文化遗产研究院副研究馆员）

对于羊儿岭村"乡村活态博物馆建设"的思考

自2018年1月2日《中共中央　国务院关于实施乡村振兴战略的意见》发布后，乡村振兴成为各级政府与机关的重点工作之一；专家、学者与文化人士对于乡村文化振兴的讨论与参与也随之增加，各种形式的实践也随之展开。而在"博物馆热"的时代背景下，博物馆究竟在乡村文化振兴中扮演着什么样的角色，也引起了诸多学者的思考。

从2021年开始，中华人民共和国国家民族事务委员会主管的中国人类学民族学研究会委托，博物馆文化专业委员会执行一项国家社科基金课题"铸牢中华民族共同体意识——长城内外各民族交往交流交融研究"。位于河北怀来的羊儿岭村，因为这里自古以来就是游牧文明和农耕文明的临界地带，所以从博专委所调研的40多处长城沿线村落中脱颖而出、成为探索博物馆助力长城脚下乡村振兴发展的试点区域。

一、羊儿岭村的历史、现状与区位优势

关于"羊儿岭"名字的来历，2001年版《怀来县志》记载："相传，穆桂英和辽军打仗时，在此生了杨文广，建村时称养儿岭，后叫称羊儿岭。"通过这个口传文本可以看出，生活在该地区的人对于传统历史具有一定的认同感。

羊儿岭村中还有一处明代土堡的残缺，南、西、北三面墙体，已被列入河北省省级文保单位"明代古城堡遗址"。此外，还有研究者认为羊儿岭村地处先秦时期的燕国北内长城，但是目前这一观点在学界仍有争议，另一主要观点是该线长城从张家口赤城市的独石口向东北方向延伸。

目前，羊儿岭村因位于河北省张家口市东花园镇与北京市延庆区康庄镇的交界处，距离京藏高速直线距离约1000米，所以交通便利而具有明显的区位优势；羊儿岭村正好处于怀来县东花园镇产业布局规划"四大产业区"中高档葡萄和葡萄酒产业区与生态休闲旅游产业区范围内，所以也具有经济作物种植与发展观光旅游的产业优势。

由于羊儿岭村在2014年已经成为河北省"省级美丽乡村"，所以其周边有八达岭孔雀城、阿尔卡迪亚等多个房地产项目，别墅、高层住宅已经对村落形成了包围之势。此外，总体累计征地总面积已经达到2600亩的怀来金融大数据产业基地项目，也距羊儿岭村较近，羊儿岭村已经出现了一个不同于以往人们所认知的"偏远乡村"，这个乡村已经置于一个以产业发展为主导、包含多个社区的现代社区系统之中。

羊儿岭村也因为博专委的介入而受到了媒体的关注。2022年恰逢中

国博物馆协会成立四十周年，9月1日至4日，由国家文物局、河南省人民政府指导，中国博物馆协会、中国自然科学博物馆学会、郑州市人民政府共同主办的第九届"中国博物馆及相关产品与技术博览会"在郑州举行。主展区"与文博事业同行——中国博物馆协会四十年"主题展览，全面回顾了中国博协四十年发展道路，河北省怀来县羊儿岭村"故事汇——乡村活态博物馆"作为首个亮相主展区的腾博基金资助的长城沿线乡村博物馆试点参展，受到各界关注。

二、场所与记忆的博物馆化与艺术活动引入

博专委在以往"生态博物馆""乡村博物馆""活态博物馆"概念的基础上，又提出了"乡村活态博物馆"的概念，博专委主任韦荣慧在自己的随笔中写道："我希望有一天，长城内外的'村'变成一个个活态博物馆：成为连接着这头和那头的村民、游客与'新居民'的桥！"博专委没有选择"生态博物馆"概念，或与这一概念在贵州早期实践所招致的不同争议有关，或是想探索出一种与这一概念不同的新理念。但是本土化概念"乡村活态博物馆"能否走出与国际化概念"生态博物馆"的路，还需要进行很长时间的观察。

在"乡村活态博物馆"概念的引导下，博专委在羊儿岭村以"故事汇"为项目名称，搜集村中的口传故事。"故事汇"在村中拥有固定场地，是一处村民自发修缮的300平方米小院（集体资产）。"故事汇"所搜集的故事既包含本地人的故事，也包含外地人的故事，如"羊儿岭的故事""长城的故事""怀来的故事""藏茶的故事""恭王府文化故事""苗族的故事""法国乡村面包的故事"等。

博专委还为羊儿岭村引入少数民族手工艺。邀请了白族扎染艺术家与苗族刺绣艺术家到羊儿岭村传授工艺，共计有30余位村民参加了这类学习。村民们制作出了手帕、围巾、T恤等手工艺产品，践行了跨地域的民族文化融合。

博专委在羊儿岭的实践还包括参与区域规划与引入其他资源。在文旅

融合的时代背景下，博专委提出发展民俗旅游，同时建议村集体将闲置大院改建为家居建材市场。2021年9月24日至26日，博专委还组织了"长城谣·乡村音乐会""长城内外乡村集""羊儿岭故事汇"等活动，邀请了各界人士参与，并且在新媒体上进行了宣传。

对于自然景观与人文景观进行博物馆化的展示问题，旅游社会学已经进行了一定的研究。而博专委在羊儿岭村的实践，早已跳出了美国旅游人类学家迪安·麦坎内尔（Dean MacCannell）所提出的那种"被展示、被凝视状态"的本地居民。而羊儿岭村作为"乡村活态博物馆"，也与黎平县地扪侗族人文生态博物馆的发展有诸多相似之处，也正如尹凯所说："在标榜后现代、后殖民的今天，设计者或策展人的主观选择无不受到多元化阐释与话语解构的影响，主流叙事之外的边缘人群与地方社会的诉求无不与之有关，根植于生态与全景展示的生态博物馆或户外博物馆，强调了自我表述与自我服务的叙事模式。"

三、"新在野之学"视角下博物馆理念对于地方文化的重塑

"博专委"在羊儿岭村的实践，实际上与20世纪末美国公共民俗学派的所奉行的理念有相似之处，该学派认为："民俗传承人通过与民俗学者或其他专家的共同努力，推动了新形势和新语境下民俗传统在其原生社群内外的表现与实践。"只是二者不同的是，"博专委"将诸多新形态、新内容引入了羊儿岭，并且对该区域进行了一种时代化的命名——"乡村活态博物馆"。

作为一种介入式实践，博专委将资源与观念融入了羊儿岭村民的日常生活，并且通过日常交往、对话、沟通的方式，和当地村民共同创造了当地文化。例如，对于村民周桂英家的改造，韦荣慧就与该处民居的拥有者进行了大量的共同工作，她写道：

这段话是我写的"前言"，作为策展人，写过很多展览前言，这个前言最难写。经过桂英姐一家讨论通过后刷在山楂树小院南墙上面了。

去年的遇见，我们建议桂英姐家在这个小院做一个关于山楂树的主

题展。展名叫"遇见山里红"。We're seeing each other at the right time and place.

墙上的书法是羊儿岭村李传涛书记提写的。英文是张体斌老师翻译的，张老师说看了山楂树展览内容他决定用 seeing 这个词。

在上述文字中，"经过桂英姐一家讨论通过后"体现了研究者与当地村民的一种协作式的工作方式，是在尊重与平等中进行的。韦荣慧也表示，山楂树小院的室内设计工作也是她与小院的拥有者经过多次在微信上的反复沟通后决定的。

那么，该如何衡量博专委在羊儿岭村的实践？日本公共民俗学派代表、东京大学东洋文化研究所教授、副所长菅丰（Yutaka Suga）所提出的一种名为"新在野之学"的实践，该实践的特点也如同博专委在羊儿岭村的实践一样，是通过研究者与当地村民的协作共同完成的。因此，"新在野之学"的视角可以为以博物馆理念对于地方文化的重塑提供一个衡量的标准，那就是菅丰所提出的"当地民众的幸福"。菅丰认为："民俗学者在地方进行实践活动之际，首先必须奠定根植于地方规范的思想。当然，这样的实践不是为了我们学者而进行的，也不是为了行政组织等公共部门而进行的，它应该是为了生活在地方上的、长期以来承担这个文化的人们而实行的。也就是说，这种实践活动，应当是在以重视地方为目的的地方主义以及以重视生活者为目的的生活者主义这些实践思想的基础上而展开。"

博专委所提出的"乡村活态博物馆"概念与"新在野之学"的共同点还在于，将对于地方文化的保护放在一种现实的、动态的语境中进行把握，研究者的介入必然会重塑当地文化。而对于研究者的介入，菅丰还提到"只有当地人觉得需要时，研究者才发挥专业性，给予帮助"。这也是博物馆在对于地方文化重塑过程中需要注意的。

我们期待博专委在羊儿岭村所构建的"乡村活态博物馆"将会进一步发展和深入，这是一个值得博物馆业内关注的事件。目前"乡村活态博物馆"是否会有明确的定义和学术定位暂且不论，但这一思考和实践不仅让羊儿岭村得到了中国博物馆协会、河北省文物局的关注，此外还"活化"

了羊儿岭的村民、村领导，以及一大批东花园镇领导与怀来县分管领导。因此，羊儿岭村依托博物馆重新给赋予传统以价值，并且通过博专委的介入建立了一个开放的平台帮助传统转换成一种通往未来资源，让人类文明的未来能够回归文化的本质。

于奇赫（博士生）

韩永（北京市文物保护基金会秘书长，首都博物馆原馆长）

从羊儿岭看乡村博物馆的新未来

在很长的一段时间中，提起"博物馆"，人们总是容易想到"高大上""精致"与"崇高"等印象标签。对于农村而言，"博物馆"这样的精英化场所似乎是那么的遥不可及。近年来，随着乡村振兴战略的深入推进，这一状况正在发生改变。昔日只有城市中才有的博物馆，也在我国星罗棋布的众多乡村中孕育而生，以"乡村博物馆"的新姿态成为挺立在广袤乡间的多彩风景。

然而，随着乡村博物馆的建设进入快速升温期，各地探索案例虽然层出不穷，但也暴露出了形式化、同质化、后劲不足等共性问题和瓶颈。有的地区一味追求乡村博物馆建设的规模、数量和表面形象，甚至在投资规模上相互攀比，提出"一村一馆"等工程，忽视了乡村博物馆最基本的实际条件；一些乡村博物馆不重视地方特色文化的提炼与表达，带来千篇一律的游览体验，导致文旅发展后劲乏力；不少地区对乡村博物馆建设缺乏长远规划，对于如何在"建设好"的基础上"经营好"的问题缺少有效的顶层设计和配套保障，甚至发生了"开馆热闹、守馆冷清、闭馆无声"的景象。为避免乡村博物馆建设探索陷入低层次的重复建设，为促使乡村博物馆真正成为展示乡村文化、提振村民自信的文化平台，当前我国亟须一批具有"可持续性"的乡村博物馆案例作为示范标杆。在此背景下，羊儿岭乡村活态博物馆的出现可谓恰逢其时。

羊儿岭村隶属河北省怀来县，地处八达岭长城带，交通便利，文化底蕴深厚，是明长城内缓冲地带的重要镇所，是多民族交往交流交融的重要场所。自2016年起，中国人类学民族学研究会中国人类学民族学研究会博物馆文化专业委员会（博专委）深耕羊儿岭村，以"乡村活态博物馆"的宗旨和理念，集成化展示长城沿线的城墙、关隘、村落等物质文化和非物质文化，并依托"羊儿岭故事汇"沙龙、长城谣乡村音乐会、长城内外特色产品市集、长城书屋、乡村下午茶、"遇见山里红"——家庭遗产主题展示等活动载体，充分展现了羊儿岭村丰富多彩的人文活动，展示了特色乡村的历史文化以及特色农产品，吸引了社会各界积极参与，产生了良好的社会效益和经济效益，得到了相关部委和当地县镇村三级政府、广大村民的肯定和称赞。

羊儿岭乡村活态博物馆的新模式之所以能形成引领和示范，本质在于切中了新时代乡村博物馆建设的根本定位和核心使命。

在我看来，乡村博物馆不是城市博物馆在乡村空间的模式复制，不仅仅是收藏记录和展示乡村文化、乡村记忆的地方，也不仅仅是一个乡村旅游的附加品，而应该是深度参与乡村文化重塑与发展，有效助推乡村振兴的文化枢纽与引擎。乡村博物馆的价值有两大维度。其一是对乡村人民而言，通过乡村博物馆这样的文化空间，让村民主体对乡村生活、乡土记忆和乡村认同形成更加聚焦、深刻和直观的体验，使村民与乡土、村民与村民之间产生更紧密的链接，加强对自身传统的认识，增强文化的内生动力，增强乡村生活共同体的情感联系，构筑产业兴旺、生活幸福的公共机制和意识基础。其二是对城市人民而言，乡村博物馆为他们提供了一个"生活视角再发现和再思考"的契机。从充满机械化、信息化和智能化的城市生活景观中暂时抽离的城市人民，可以在乡村博物馆寻找到从乡村文化和生活的视角去重新认识生活价值和意义的机会，通过感悟乡村历史的岁月感、乡村生活的人情味、乡村社会中人与土地的朴素联系等生活哲学，生发出守护文化乡土、振兴乡村未来的意识。

如果对照上述乡村博物馆的当代价值维度的话，羊儿岭乡村活态博物馆到底做"对"了哪些事呢？

首先，羊儿岭乡村活态博物馆是基于对乡村文化的深入研究和理解而建立的，而不是简单地复制或移植城市博物馆。羊儿岭乡村活态博物馆的建设团队由中国人类学民族学研究会博物馆文化专业委员会（博专委）主导，他们是国内乡村文化研究的权威机构，拥有丰富的理论和实践经验。他们在羊儿岭村进行了长期的田野调查和文化梳理，深入了解了羊儿岭村的历史、地理、民俗、艺术、生态等各方面的特点和价值，从而设计出了符合羊儿岭村实际情况和需求的乡村活态博物馆方案。他们还与当地政府、村委会、村民等多方沟通和协调，充分尊重和反映了羊儿岭村民的意愿和参与，使得乡村活态博物馆能够真正融入羊儿岭村的生活和文化中，成为羊儿岭村民自己的博物馆。

其次，羊儿岭乡村活态博物馆是以"活态"为特色，以"文化"为根本，以"创新"为动力，以"合作"为基础的新型乡村博物馆形态。所谓"活态"，就是指乡村博物馆不仅仅是展示乡村文化的静态空间，而且通过各种形式和内容的文化活动，让乡村文化变得有声有色、生动活泼、富有魅力。所谓"文化"，就是指乡村博物馆不仅仅是展示乡村历史的记忆空间，而且通过对乡村文化的提炼和表达，让乡村历史变得有意义有价值、深刻感人、富有启示。所谓"创新"，就是指乡村博物馆不仅仅是展示乡村现状的展示空间，而且通过对乡村发展的探索和实践，让乡村现状变得有潜力、富有希望。所谓"合作"，就是指乡村博物馆不仅仅是展示乡村社会的交流空间，而且通过对乡村社会的整合和优化，让乡村社会变得有凝聚力有活力、和谐共生。

最后，羊儿岭乡村活态博物馆是以多维度的价值为导向，以多元化的效益为目标的高效率乡村博物馆形态。羊儿岭乡村活态博物馆不仅实现了对羊儿岭村及其周边地区的文化保护和传承，还实现了对羊儿岭村及其周边地区的社会凝聚和激发活力，羊儿岭村及其周边地区的经济发展和增收，以及对羊儿岭村及其周边地区的生态保育和美化。羊儿岭乡村活态博物馆不仅为羊儿岭村民带来了文化自豪和信心，还为羊儿岭村民带来了生活幸福和满足，以及为羊儿岭村民带来了未来希望和憧憬。羊儿岭乡村活态博物馆不仅为城市人民提供了一个生活视角再发现和再思考的契机，还为城市人民提供了一个文化体验和享受的机会，以及为城市人民提供了一个乡村振兴和参与的平台。

正是由于乡村博物馆所具有的乡土文化构建的能动性，才让"活态"建设和经营乡村博物馆变得如此重要——只有在不断"making"的过程中，只有在活的场景、活的对话、活的阐释以及活的感受中，乡村博物馆的存在才有真正的时代意义。

很荣幸能够参与到这一新的博物馆组织和文化形态的探索与实践的团队中。接下来，韦老师还将带领大家在长城沿线的多个乡村继续孵化、和推广羊儿岭活态乡村博物馆模式，衷心祝愿这一模式能继续发光发热，为我国乡村振兴和乡村博物馆大发展增添新的动力。

毛若寒（浙江大学"百人计划"研究员）

从"厕所文化"看乡村活态博物馆

去年8月，有幸参观了羊儿岭活态博物馆，适逢村两委在检查村厕所的改造，激发了我对乡村振兴特别是乡村活态博物馆语境下厕所文化的思考。

一、厕所提升属地印象

作为一个经常旅游的人，我对厕所有着深刻的感受。有一次，一同旅游的朋友对我说，如果没有我，他们旅游的时间可能会节约一天半，因为所到之处我都要上厕所。因此，我对厕所的评价有很多一手资料。

说到厕所，近年国内的旅游景点其实比过去好太多了，以北京为例，过去胡同里的公共厕所都是蹲坑，上厕所都能手拉手。一线城市的厕所都如此，四九城的厕所更难以形容。这几年经过大力改造，厕所变得更现代化、更干净了，但距离最好的厕所还是有一定的差距。

每当旅游时，我最怕去旅游景点。因为通常这种人流量极大的公共场所，厕所都会又拥挤又脏。北京的公园近些年好了不少，至少设施新，干净程度相对提高了。

这些年在网络的带动下，很多餐厅、咖啡厅走红。年轻人愿意去网红餐厅"打卡"。然而，如果厕所脏我便不会再去了。很多网红地忽视了厕所的重要性。尽管民以食为天，可厕所也是一天当中重要的场所。

或许因为我对厕所的需求和挑剔性，对厕所的质量会格外敏感，甚至脏、旧、破的厕所会出现在"梦魇"里。

二、农村厕所对整体提质发展颇为重要

在去各国旅游的体验中，发现了一个有趣的现象。就是厕所设施先进而干净，同时乡村厕所设施高标准的国家，具有更高的整体旅游印象和舒适指数。在大众的评价中，厕所整体最干净的国家有日本、德国、新加坡、瑞士，这几个国家的国土面积都不大。

那么是否与人口密度有关呢？

城市基础设施排名世界第一的新加坡国土面积733.1平方公里（2021年），人口563.7万人（2022年），8357.6人/平方公里（2020年）。日本陆地国土面积约378000平方公里，人口1.2505亿人（2022年），344.8人/平方公里（2021年）。德国人口数量为8430万人（2022年底），人口密度为240.4人/平方公里（2020年），陆地国土面积358000平方公里。瑞士国土面积41284平方公里，人口数量873.8万人（2021年），人口密度220.1人/平方公里（2021年）。中国人口14.1亿人（2022年），平均人口密度是137人/平方公里，城市人口密度是2868.39人/平方公里（2021年）。（数据参考来源The World Bank网站）

从数据上看，中国的人口主要集中在城市，但城市人口密度小于新加坡总体人口密度。也就是说，厕所的设施和干净程度与人口密度的关联不大。

英国是发达国家之一。我在英国生活过一段时间，那里的厕所不是最干净的，尤其是伦敦。城市里人越多的地方，反而厕所并不如意，因为打

扫不过来。去欧洲旅行，如果是坐大巴，在高速公路附近的厕所也不尽如人意。

乡村具有人口稳定、人均密度低的特点，要修建好的厕所是具备一定可行性的，相比城市会更快见效。

三、如何才是好的厕所

什么才是好的厕所呢？美国博物馆联盟网站刊登了一篇文章，基于对200人的调查问卷，对美国博物馆的厕所评分。其中评价最高的博物馆厕所往往源于艺术家对厕所进行了艺术绘画与设计，或是厕所的装修风格新颖。由此可见，在一些美国人心目中"创新性"是厕所的重要评价指标。

从工业设计的角度讲，好的设计需要人性化、节能、便于使用和清洁。如果能够体现到这几点，对于使用者、清洁者，以及国家乃至世界的能源都是有利的，不论是私人厕所还是公共厕所。从设计来看，虽然看似不起眼的场所，却是非常复杂的设计。马桶的高度、舒适度、方便程度、卫生程度、材料的耐腐蚀度等都需考虑到，除此之外还需要考虑空间的布局，不同类型人群使用是否方便，以及是否有异味、粪水处理，等等。最后就是如何节约能源。一个好的卫生间设计，不只是创意那么简单，可以折射出很多问题，比如设计的水平、科技的发达程度、对于人的关爱与理解等。

四、世界上厕所最干净的地区

不同国家和地区的厕所文化有着各自的特色和优势。根据《Today》的一篇报道，新加坡每年要花约1.2亿新币来清洁公共空间，其中包括了公共厕所。新加坡的公共厕所分为六个星级，六星级的厕所必须符合干净厕所的标准、装有方便使用和环保的设施、具备能提升效率的智能科技；清洁工也必须获得清洗厕所课程的新技能资格认证。新加坡还制定了严格的法律规范，使用后不冲厕所将会被罚款①。可以说，新加坡是靠大量的清洁人员和法律制度来保证公共厕所卫生的。

　　从20世纪80年代开始，德国政府就开展了厕所教育，让孩子们从小养成良好的如厕习惯。②更重要的是，德国在厕所建设上，除了对人的教育之外，还注重节能和环境保护。

　　日本的厕所被全世界公认为最人性化、最干净的。知名品牌TOTO便推出了很多优秀的智能马桶，它们具有温水冲洗、暖风烘干、自动除臭等功能，让使用者感到舒适和尊贵。日本也将卫生和厕所在教育中运用，日本全社会对厕所的高敏感度在全世界都很少见。甚至有趣的是，每年还会开展"少儿厕所研讨会"，还成立了"日本厕所协会"③。可以说，日本人本身就对厕所非常挑剔和创新。

　　我在日本旅游的体验中，对厕所印象深刻。从落地机场的厕所，到酒店厕所，再到公共景点厕所，所到之处不会让人失望。如果说东京是国际大都市的标准化配置，随机到福冈市旅游，参观了很不起眼的一个小博物馆——博多町文化馆，那里的厕所也是非常干净。

五、羊儿岭厕所发展与活态博物馆

　　农村厕所改革是目前很多大学在做的课题。有学者根据三年示范点改造经验提出技术提高改革农村厕所的建议④，也有人提倡推广文明理念和完善机制⑤，这些都是很好的建议。厕所是人们生活中不可或缺的，不仅要满足生活需求，还要体现一个地方的发展水平。德国的乡村农民家中厕所反而比城市的私人厕所干净，因为农民在结束一天农活回到舒适的家

---

　　① 《生命时报》第1639期第1版。
　　② 青木：《德国孩子要上"厕所课"》，《共产党员》，2016年第1期，第63页。
　　③ 祖敏：《公共服务视域中的"厕所革命"研究——基于公厕供给问题的思考》，北京：中国矿业大学论文，2020年。
　　④ 高素坤：《农村厕所低成本改造技术与应用研究》，泰安：山东农业大学论文，2017年。
　　⑤ 祖敏：《公共服务视域中的"厕所革命"研究——基于公厕供给问题的思考》，北京：中国矿业大学论文，2020年。

后，更希望用到干净卫生的厕所。

如果将羊儿岭作为活态博物馆的发展试点之一，将厕所的改革纳入规划会是非常重要的环节。一方面为当地居民改善生活水平；另一方面，公共场所厕所对外来访客来说也是提升印象的环节。整个改革的过程也是博物馆"活态"的体现。

厕所的改革应达到博物馆级的标准。以高标准来定制计划，从长远考虑反而是节约成本的方案。若技术上达到较高标准，且考虑到生态循环和节能方案，那么即使前期投入大，但日常的清洁成本降低，设施折旧率降低，成本摊销会更低。在人文关怀和教育上，利用博物馆的展览、教育活动，学习国外的经验，促进"厕所文化交流"，也能收到长远的效益。

赵晓雪（保利艺术博物馆副研究馆员）

阅读链接

花开的时候，去羊儿岭找乡愁

荷兰的羊角村是旅游网红打卡地，我喜欢他们童话般的小屋和水系，还有无尽的绣球花。

河北的羊儿岭村最好不要变成网红打卡地，而是让人去那里静静地寻找乡愁。

一天，我在一个美学生活群里发了一张图片，群友@我说："喜欢杯子，也喜欢杯子下面的杯垫。"我赶紧介绍："杯子是德化瓷润如玉，杯垫是河北怀来县东花园镇羊儿岭村村民姬占丽绣的，底布是河北青龙满族自治县土门子镇东篱村李桂民手工织的老土布。"群友接着说："对，耐看，忍不住多看几眼。"

茶歇的时候，妈妈很认真地说，你一定要用心做羊儿岭的事。我问她为什么？

妈说："羊儿岭村的人太好了。除了雷山和上马路的兄弟姐妹叫你是大姐以外,羊儿岭村的小李他们个个很亲切地叫你是大姐,我看他们是真心的。"

本真的羊儿岭人

的确,回北京这三个月间,我满脑子里都是羊儿岭村人的那份"真心"。

跟着他们叫二舅和二舅妈的两位老人,他们家的院子就是一个小花园,花养得特别好,在北方三角梅"怒放"很少见到。有人说爱花和会养花的人善良,我相信。二舅妈是从张家口那边嫁过来的,带来的嫁妆仍然保留得很好。"故事汇"开展的头天,老人家把自己家种的两盆很大的鸡冠花搬到故事汇的大门口接待来宾;世民大哥家住在大队部东边,故事汇桌子上招待演讲专家的大丽花是他送来的;圆圆一户一户去拍照,记录了村里21处70年以上的老房子,一株300年以上的榆树和500年以上的槐树,然后描述道:"老房子多分布在古城的沟东和城南门外,以石头和青砖为主,虽历经百年,但它的风采依旧,瓦当的每个图案有的是人脸,有的则是狮子,或哭或笑,十分生动。上面的鹰嘴、莲花和如意,依旧栩栩如生,漂亮至极。"她还负责整理村里王玉库等老人们讲的各种故事文字。春天来了,圆圆记录的那些老院子里应该发新的枝芽了。等花开的时候,我们再去羊儿岭就会见到她的二宝了。

在校生楠楠设计并绘制村子的分布图、故事汇的样子、羊儿岭花园规划,特别是她在青年林里的"乡愁苑"景观创意让我很惊讶。村里在澳洲读博士的文忠和在意大利读美声硕士的英杰很支持家乡建设,不断为我们提供国外乡村发展的案例。在北京工作的小于隔三岔五来电话表示支持。

为了满足来开会专家想住院子的需求,云龙的父母和夫人亲自把自己家院子收拾出来免费接待大家。

武会计是我2016年认识的第一个羊儿岭人。第一个带我去看1556营城的也是她。她带我看了营城里董玉兴、武元荣和王学满家的老宅,如数家珍一般给我讲城内外的故事。后来才知道她是圆圆和远征的妈妈。羊儿岭村至今保留有一个15亩见方的古营城,为省级文物保护单位。

永贵书记和于叔他们都这样介绍过羊儿岭营城:"其修建明显高于其他营城,除大量使用城砖外,南门五券五伏的建造方法,在明代长城中实为罕见。虽然营城大门已经不在,但是从城门里保存完整的门闩洞可以想象出当时这座南城门的壮观和气概。"是不是罕见,要等长城的专家去探究。

本来,我一直希望小敏能说服她老公,开一个苗族的酸汤鱼餐厅,让我想家的时候可以找到乡愁。可是,在国庆收假的那天晚上,我访谈了敏的老公,意外的惊喜是他热爱蒙古族文化到流泪,一个人如此爱另外一个民族的文化感动着我。他希望开一个蒙古族文化餐厅。我很期待着,我曾经为了喝一碗"格日勒阿妈"的奶茶,从北京坐高铁去呼和浩特。如果,羊儿岭有"蒙古族奶茶",从北京西直门高铁30分钟就可以满足我们的需求,为什么不呢?

认识来泉很久了,我一遍一遍带人去他家,他不厌其烦地接受我们的访谈。我期待有一天,能在他家院子里摆上下午茶,可以用石磨作为茶几,蓝天白云下坐在营城墙下面喝茶,那是何等的奢侈?羊儿岭原本没有茶,但是可以邀请少数民族茶文化活动在这里交流,比如藏茶、蒙古族奶茶、雷山茶、外婆家下午茶、基诺山茶等。

专家们都看好王学满在营城里的老宅,说如果能在他的老院子里喝咖啡太有范儿了!那是当然的,相当于在故宫喝咖啡的感觉,最好是喝云南朱苦拉村的咖啡。学林改造了一个小院,我建议叫"学林书屋",喜欢读书的人可以去这里体验。

飞的妈妈做得一手好辣椒酱,和我们贵州的酸辣椒不一样,味道很特别。她种的老南瓜和张书记家的红薯都很甜,可能是因为羊儿岭的土质没有打过除草剂。1991年,她将一颗"山里红"(山楂树)种在院子里,现在每年挂果700斤,太喜人了。设想一下,花开的时候和红果熟的时候,坐在院子的山楂树下,听俄罗斯那首歌,一起读读书;喝山楂果茶,看看电影,自己动手做糖葫芦,晚上喝点山楂小酒,再做一个美美的梦——遇见山里红,遇见你的她。为什么说起下午茶就非要和英国联系在一起呢，实际上，茶是从中国传出去的，我们可以有自己的红果茶。

参加故事汇建设的很多老乡我不一一提到，一个月的时间，他们把一个荒废的小院变成一个乡村活态博物馆——故事汇，村民一旦觉悟了，力量无比。

当然，这个自觉应该受益于一个强有力的带头人，村两委干部。认识小李时间不长，2021年5月他当选新一届村党支部书记，对村里的发展有积极性、有热情、有办法。在村里听到叫他最多的称呼是"小李子"。他一个外乡人，在村里立得住不是容易的事情。小李是退役军人，现在还能看到他身上军人的影子，看到军人坚定、果断、对组织忠诚的作风。

村民的自觉让我想起戴维·兰德斯在《文化的重要作用》一书中说的，最成功的治贫疗法只能来自本身。外援可以有帮助，但是它像意外之财一样，也会有害处，它可能降低自身努力的动力并造成一种有害的无能感。正如非洲一句谚语所说，接人东西的手总是在给人东西的手的下方。

所以，我希望他们的手在上方。

我坚信，文化是乡村未来的一盏灯塔

加拿大著名文化学者D.保罗·谢弗很早就说过，面临严重困境的人类，急需一盏"未来的灯塔"，同样，乡村振兴首先应该要文化振兴，文化是乡村未来的"灯塔"。

法国社会学家弗雷德里克·马特尔的《主流》被称为一部唤醒国民文化自觉意识的图书。作者5年走了30多个国家，采访了1250个创意产业的领袖人物后得出结论，未来，谁占领文化制高点谁是赢家。

那么，羊儿岭的在地文化是什么？涉及他们生活的方方面面的文化是什么？

这个村不大，现有202户571人。老人们都会讲一个和穆桂英有关的故事。于叔还会把孟姜女的故事讲得绘声绘色；王玉库老人不仅会讲穆桂英的故事，还会唱各种红歌、会拉二胡。这里离中华游牧文明和农耕文明的交界处鸡鸣驿古城只有半小时车程，离张家口泥河湾考古遗址、涿鹿文化带不远，离北京西直门高铁半小时。传说穆桂英在此征战时生子杨文广，故将此地取名为养儿岭，后取谐音为羊儿岭，该村由此得名。为了证明他们村起源的真实性，我们去了怀来县志办，据《怀来县志》考证，明洪武二十一年（1388），由山西洪洞县拨民到此落户，并在此修建营城烽火台。此后，羊儿岭村村民世代在此戍边守土。

村里老人说，过去他们老一辈种植黍子、高粱、谷子、玉米、小米等传统经济作物。现在我们看到的情况是村民松圣、学圣种小米4—5亩，总产量2000斤左右，每斤7元多卖到北京延庆地区。村里也有不少家庭种玉米，原本我想买张大哥家的玉米送朋友，前几天问了说总共1万斤，都卖给饲料公司了。

以前老人家都会织布缝衣，现在看不到了。占丽、兰兰、远征她们30多个女同胞一起参加扎染、苗绣的培训，实话说，他们是初学者，手工技艺不是很好，但是她们的精神太可嘉了，作品在乡村市集里卖得不错，现在已经成为羊儿岭的手工品牌了，也算是手工艺文化复兴吧。我走到哪里就带这些作品到哪里，在朋友圈里晒了又晒，百看不厌。它陪伴我的意义不仅是一种技艺，而且是苗族刺绣和白族扎染非遗远嫁他乡的成功，是乡愁和他们的那份"真"。

因为"新冠"疫情我们没能在羊儿岭村过年，听说过年的时候村里很热闹，附近董庄子村、三泉井村、杨庄子村的高跷队，穿着特色的高跷服装，翩翩起舞。在"乡村有约"活动期间，我们见证了艳飞的演技，角色最好笑。

羊儿岭以前是有羊的一个地方，现在没有了，也不能养羊。去年宝军家里养了6头牛，希望今年他能卖个好价钱，但我不希望这里变成养牛的地方。

他们很爱自己的所有文化，一旦他们的文化自觉被唤醒，那将是无穷的力量。

我希望这盏灯照亮他们前行。

花开的时候，约去羊儿岭喝茶

去年8月的一天，我在羊儿岭村开会，接到我家乡一个小兄弟的电话。他说：大姐，您总在长城脚下的乡村跑，您要回家乡来，去我们县的苗寨走走啊。这个电话害我想家到哭，于是我写了一篇有点伤感的小随笔《站在长城哭故乡》。

我出生在贵州省雷山县达地乡上马路梯田上一户普通的苗族人家。前后左右都是梯田，有炊烟伴着布谷鸟的清唱。那是一个开门就看见山的地方，是一个心灵的绿洲，是我魂牵梦绕的故乡。

我喜欢余光中先生的第五段乡愁："未来，乡愁是一道长长的桥梁，你来这头，我去那头！"

沿长城脚下的乡村一路走来，我们看到的情况，一头是越来越多的人离开农村到城市，村子里越来越空，有些村正在"自然消失"。另外一头是越来越多的城市人去长城脚下的农村，画长城脚下的乡村，写长城脚下的乡村，论长城脚下的乡村。寻找着乡村记忆，寻找着自己的乡愁。

羊儿岭是不是会成为城市和乡村之间的"这头"和"那头"的桥？

边走边想，我想让村民绘制自己的美好生活，让村民自己讲述自己的故事，让这些"故事"从这里出发远去他乡。

羊儿岭村的周围已经被房地产楼盘包围了，如果不是有"营城"，这个村的村民现在可能已经住在高楼上了。

我希望有一天，长城内外的"村"变成一个个活态博物馆：它们具有人类学的学术气质、具备博物馆的标准、凸显时尚的艺术风范及美学表达，成为村民、游客与"新居民"共同汇聚的地方！

我的愿望不仅感动着我的家人，也感动着我周围的朋友。L同学和我一样满脑子是羊儿岭；覃院长说他会再来给村里的孩子讲中国古典文学、教村民写书法；一级指挥董老师教他们唱歌；张老师说："宏大的事业都是具体的，文化的力量是光明的，今年还会作为志愿者自驾过来帮助长城乡村市集的老乡们站柜台卖货。"一方人杰的付出让这个村变得有了艺术范儿，金大陆团队从石家庄开了两个大车带着8名工人和材料来施工，故事汇得以精彩呈现。工人们被"长城谣"演出感动得主动参加合唱！服装设计师林子和熊叔熊婶说，他们会继续选择在这里发布自己的新品。

荷兰羊角村经常作为我讲课的案例，河北羊儿岭村将来也会作为我讲课的案例。

春天，从西直门坐上八达岭最美旅游列车去羊儿岭。我给大家准备一个美美的下午茶，肯定是一个理想的下午，不是懒散的那种。之后，我们去小楠辛堡看海棠花开，去陈家堡爬罗锅长城、去防口村看大V长城；去庙港村看样边长城；去沙城参观英雄董存瑞纪念馆，去镇边城村看怀来县第一个农村党支部。

夏天，羊儿岭不用空调，没有"桑拿天"。我们去中国乃至世界最大的古驿站鸡鸣驿古城、去爬鸡鸣山；去横岭村看老电影院；去桑干河读丁玲；去逐鹿触摸中华民族的第一次融合。

秋天，去石洞村摘"彩苹果"，去杨庄子杨勇家摘八棱海棠，去沙营村摘葡萄；还要提前预订镇边长城的野山楂和羊儿岭的小米。

过年的时候，围炉讲故事听故事，学习踩高跷。听老人们给您讲穆桂英的故事和孟姜女的故事，您也可以去给他们讲您的故事。顺便说一下，东花园菜市场的黑毛猪和土鸡特别好吃。如果能牵手贵州丹寨县朵往颂来教做腊肉、香肠和血豆腐，难道不是理想的春节？

乡愁不仅是山水、老屋，重要的是有亲人、有亲情。

羊儿岭不是我的故乡胜似我的故乡！这里装满了我和朋友满满的乡愁。

收笔的时候，大家在吃汤圆，我的心也像汤圆。

作者韦荣慧（原载《贵州日报》）

文章在我家乡的《贵州日报》上发表后，收到很多留言，以下是部分摘录。

李传涛

我刚看完很激动，大姐。有一种说不出的感觉，勾起了我想回家乡的冲动；看到您对羊儿岭的各种赞美，有一种自豪和欣慰；看到您对羊儿岭村美好未来的规划，我好像已经走进您所描述的那个环境当中；感恩遇到了您和您的团队，给我指明了奋斗方向、给羊儿岭村带来了新的发展希望！刚刚有一种想掉眼泪的冲动，如果羊儿岭村在您支持和帮助下，真的能够实现咱们预期的目标和规划，无论我付出多少都值了，"无愧于您对我们的辛勤付出与帮助，无愧于组织上对我多年的培养与信任，不辜负羊儿岭村全体村民对我的信任与支持"，是我这届任职的目标和动力。真的很感谢您和您的团队，谢谢大姐！

吴昱

好感动，一个个人物和场景在眼前浮现，犹如身临其境。韦馆长的文字太丰满了，您对羊儿岭的倾情投入，我们有目共睹，佩服至极。相信在您的推动下，羊儿岭村一定会发展得更好。

张体斌

又一篇韦馆长的美文，细细读来让我感动。娓娓道来的村民故事和一幅幅照片表露的是一个人类学者和博物馆人的情怀和期待，也细致入微地体现出了一个共产党员对党民族团结进步事业的忠诚践行。每一次参加韦馆长策划推动的活动都有受到教育受到震撼的感觉：宏大的事业都是具体的，文化的力量是光明的，跟着高尚纯粹的人做事是快乐的。羊儿岭村的事业是乡村振兴事业的一个组成部分，它应该是一个很有文化的长城村落。因为那里有很多故事，有很多美景，也有很多不是村民的人的"乡愁"——对羊儿岭村民幸福生活的祈盼。

覃院长

韦馆长《花开的时候，去羊儿岭找乡愁》这篇散文娓娓道来，言情很温婉。崔颢有诗句"日暮乡关何处是，烟波江上使人愁"。韦馆长站在北京香山南望，看不到贵州上马路那个馥郁悠然的村寨，自然泛起乡愁。然而，现实不可常归去，把乡愁寄托在长城脚下那个传颂着很多乡村生活故事的羊儿岭村，心绪也就释怀了。

这些年我游历了许多古村落，我常思考，旧中国的乡村是很有文化的。过去城乡人才是双向流动的，乡下学子读书考取功名做官，年纪大了告老还乡；将军老了解甲归田；文人游子落叶归根。这些人在乡间靠非权力影响力，形成乡绅阶层，他们教化乡间百姓，使得中华传统文化在乡间世代传承。百年以上的古村落，亭台楼阁、匾额楹联都体现出厚重的历史文化。而如今，乡村学子进城后，做官的在城里养老，将军退役住进干休所，文人在城里安家。人才单向流动，乡绅阶层已经不复存在，乡村文化一片苍白。相比之下，羊儿岭是算得上有文化的乡村。我很赞同张体斌老师对韦馆长散文的高度评价。我又认为，韦馆长把乡愁寄托在羊儿岭，把朋友圈大批的文化人带入羊儿岭，客观地推动了城乡人才的双向流动，会加强乡村的文化建设。韦馆长在羊儿岭找到了乡愁，城里的朋友们也把乡愁寄存到羊儿岭吧！

康楠

韦老师，读了一遍又返回去读。看的热泪盈眶。您字里行间像是在讲自己的家事一样自然温暖。让读者都深深感受到这份情感的炽热。您来，也让我重新认识了这个自己土生土长的地方。有了新的定义。家，就是一个饱含温暖与回忆，能够包容一切也能不断接纳一切，并且人人携手并进的一个集体。从心里感谢您为这个大家庭做的一切。

汪清

写得真好，好感动，身临其境……

想去羊儿岭看300年、500年的古槐树，想去看一年能产700斤山里红的山楂树……想去参观故事汇……想去爬鸣山……想去横岭村看老电影院……想去村里听老人讲穆桂英的故事……感受静而朴实的美，享受内心那份安逸悠然的美。

金华

韦老师，文章写得真好，真是动情，读得我泪花在眼眶里转。一看就知道，文章是真情实感的表露。我还在海南陵水黎族自治县清水湾，什么时候有时间来清水湾看看吧，这里也是个有灵感的地方。

陈娟

谢谢姐姐分享。静静细读《花开的时候，去羊儿岭找乡愁》，多日被"新冠"疫情影响的不安心绪，跟随您的走笔游思平静了下来。那么美的羊儿岭，那么淳朴的乡亲，那么浓的乡情，真令人向往。人生忙忙碌碌数十年，最珍视的并不多，您所说的乡愁就是其中之一。乡愁是浓浓的乡情，最牵动人心的是那里有亲人，有亲情；乡愁更是念念不忘的牵挂，总想着能为乡里乡亲做点事情，尽一份赤子之心。脚下有泥，眼中有光，心中有梦，您一直是有情怀、有行动的"追梦人"。"新冠"疫情反反复复，我却能从您的文章中汲取美好与宁静的力量，十分感恩。期待疫情过去，花开的时候，随您一起去羊儿岭找乡愁。

曹洪森

韦老师写得好，让人浮想翩翩，想起了过去，想到了现在和未来。

姬文忠

读完全文真切感受到老师对村子的深厚感情，作为土生土长的羊儿岭人，很感激老师的关注。正如文中所说，这里的人们淳朴，历史悠久，这届村委班子也很有干劲。未来会努力出谋划策，让村子实现"历史复兴"。

保利

韦主任的美篇字里行间充满她对怀来县长城脚下这片热土的爱，她的乡愁寄情于生活在羊儿岭小村庄的乡亲们，读来感人至深，乡村振兴从唤起乡愁开始，正能量满满。

李陪军

韦馆长好！已认真拜读，心向往之，择个时间相约羊儿岭寻找乡愁，寻得乡间的温情。同时，也向您为乡村发展倾情用心致敬。

金琳

非常感人的振兴乡村、共同发展的案例。浙江正在建设乡村博物馆，可以交流学习。

张永升

当时虽没有时间将羊儿岭的美和乡村文化尽收眼底，但在这篇文章里不仅看到了它的美，还感觉到了羊儿岭老乡的热情和朴实无华，更能感受到韦馆对羊儿岭的热爱和付出。

谭士俊

好文！纯朴的乡愁，热情的羊儿岭人，感受人间真情！

白秀云

韦馆长每次有新作总会在第一时间与我分享。今天又看到《在花开的时候，去羊儿岭找乡愁》。阅读此文，让人如临其境，置身其中，有一种马上想到羊儿岭亲身体验一下那里的风土人情，看看那一簇海棠花开、那一棵结满硕果的山楂树的冲动，谓之美文又一篇，又一幅美丽的祖国长城脚下村落的图景。从留校任教到走上研究人类学博物馆之路，多数时候都是在听你讲述你的专业内容和研究成果，特别是"多彩中华"的项目，在国内外展演，将中华56个民族的服饰文化推向世界，让世界了解中华民族是一个民族团结的大家庭。而在此之前我对羊儿岭的长城乡村振兴调查并没有太在意。直到阅读《花开的时候，去羊儿岭找乡愁》，我才从中看到了那么多有关羊儿岭的故事，通过你们对羊儿岭村里一个个故事及故事中村民栩栩如生的描述，将羊儿岭村活生生地展现在读者面前。其中最使我感动也是印象最深的就是这段对话：

"在国庆收假的那天晚上，我访谈了敏的老公，意外的惊喜是他热爱蒙古族文化到流泪，一个人如此爱另外一个民族的文化感动着我。他希望开一个蒙古族文化餐厅。我很期待，我曾经为了喝一碗'格日勒阿妈'的奶茶，从北京坐高铁去呼和浩特。如果羊儿岭有'蒙古族奶茶'，从北京西直门高铁30分钟就可以满足我们的需求。"

一个汉族兄弟要在长城脚下开店经营我们蒙古民族的奶茶和茶餐，着实让我这个蒙古族激动不已，使我更加喜欢韦馆长这篇发自肺腑的记实"乡愁"，非常期待喝到那位不是蒙古族的小伙子执意要开蒙古族奶茶馆里的奶茶，到时候我也会为奶茶馆的成功开店和组货尽力。

兴宇

大姐的文笔很美，很有文学人类学的味儿，文字里满是乡愁。羊儿岭美，家乡的苗寨也很美。站在长城你哭故乡，我人在省城也常念家乡。乌达书院是一个精神家园，我的报德书院也是。大姐想家的时候，不妨也常回家看看。

霓兄

本是异乡客，乡愁满雷山。涿鹿成往事，一梦五千年。燕子说：她在这里夜深人静时耳边经常听到家乡的芦笙；大姐您对羊儿岭的乡愁，背后一定有着不一般的解读。您的上一篇美文您弟妹看得泪流满面，她说"新冠"疫情过后一定去您的家乡体会一下。看完您的这一篇文章，我想她又要泪奔了。

英杰

韦老师写得我想家了。

彭泽昌

这么美的文字，可以入教材了！

泥土里浸透着历史，生活中弥漫着文化，劳作中传承着精神，变幻中昭示着未来。

李书记

给韦馆长点赞！文中真情实感，文字朴实述说，内容贴切乡愁！我父老家就是河北老区易县狼牙山镇东西水村（狼牙山五壮士纪念馆就坐落在该村，我爸是1939年参加八路的老干部，现已去世），解放前一直在晋察冀军区杨成武部，后到察哈尔广播电台工作，解放后参与组建新中国中央广播事业局直到离休病逝。河北历史文化底蕴和红色精神深厚呀！再次给你点赞啦！

田老师

看完后有一种很美的感觉。你们抓住了羊儿岭的特色和发展方向，不失时机地给予全方位支持，你们在羊儿岭开发、建设的付出已初见端倪，后续发展潜力巨大、趋势可观！佩服你和你的团队的这种付出精神，其中不少人都是退休后为自己的热爱和理想默默奉献，真的令人感动。可惜现在"新冠"疫情阻碍了人们春天去羊儿岭踏青的脚步，但还有夏天、秋天……愿疫情早日结束，随你一起去羊儿岭寻找乡愁！

海浪

姐不只是要"计一园手掌大，草木蒙茸，禽鱼往来，矮屋临水，展书匡坐"，姐是用心去爱那里的天空和土地，爱那最平凡事中最深沉的人情，守护这份至纯至美！

李翠微

羊儿岭有此美文是羊儿岭的福气。

韦文扬

写羊儿岭像写自己的家乡。感人至深。

文圣

您的文字真实地记录了羊儿岭这个地方的人文风情和村民的故事，使我能够更加亲切地感受到这个地方的美丽和温暖。您对文化的热爱和期待展现了多元文化共存以及不同民族间的相互理解和尊重。让我深深感受到了乡村的力量和价值。在如今都市化进程加快的时代，很多乡村面临着发展困境，但正是这些乡村的历史、文化和人文景观才构成了我们伟大祖国的独特魅力。希望更多的人能够像您一样关注和关心乡村振兴，保护好我们的乡村文化遗产，让乡愁成为留在心中的珍贵记忆。非常感谢您的分享，让我更深入了解了乡村的美丽与价值。希望您能继续分享更多精彩的故事，让我们一起感受乡愁的魅力！

禄军

大姐的文章让我泪流满面，桥的这头和那头，我到底在哪头？

李缨

韦老师不必伤感，长城两边均故乡。

长城内外一家亲：从羊儿岭印象到乡村活态博物馆建设之我见

2021年9月23日下午，结束了在密云区金叵罗村北京市第四届中国农民丰收节的庆祝活动后，驱车120余公里，傍晚时分来到了位于河北省张家口市怀来县东花园镇的羊儿岭村。到羊儿岭村，是来参加韦荣慧老师组织的"乡村有约——羊儿岭文化体验活动"的。这是我第一次到羊儿岭村，停留了不到一天的时间，但印象深刻。

（一）

其一，是首先映入眼帘的羊儿岭村委会大院门。一进村就被带到了村委会，一下车就被这个极富历史感和特色的大院门吸引住了，忙不迭地拍照留念，随行的一位朋友还用立拍得印出来一张照片。这个大院门大约建造于20世纪50—60年代，现在已经极为少见了，有些中西合璧的样式。

门头圆拱门设计，外立面是传统的白墙土瓦，典型的中国北方传统特色，实用简单朴素无华；上半部是砖砌的立柱，顶部圆拱尖顶，很有苏式建筑特征，门首正面有大大的红色五角星标志，这是过去我们的中央苏区房屋都有的标志性装饰。我曾经把我在村委会门口的留影照片拿给了在中国建筑标准研究院工作的建筑师朋友看，他的第一个问题居然是"这里是回族村吗"。看来这个大院门不光是有时代感，还是带有民族特色的。按他的说法，"我国从中华人民共和国成立后的十数年间，社会生活逐渐稳定，乡镇也有了长足的发展和进步，村庄的公共服务设施趋于完备，在式样上有时代特色和文化属性。那个年代受到共产主义国际风潮的文化影响，圆拱门和立柱的设计就明显带有明显的西方古典式样的韵律感，而圆拱尖顶是传统伊斯兰姆的建筑文化特征。"这样看来，虽然羊儿岭不是回族村落，但与这里地处长城脚下、是多民族融合的区域特征相契合，属于中西合璧的建筑文化表达。

其二，羊儿岭的长城及其与村落的紧密关系。我去过华北地区不少长城脚下的村庄，长城蜿蜒在山脊，而村庄都是建在山谷平地上，多数长城脚下的村庄都与长城城墙、烽火台等有一定的物理空间距离。两者有如此紧密关系的就要数北京延庆的岔道村和这个与之毗邻的羊儿岭村了。岔道村是一座小关城，是八达岭、居庸关长城的防御体系整体的一部分，岔道古城被一个不规则长方形长城包围着，所以老百姓的住处就紧邻着长城。羊儿岭村与岔道相似，是"羊儿岭营城"的所在地，应该也是八达岭、居庸关长城的防御体系整体的一部分。史料记载，为抵御瓦剌部队对京师的侵扰，明嘉靖三十五年（1556）修建了宣府镇南山路长城，同年建成"羊儿岭营城"。"羊儿岭营城"呈方形，宽4米，高8米，周长400米，占地15亩，是附属墩台中指挥官居住、办公和士兵调休、训练以及存储粮草、武器的基地。"羊儿岭营城"明显高于其他营城，且建造方式独特，尤其是其南门的"五券五伏"很有特点，在明代长城中实为罕见。所谓"五券五伏"，是古建专业词语，"券"指的是立砌的砖，"伏"就是卧砖。凡是拱券式建筑都用砖或石发券而成，伏券数越多越结实。我们实地看到，重建后的羊儿岭营城南门正面依然正是"五券五伏"，可惜的是在羊儿岭营城南门的背面见到的却是"四券四伏"！不知历史的原貌是否就是这样呢?!

从羊儿岭的土质长城墙体几乎就是村民家的院墙，明代时期的军官的官邸、士兵的营房以及弹药库都早已演变成为如今老百姓的住所了，村在城中，城在村里，城变成了村，村也就是城，形成了典型的"（农）村（营）城合一"的现代民居村落。

其三，羊儿岭村丰富的历史遗存与传统民俗文化。在羊儿岭村，100年的老宅和500年的古树可以见到不少。有处老宅已经闲置多年了，五间大北房，院子很大，足有5—6分地，不知当初是否也有东、西厢房？现在已经找不到痕迹了，只是从目前的遗存看，应该也是一个大家大户。不过现在已经有人来打这些老房子的主意了，准备开办乡村民宿，想必也是看中了羊儿岭是一处宜人宜居的好地方吧！

这株国槐古树属蝶形花科槐属，2012年被列为河北省城镇古树名木，距今已有560多年的历史了，至今枝繁叶茂，郁郁葱葱，生命力极其旺盛。树干有3人抱粗，树高10米有余，枝干舒展，形成巨大的伞状，庇护着这里的百姓，也见证着村庄的兴衰。

在第二天参加羊儿岭"乡村有约——羊儿岭文化体验活动"时，我们看到了全部由村民组成的民间高跷队，队员中有老有少、有男有女、有胖有瘦，身着各种古代服饰，有白面英俊书生也有俊俏小巧媳妇、有黄袍加身的官员也有一袭黑衣的武士、有男扮女装的媒婆也有逗人开心的丑儿……行走起来，连蹦带跳的，每一个人的脸上都洋溢着热闹喜悦的笑容，引得现场的观众不停地拍照，记录下这美好的生活和快乐的时刻。

其四，羊儿岭村的"新居民"——韦荣慧。韦老师曾是中国民族博物馆的副馆长，司局级干部，退休后担任中国人类学民族学研究会秘书长兼博物馆专业委员会的主任，乐此不疲。说起与韦老师的相识，还要追溯到2021年冬春时节在山西大同市老城墙里的一个四合院——金安客栈，受徐人杰老师的邀请，我们因为一起去参加大同守口堡长城艺术区"狼烟烽火"大地艺术暨夯筑博物馆的落成活动而初见。之后，我与韦老师的联系就多了起来，成为志同道合的好朋友，并开始互相关心、关注和参与、支持各自的工作。先是当年4月23—25日，我们首次合作，在北京展览馆举办了首届"乡村有约——乡村文化体验活动",当时活动的热闹程度和轰动效应至今还在脑海中萦绕,让我认识到韦老师是一个文化活动的策划大师和社会活动的组织高手。第二次合作就是同年9月2日在羊儿岭举办的"故事汇·集体记忆",第三次合作则是在2023年初建成的功能日臻完善、内容更加成熟的、以"红色山河记忆"为主题的"山水镇罗营·故事汇"(这个是后话,暂且不讲)。单说以羊儿岭"新居民"自居的韦老师,她在羊儿岭简直就是一个神话,这次她操持的"乡村有约——羊儿岭文化体验活动"内容极为丰富,多样化的体验活动让到访者流连忘返。五个体验项目各有特色,感受深刻。

第一,是《长城内外村落田野调查观·访·记》项目主题展,这是国家民委的资助项目,她和她的团队走访了116个长城村落,旨在侧重于人类学的视角,关注生活在长城沿线的村民,搭建传播中华民族和平、和睦、和谐故事的长城平台,助力长城内外的乡村振兴。第二,是凝练出的关于中华民族、长城和怀来、羊儿岭的"集体记忆",很震撼,观众非常认同。《关于长城的集体记忆》是这样的:"长城,犹如蜿蜒巨龙,横亘万里山河;长城,世界建筑奇迹,创造人类文明;长城,曾经狼烟烽火,见证民族融合历史;长城,抗日御敌前线,谱写保家卫国民族精神;长城,国家文化公园,开创新时代发展篇章!这不正是几百年来我们中华民族有着如此深厚长城情结的最好诠释吗?在《关于羊儿岭的集体记忆》讲到"曾经,穆桂英在这里养儿,这是一个动人的传说。村里的槐树老人还在讲述:我生于明代,来自山西洪洞,在此守护了633年。因为1556年修建的一座'营城',才留下了这个古老的村。那些活着的老院子,都还记着'城里城外'的先祖"。这不就是需要告诉我们的子孙后代应该传承的村史吗?第三,是羊儿岭的"扎染巧娘"。韦老师把家乡贵州的苗族扎染技艺引进到了羊儿岭村,培育出了不少"扎染巧娘",还组建了"扎染模特队"。我在乡村市集上就买了一条村民张兰制作的扎染围巾,很喜欢,至今使用着。韦老师已经把羊儿岭当成第二故乡了,她会把羊儿岭的特产,黄澄澄的小米、酸酸甜甜的海棠果和海棠干等送给朋友们吃,还经常为羊儿岭"官宣",她的《国庆节,去羊儿岭"遇见"——写给桂英姐》《花开的时候，去羊儿岭找乡愁》等散文，字里行间都充满了对羊儿岭的热爱，读起来清新亲切、自然流畅，难道她还是一个作家吗？我不禁发问。第四，是故事汇。在这里，我们听到了专家讲述中华民族的历史、讲述长城的故事，更多的是听到了来自当地老村民讲述的他们记忆里和现实中的羊儿岭故事，有一个80多岁的老人家抢着发言，着实让我感动。这是多么好的爱国家爱家乡的教育场所呀！第五，是长城谣乡村音乐会。有歌有舞，有诗有画，还有音乐剧，当身穿铠甲的武士出现时，仿佛又穿越到了金戈铁马、狼烟烽火的年代；当"长城谣"的音乐响起，引发现场全体人员的共鸣，无不动容，不约而同地与演员一起哼唱起来。

（二）

何谓乡村活态博物馆？我以为，每一个乡村本身就是一座开放的、丰富的博物馆。从中国特色的农事节气到大道自然、天人合一的生态伦理，从乡土气息的节庆活动到丰富多彩的民间艺术，从耕读传家、父慈子孝的祖传家训到邻里守望、诚信重礼的乡风民俗；从农民的生活方式、农业的生产场景、农村的院落空间到乡村的一草一木、一山一水的自然景观；从农家的地方餐食风味到农民百姓所特有的敦厚本分好客的秉性……无一不是这座博物馆最好的展陈。在国家城市化的推进过程中，乡村的功能和价值在很长的一段时间内被淡化、被忽视，其实中国的乡村，像一个传说，每一个村落都是一座宝藏，因为乡村是中华文明的根，是中国革命的发源地，是人类文明共同的遗产，它隐藏着中国智慧的秘密，也饱含着未来中国的想象。中共中央党校教授、中国乡村文明研究中心主任张孝德认为"要读懂中国，必须读懂乡村"。他曾经用一副对联来解释乡村是什么，上联是"藏万世文明之码"，下联是"解千年兴衰之谜"，横批是"乡村有乾坤"，他说乡村蕴含着我们"从哪里来、到哪里去"的秘密。习近平总书记高度重视中国农耕文明在新时代的价值，2017年12月就提出要深入挖掘、继承、创新优秀传统乡土文化。我想，这正是他在党的十九大上提出实施乡村振兴战略的逻辑起点，他强调的"民族要复兴，乡村必振兴"正是站在大历史观下对乡村本位的重要论述，为我们提供了认识新时代乡村价值的新视角。

乡村能成为活态博物馆，应该具有三大要素：第一，有留得住的有形乡村文化，包括具有农耕特质、民族特色、地域特点的物质文化遗产，像古镇、古村落、古建筑、民族村寨、文物古迹、农业遗迹都属于有形的乡村文化。羊儿岭的明代营城、村委会大院门、老宅古树等历史遗存就是有形的乡村文化。第二，有传得下去的活态乡土文化，比如民间艺术、戏曲曲艺、手工技艺、民族服饰、民俗活动等非物质文化遗产。有关羊儿岭的历史传说、民俗花会活动等即属此类。第三，要注重把保护传承和开发利用、把农耕文明优秀遗产和现代文明要素结合起来，才能实现优秀传统文化的创造性转化和创新性发展。"故事汇·集体记忆""长城内外乡村集""长城谣乡村音乐会"就是在以人类学民族学的视角、艺术化的手段、时尚化的表达，去发掘、呈现、讲述、感悟、传承、活化中华优秀的传统文化，就是创造性转化和创新性发展中华优秀文化的典范！

记得我在羊儿岭故事汇上即兴发言时，与大家交流了对乡村的功能与价值的认知。粮食和重要农产品的供给功能、生态安全和生态产品的保障功能、中华民族文化的传承功能，这三大独特功能，是城市绝不可比拟的，这是乡村对人类的生存与发展、对中华民族的复兴与强盛做出的最大贡献。武汉大学中国乡村治理研究中心主任贺雪峰教授调研发现，当前农村存在的主要问题是闲暇无意义、消费不合理，是社会关系的失衡、基本价值的失准、文化的失调。农民不知道自己为什么活着，活着的意义是什么，什么活法才是对的。我虽然不完全苟同，但对于乡村文化的缺乏却感同身受。我长期在农口工作，深知乡村的价值，更深谙乡村文化建设的严重缺失。从这个意义上讲，我们所探讨的"乡村活态博物馆"建设的话题，是一项特别有意义的事业，是一个功在当代、利在千秋的伟大工程。

韦老师说，她有一个愿望，想引导村民了解自己，让村民自己编绘自己的美好生活、讲述自己的民族故事，让"故事"从这里远走他乡。她还有一个梦想，让长城内外的"村"变成活态博物馆，要有人类学的学术气质，也要有时尚的艺术风范，成为村民与"新居民"共同汇聚的地方。在我看来，羊儿岭的乡村活态博物馆已经有模有样了，值得庆贺！这一创新的理念和创造的行动，已在不断开枝散叶，北京长城沿线的怀柔区渤海镇建设的"板栗活态博物馆"和平谷区镇罗营镇建设的以"红色山河记忆"为主题的"山水镇罗营·故事汇"都已初见成效，值得期待！希望长城沿线的地方尽快尽早地提高认识，愿她的"铸牢中华民族共同体意识，长城内外一家亲"美梦成真！

万里长城万里长，过去的故事已亘古不变，今天的故事才刚刚开始……

刘军萍（研究员，中国国土经济学会副理事长、北京市农村经济研究中心一级巡视员）

我想见到的羊儿岭村

看到博专委在做羊儿岭乡村活态博物馆的规划，听了韦馆长对这个规划的设想，又查看了关于乡村活态博物馆的资料，我感到一种情不自禁的激动，我想见到这个羊儿岭村啦！

初见羊儿岭村是在2021年的夏天。博专委受国家民委委托于7—9月在河北省怀来县、秦皇岛等乡村开展了"长城内外各民族交流交往交融课题研究"田野调查活动。羊儿岭村是调研组选定的长城脚下的古村落之一。我驾车从延庆区进入怀来县，过了检查站就看到羊儿岭村，看起来就是朴朴实实的一个村落，普普通通的一片房屋。跟随韦馆长走进村子，还看到了村委会的大门，熟悉的人民公社时期建筑风格，端庄朴实，还有几分严肃。见到的村民都淳朴安静，见到的村干部在朴实之中透着几分干练。这里有宋代的故事，传说穆桂英在此征战时生子杨文广，故将此地取名为养儿岭，后取谐音为羊儿岭，村委会旁边的烽火台静静地给我们见证着这个村子的前身是军营，这里村民的先人是明代戍边的军人，而且有村里的大槐树佐证，他们都是来自山西洪洞县大槐树下的汉族。

8月2日，博专委联合怀来县委县政府，围绕"铸牢中华民族共同体意识建设，探索博物馆助力长城脚下的乡村振兴"主题，在怀来县羊儿岭村召开了一场别开生面的研讨会。我看着来自长城脚下古村落的党支书们结合自己村的历史对今后发展展望心里很有些感动，铸牢教育一定能为基层干部拓宽视野，一定有助于乡村振兴。9月24日至26日，博专委主办的"乡村有约"——羊儿岭文化体验活动中，在河北省怀来县东花园镇羊儿岭村举办"羊儿岭故事汇"展览。整洁的乡村老院落分别陈列博专委探寻长城文化的纪实过程、羊儿岭村的简介照片以及长城文化带周边十余个村子的介绍，一方天地，千年历史萦绕其间，似闻金戈铁马，又似漫步悠悠岁月，在这一方小小的院落里，我们得以与属于自己的历史对饮座谈。

10月9日，博专委联合中央民族大学民族艺术研究院在民族大学举办"民族艺术赋能乡村振兴"学术研讨会。结合在河北省怀来县羊儿岭村举办的"乡村有约——羊儿岭文化体验暨长城内外民族交往交流交融"课题阶段成果汇报论坛等一系列活动，探索民族艺术如何融入乡村文化建设，艺术怎样赋能乡村，助推乡村振兴、激发乡村文化艺术成长、弘扬乡村文化艺术品格、增强文化自信和文化自觉，推动乡村艺术文化可持续发展等议题。

羊儿岭村"乡村有约"活动由"长城内外乡村集""艺术沙龙""羊儿岭故事汇""课题组汇报""长城谣·乡村音乐会"等五大板块构成，其间举办了多场文艺表演、艺术展览、宣讲座谈等，充分展现了东花园镇淳朴的乡村风情和浓厚的传统历史文化。

一个夏天我两次来到羊儿岭村，这里已经在悄然变化了。"故事汇"已经通过对历史的回顾唤醒了村民的集体记忆，村容村貌在县、镇政府的支持下，通过村民的集体努力变得整洁了，亮丽了许多。在广场举办活动的时候村民们兴奋的心情溢于言表，那都是对今后美好生活的企盼。2022年因为"新冠"疫情防控没有能够再去羊儿岭村，但是通过微信常常可以及时地了解那里发生了什么。那里又有了"山楂小院"，有了民宿。也了解到花园镇的大数据项目进展良好，可以想见那里将来有来自北京的新居民，尽管他们多是在周末假期时过来居住。那里还将有很多数字经济的从业者。要不了多久羊儿岭村就会变成繁华市区中的一个传统村落。他们该如何保持自己的历史，如何保护好自己的古村落。既要传统的村落跟得上时代的发展，满足村民对幸福生活的向往，又要保护好自己的历史，这必将成为他们面临的一个大课题。

在羊儿岭村规划建设乡村活态博物馆，是一个非常有远见也非常及时的项目规划。在各路专家的参与下对这个村落进行人类学、博物馆学的研究和规划，把村落里集体记忆的空间和实物保护利用起来，让历史在村民的进步中继续下去，让更多的人看到历史是"活着的"，是可以传承下去的。正逢其时，2023年中央一号文件公布，全面推进乡村振兴重点工作，一个古村落的活态博物馆就会是一个宜居宜业和美乡村的模样。有了这样的规划，村支部就会带领村民围绕一个整体规划各显其能，就会有更多的集体经济的平台，就能更好地实现共同富裕的社会主义现代化。

回想过去的两年里羊儿岭村的变化，我对他们实现这个愿景还是满怀希望的。实现了这个乡村活态博物馆规划的羊儿岭村就是我想见到的羊儿岭！

张体斌（中国驻美国大使馆原一等秘书
中国人类学民族学研究会博物馆文化专业委员会副主任）

我理解的乡村活态博物馆

羊儿岭长城乡村活态博物馆，与传统意义上的博物馆不同：

一、从背景意义及发展路径看，建设乡村活态博物馆是国家乡村振兴战略题中应有之义。建设羊儿岭长城乡村活态博物馆是博物馆助力乡村振兴的良好有益尝试和正确打开方式。用人类学方式探索、挖掘、发现乡村优秀文化资源，整合并激活村民对家乡优秀传统文化的认同感、自豪感、自信感。因此能够得到地方政府、公益基金，特别是村基层组织和广大村民的支持，能够激发村民自觉投入活态博物馆的建设管理维护中，从而带动村集体经济发展助力乡村振兴。从这个意义上讲，羊儿岭长城乡村活态博物馆项目具有开创性、示范性意义。

二、从地理位置及场馆设施空间看，乡村活态博物馆坐落在乡镇、散落田野古迹中，建筑风格与大城市豪华气派高冷风格是截然不同的，是易于勾起人们寻根问祖、寄托乡愁兴趣的文化探访地。

三、从涵盖内容及表达形式看，乡村活态博物馆的陈列不局限于历史文化遗迹，及静态的文物，藏品。更多的是带着一个地域特色，种群和民族历史印记的，活生生的人的生命、生活及精神状态。

吕保利（中国人类学民族学研究会博物馆文化专业委员会副主任）

羊儿岭故事汇联想

羊儿岭的集体记忆，是正在消逝的乡村记忆的一部分，它蕴藏着中华文明的密码片段。

这个位于北纬40度横坐标和400毫米等降水量线纵坐标交叉点上的村庄，恰好地处中华游牧文明和农耕文明的交界，塑造了羊儿岭村的独特性，村中有遗址，口中有方言，血管里流着古时晋陕戍边将士的血脉，老人们的心中还回荡着老祖宗的传说、教化、规矩、价值观。这是中华民族宝贵的集体记忆的一部分。

羊儿岭也是长城记忆的一部分，长城是中华民族的文化交流带，即便仅从军事意义上看，长城也不仅是一堵墙，而是有纵深的防御系统，羊儿岭的营城遗址就位于长城防御带的平原前哨，营城城门的拱券采用相当少见的五券五伏规格，谁曾驻守此地？留下的历史谜团，在羊儿岭村的老人传说中是否能寻到线索？

羊儿岭更是怀来记忆的一部分，它扼守延怀盆地通往北京的要地，村东高地在解放战争中曾发生激烈的战斗。羊儿岭见证了中华人民共和国成立后怀来自然环境和人文环境的巨大变迁。村中老人还记得年轻时去田里干活儿，远处林边时而见有野狼悠闲经过。羊儿岭村作为新时代农村建设的典范，是在经济开发大潮中得以保留乡村风貌的一个宝贵样本，而周边的三泉井、董庄子、杨庄子等村庄，都已逐渐在城镇化开发过程中拆迁上楼变小区，村貌不再。

记忆是宝贵的遗产，但仅存于人们头脑中的记忆是会消逝的，尤其身处时代转型期，年轻人和老年人之间存在代际文化断裂，年轻人或许不再像祖祖辈辈那样通过口耳相传的方式把老年人的记忆传承下去。因此趁着老人们还在，过去的集体记忆还未湮灭，我们进行有意识的发现集体记忆、整理记忆、储存记忆，是很有意义的一件事。

通过集体记忆的指认，可以将村庄里那些物理的遗址、物理的器物与活的人、活的文化之间链接起来，有助于乡村的自我认同，有助于外界对于乡村的价值发现。

振兴乡村，发展乡村旅游，需要发掘乡村的魅力。那种靠着装饰性、取悦性而获得的吸引力是短暂的。当乡村在经历了集体自我认同之后，才能自信地戴上主角光环，征服游人们的心。

索朗
2021 年 9 月 14 日

后　记　　乡村活态博物馆还在路上

一、长城的故事

想起很多年以前，我曾每到一处都在边境的界碑前留下一张珍贵的照片。在我国22800千米的陆地边界线上，有33个民族与境外同一民族相邻而居。他们祖祖辈辈守护着祖国的大门，所以曾经有人说，边境上的每个毡房都是一块界碑，都是一个哨所，每个边民就是保卫国家安全的不拿薪饷、不退役的边防战士。那些戍边的故事太感动人，我想做一个关于"戍边"的展览。我相信，那些感动人的戍边故事不仅仅感动着我，也会让观众感动。遗憾的是这个展览至今没有得以呈现。

这次，我想讲的是长城的故事。

根据国家文物局2012年发布的统计数字资料显示，长城全长21196.18千米，长城跨越15个省、自治区、直辖市。

长城有多长故事就有多长，我只说我经历过的。

2021年夏天，我带着中国人类学民族学研究会的"铸牢中华民族共同体意识——长城内外各民族交往交流交融"的研究课题，带着博物馆文化专业委员会的课题组成员，开始了三年的长城乡村田野观察。

每走一段长城，每走一个村，每去一个博物馆，课题组成员都在努力寻找我们的见证。在八达岭中国长城博物馆调研的时候，我惊讶地在这个数据的展板前面驻足了很久。"目前已接待过超过500位外国元首和8000

多位部长级以上的各国官员，向世界展示了中国风采。"我开始认真思考长城是什么。

"长城从来不是国界，塞外的广阔天地同样是中华民族的家园。"这是长城研究的青年学者张依萌先生在《长城画传》中说的。我喜欢听到这样响亮有力量的说法。认识这个年轻学者是一起去考察北京箭扣长城。爬长城的人都知道箭扣有多危险，何况那天是北京一个雪后的冬天。站在箭扣长城的北京结上面，张依萌现场为我们讲了关于北京结，讲南山联墩的修建和防御功能的独特之处。分享了很多在长城的书中没有的知识，比如英国哈德良长城的保护与展示、德国长城的保护与展示的经验。北京结上面风很大，我的头发被吹得遮住了我的脸，鼻子耳朵冻得红红的。张依萌演讲的激情像一把火，点燃我对长城的热情至今，也可能还要更久远。

爬箭扣的山路上铺满了没有融化的雪，默默跟在我后边的是毛若寒，他反复问我要不要拐棍，我说不用，我是从山里来的，爬山我有童子功。后来才知道他是浙江大学博物馆专业的博士后。在担任本书副主编的过程中，他同时被浙江大学艺术与考古学院作为"百人计划"引进并聘为研究员。交流中我发现他的博物馆学理论素养很好，所以本书应该在博物馆理论上有一些进步。

关于长城的研究，我查到20世纪90年代在北京召开的"长城国际学术研讨会"，参加这次研讨会的中国学者59名（包括台湾学者和香港学者），有来自英国、法国、瑞士、美国、加拿大、日本、韩国、泰国、新加坡等国家的30余人。会议收到60篇论文。会后他们出版了《长城国际学术研讨会论文集》。我在旧书网买了这本书，收获颇多。黄华先生在开幕致辞中说道："这次研讨会是长城研究史上第一次国际盛会。这么多研究长城的中外学者聚集一堂，可以说是开创之举，必将对进一步研究长城产生深远的影响。"季羡林、陈连开、罗哲文、李凤山等老一辈著名学者参加会议并有精彩发言。这次会议的话题很多，关于长城的前世与今生，关于长城的方方面面。我更加关注的是老前辈们关于长城两边各民族兄弟的关系，包括他们的生活方式，从古代到现代。

陈连开先生说："当前国内外研究万里长城，热门话题很多，其中关键问题之一：万里长城曾经是横亘在中国南北农牧民族关系史上的一堵墙，如何演化为联结当代中国各民族的伟大纽带，成为中华民族创造力和宏伟气魄的象征？"他还指出，我们还应该看到，万里长城在中国古代，曾保障中西交通的顺利发展，对中外经济、文化交流起过很重要的积极作用。在当代，它更加为中外所珍视，举世公认不仅仅是中华民族伟大文化遗产，也是人类共同的宝贵文化遗产。因而它又是联结中华民族与世界各民族的伟大纽带。陈连开先生是很值得我尊重的一位史学家。那个年代，我刚毕业，心气很高，报考社科院著名人类学民族学家杨堃先生的研究生，得到陈老师的辅导，现在想起来真是幸福满满。陈老师治学严谨的态度一直在我的心里根深蒂固。中央民族大学历史系的同学应该和我有同感。李凤山先生在他的专著《长城与民族》中说："万里长城，是中国古代民族关系发展的产物，是历代民族形成及其消长的见证，承载着各民族发展的历史和文化；长城自存在之日起就与民族结下了不解之缘，在中国古代长城的演变中，民族成为长城最为关键的复合体，成为对立统一的两个方面，因而成为今天长城学研究中最基本的要素之一。"季羡林先生说："中华民族由于爱好和平成性，才在极长的历史时期，一个朝代接一个朝代，在北方修筑了万里长城，成为世界上的奇迹。长城充分体现了中华民族爱好和平的本性。这并不是我作为一个中国人的自吹自擂，理智和常识会告诉任何一个国家的人，这是事实。"

我们有理由认为，长城是和平的象征。

二、他乡也是故乡

在我们田野中，那些生活在长城脚下的村民，祖祖辈辈守护长城的故事至今历历在目。在去河北省秦皇岛板厂峪村的途中，我们遇到了山洪，道路被冲断但是我们没有停下来。见到"长城文化展馆"的创始人许国华，印象最深的不是他的展馆，是他反复强调他们是戚继光的23代后裔，至今还与浙江义乌相关机构有着密切的联系。他讲了为什么继续修长城，怎么样让村里的穷光棍儿娶上媳妇。板厂峪的"倒挂长城"很独特，但是我们没有勇气爬上去。展馆今年研学游接待6万多名学生，其中1300个外国学生。目前已经与86所学校合作。在山里，我们遇见志愿者李翠，她带着26个年轻人住在长城脚下12年，为许国华记录长城那些老物件的故事，开通视频，目前已经讲述了435集。访谈李翠，她慷慨激昂地对着我的视频演讲："长城是中华民族团结的象征，长城是我们的脊梁，我们愿意为长城的保护和传播添砖加瓦。"现在他们内部有12对新人在山里安家成婚。

怀来县的专家推荐我们去怀来县土木镇太平沟民俗馆。找到太平沟村为我们打开民俗博物馆的是一位骑着自行车来的老人，他是李俊峰的父亲。李俊峰是一个中学历史老师，收藏了本地实物6000余件，用自己家房屋开了一个民俗博物馆。他的最大愿望是用这些实物给孩子们讲述怀来的故事，讲述丝绸之路上的交流。

美国夫妇萨洋和唐亮，2006年就与北京慕田峪长城脚下的北沟村结缘。从一座废弃的小学校改造成了餐厅到后来北沟村一处废弃的琉璃瓦厂改成一个乡村精品度假酒店，我一直在关注他们对长城脚下村落的改变和对长城故事的记录。同期，我们与古北口村的合作，从老书记到现任书记，每次去村里他们都说我们是一家人，心里很温暖。2009年我开始关注陈家堡村和石峡村。2021年羊儿岭举办"乡村有约"的时候，陈家堡的党支部书记陈文广因为脚受伤拄着双拐来参加活动，在现场他真诚地对我说，希望课题组也去他们村开展活动。这三年"新冠"疫情为我们的田野调查带来不少难处，我答应陈文广书记的事没有兑现。瑞云观乡的镇边城村，文化遗存很丰富，在那里我们访谈过几家外国朋友，他们常住在镇边城村的一个小院。还有坊口村的距虎关长城，我们反复多次去田野过，瑞云观乡的申书记真诚期待与博专委合作，但是种种原因至今也没有能够为他们做什么。

怀来的样边长城号称是深山里的长城样板间，我们从样边下来，在去水头村的途中遇当地村民在装车外运山杏，看到这些出不了山的东西很心疼。

走着走着，我们仿佛看到长城的每一块砖都凝聚着中华民族对和平的愿望。长城已经不仅仅"两边"是故乡了。长城以包容的姿态迎接着全世界来的人。

我们越来越坚信，这个课题的意义。

本书出版后，我希望更多朋友关注长城脚下的乡村。

三、为什么选择羊儿岭？

我们走过近100个村镇，最后选择了羊儿岭。我们一千次地追问，为什么选择羊儿岭？未来的羊儿岭应该是什么样的地方？除了羊儿岭村的明代营城遗址、老宅、老树、老物件外，周边的三个文明文化带（人类文明——泥河湾、中华文明——涿鹿文化带、北京文明——永定河与官厅水库文化带），新社区带来的多元文化并存的特殊气质。在羊儿岭周边，我们可以看到不同的文化符号和现象，比如英国官、阿尔卡迪亚、法国波尔多的欧式建筑风格；八达岭孔雀城的多元建筑风格，社区居民带来的各民族文化、城市文化元素等。它的周围有6个社区，22个小区，入住3万人。重要的是羊儿岭村淳朴善良的人、羊儿岭村的村民中，不少来自其他省份和河北其他地区。这些现象表明这里是一个多元包容的地方。

2021年8月2日（"新冠"疫情期间），我们在羊儿岭村委会的会议室开了一次很特殊的研讨会。参加会议的怀来县、东花园镇以及相关村里的领导和专家的发言，他们对课题组的信任和期待是我们选择羊儿岭的决心。

我们相信，未来的羊儿岭成为一个长城文化交流的新驿站不是天方夜谭是它强大的底气。

四、博物馆的力量——为什么要把一个村变成活态博物馆？

首先博物馆是一个场所，可大可小，藏品可多可少。可以是一处房子，可以是一个村子，也可以没有馆舍。

博物馆有能力改变至少可以影响我们周围的世界。2022年5月18日国际博物馆日的主题是"博物馆的力量",对此进行过专门讨论。如果说博物馆教会我们了解自己的过去,那么,在未来,博物馆可以发挥那些多维度的潜力?特别是针对乡村文明建设,乡村是否需要博物馆?村民应该走进一个什么样的博物馆?在羊儿岭,我们用故事汇的方式,用遇见山里红——山楂文化展的方式在探索着。尽管我们的团队在努力地实践,但也只是抛了一块"长城"砖。越是深入讨论越是诚惶诚恐。虽说博物馆有能力改变或至少可以能影响到周围社区和社会,但是博物馆的职能是有限的,遵循发展的法则它也不能大包大揽。

好的展览不在大小,观众记住并且受到启发就好。亚历山大·麦昆的展览在英国维多利亚博物馆展出的时候,我排了三个小时的队才看到。展览震撼我心灵的不是手段,是他设计的服装本身。美国印第安博物馆的展览体系很好,我访谈他们馆长的时候,问他策展的理念,他回答我是"一切为了人民"。我很惊讶!我赞赏两个人的说法,一位是美国史密森国家非洲艺术博物馆前任馆长约翰尼塔·科尔(Johnnetta Cole)博士,他说博物馆不仅仅是收藏文物藏品的场馆,也是收集和分享人类经验的地方。另外一位是一个英国人,他认为博物馆是"很多珍品奇物的储藏室,并且其馆长也算在内"[1]。听起来很奇怪,但是他的诙谐与幽默不得不带给我们一些思考。亨廷顿和哈里森他们主持讨论过文化的重要作用,其中戴维·兰德斯讲到韦伯的看法说,如果我们能从经济发展史学到什么,那就是文化会使局面几乎完全不一样。曼纽尔·卡斯特、保罗·谢佛等预言:人类经济时代正在走向寿终正寝,未来将是一个文化时代。法国社会学家费雷里克·马特尔调查30个国家访谈1250人,在《主流》一书里论述了全球范围内文化领域的地缘政治。一个品牌运维的朋友慷慨激昂地说,以前我们是消费品牌,现在品牌之上应该是文化消费。

逻辑来了,未来谁占领了文化就占领了制高点,在乡村建设中同样至关重要。我们在村里看到有很多散落的文化遗存,而村民并未认识到这些遗存的重要价值,他们的家就收藏有自己的老物件,我们能不能考虑利用

---

[1] 赵晓雪:《博物馆如何进行面向未来的收藏》,《中国博物馆》2022年第4期。

他们自己的空间展示自己物件，让他们讲得清楚自己的故事。于是，我们实践了"遇见山里红"指导村民利用自己家的资源办山楂展览。

所以，如果乡村博物馆不仅局限于一座馆舍，它对乡村在地文化拥有者、本土文化符号、传统生活习俗、劳作方式及乡音乡乐等的人文现象的保护与展示可能发挥更大的潜力。

五、志愿者是生力军

我要特别致谢博专委团队。这个团队的特色是文化志愿者的组合。首先是课题组的成员。走着走着，我慢慢体会着"志愿者是生力军"这句话。这三年我们克服经费困难、克服"新冠"疫情的影响、路遇山洪的危险等，始终如一地坚持完成长城的田野调查。博专委的专家团队也给予这个项目很多的支持。

红梅女士为此书的写作付出很多个日日夜夜。她积极协助我进行全书统稿、排序，第一、二、三章的反复审核和多次修改，并承担了约7万字的内容撰写，包括绪论、第一章第三节、第二章第七节的原创，第三章第四、五节的资料搜集整理。毛若寒承担全书调研资料、写作素材的整理、筛选、分析、总结等工作，协助我深化写作内容及修改，并负责第一章第一节、第二章第三节、第三章第六节的内容撰写，以及第二、三、四等章节的内容整理与编辑工作。广州新华学院胡良友博士承担课题前期的策划和调研提纲的设计、承担第一章和调研报告的撰写。于奇赫承担第二章第六节的撰写。覃琛承担第二章第九节的撰写。张月娥从课题开始就负责资料搜集和田野中各种录音访谈的整理，承担大量的编务工作，让我集中精力写作。

感谢我的家人对我的支持，特别是我94岁的婆婆和89岁的妈妈，他们身体力行地管理好自己，支持我和我先生一起去田野，全家人都积极参加羊儿岭村的活动。

这本书出版的时候，我们的课题阶段性结束了。乡村活态博物馆刚起航还在路上。它是一个新事物，新事物需要新的理论和新的视野关怀。从概念提出到实践到理论总结是需要时间的，羊儿岭乡村活态博物馆的实践获得多方支持，在此一并致谢。我们欣喜地看到，村民开始自觉地做自己的事情，村里一批年轻人积极参与写作、参与展览设计与实施、参与规划自己的村庄。我们虽然离开了羊儿岭，但是心会留在羊儿岭，我们将会继续关注并力所能及地支持它的发展。

最后，我们希望，通过故事汇的方式，让自带流量的长城乡村用新的姿态向世界走去。

希望更多朋友和我们一道继续关注长城乡村！

韦荣慧

2023 年 深秋 于乌达书院